KB208389

바이블 이슈
40

40 BIBLE ISSUES

성경을 관통하는 40가지 핵심 주제

바이블 이슈
40

홍광석 지음

홈앤에듀

　　최고의 베스트셀러인 책도 성경이지만, 이 세상에서 가장 먼지가 많이 앉아 있는 책도 성경이라는 말이 있다. 성경에 기록된 사실 자체에 대한 배경지식이 부족하면 성경을 아무리 여러 번 읽어도 현실성이 떨어진 가운데 시간만 보내는 식으로 읽어내려가다가 결국 성경의 핵심 메시지에 접근하지 못하고 겉돌게 되는 경우가 있다. 그런 일을 여러 차례 겪다 보면 성경을 읽으며 얻을 수 있는 지혜와 기쁨을 놓치게 되고 결국 성경 통독 포기라는 결론에 이르게 되기 일쑤다.

　2016년부터 자녀와 부모가 함께하는 성경 공부 과정『팩트 바이블 스터디』를 진행해 오고 있는 홍광석 장로님의 축적된 지식을 담아 놓은 책《바이블 이슈 40》은 성경의 흐름 속에서 각각의 이슈들이 '언제', '어디서', '누가'라는 사실(Fact)에 대한 것인지 객관적인 배경지식을 제공함으로써 성경에 대한 이해도와 리얼리티를 크게 높여준다. 이 책을 성경 읽기가 어려워 고민인 평신도, 이미 여러 번 통독했지만 여전히 성경이 미궁에 놓인 것 같다는 호소를 하는 성도, 나아가 더욱더 재미있고 현실감 있게 성경을 읽고, 더욱 힘써 하나님을 알고자 하는 모든 이들에게 추천하는 바이다.

김지연 (한국가족보건협회 대표)

　　성경이 특정한 사람들에게만 읽혔던 시대가 있었습니다. 하지만 하나님께서는 종교개혁을 통해 모든 사람이 '오직 성경'으로 돌아가길 원하셨고, 성경을 읽고 묵상하며, 깨달을 수 있게 해주셨습니다. 또한 깊은 복음의 진리를 쉽고도 분명하게 깨달을 수 있도록 수많은 사람과 도구를 사용하셨습니다. 지금도 하나님은 성경을 통해 한 영혼을 구원하시고 변화시키길 원하십니다. 이런 면에서,《바이블 이슈 40》은 이러한 하나님의 목적을 이루어 드리는데 귀하게 사용될 도구가 되리라 생각합니다. 이 책이 성경을 가까이하는 것을 어려워하는 교회 안의 '한 영혼'에 대한 관심에서 출발했음을 잘 알고 있기 때문입니다.

　40개의 주제로 펼쳐진 이 책의 곳곳에, 독자들을 어떻게든 성경으로 가까이 오게 하려는 저자의 고민과 노력의 흔적을 찾아볼 수 있기에 더욱 감사하고 기쁩니다. 아무쪼록 이 책을 통해 모든 성도가 성경을 가까이하여 하나님의 사람으로 온전하게 세워지길 바라며, 평소에 성경을 어렵게 생각하고 있던 분들이나, 성경의 전체적인 흐름을 정리하길 원하는 분들에게 진심을 담아 강력히 추천합니다.

김진철 (죽전로뎀교회 담임목사)

　　　　"모든 것은 하나님의 말씀과 기도로 거룩해집니다."(새번역, 딤전 4:5) 거룩한 교회, 거룩한 가정과 자녀들을 키우기 위해서 항상 고민하며 방법을 찾고 있었습니다. 그런 면에서《바이블 이슈 40》은 좋은 대안으로 충분합니다. 이 책을 통해 신구약 성경의 연대기가 잘 정리될 수 있다는 것이 참 좋았고 자주 보던 성경의 내용이 현재와 연결되는 지점은 매우 흥미로웠습니다. 구약과 신구약 중간사, 신약의 내용에서 뽑아낸 40개의 이슈가 시대와 내용, 배경에 있어 치우침 없이 한눈에 다뤄져서 감사했습니다. 교회의 목사로서 또 가정의 아버지로서, 이 책이 이렇게 사용되면 좋겠습니다.

　첫 번째, 성경과 이 책을 번갈아 가면서 통독한다면 성경 전체를 이해하는 데 매우 큰 도움이 될 것을 확신합니다. 두 번째, 고학년 자녀들이나 성경에 관심 있는 자녀들에게 이 책이 성경의 이해를 돕는 교재로 사용되길 권합니다. 종종 성경을 쉽게 이해하려고 성경 만화를 보게 하는데 더 좋은 것은 성경의 내용을 직접 머릿속으로 그리

며 글로 읽는 것입니다. 세 번째, 교회학교, 청년부, 장년부까지 이 책으로 성경 공부
반을 개설해도 좋을 것 같습니다. 또한 목회자들에게도 추천합니다. 교회에서《바이
블 이슈 40》이라는 제목으로 시리즈 설교로 활용하고 싶을 만큼 홍광석 장로님의 성
경에 대한 식견과 이해력, 통찰력이 존경스럽습니다.

이월환 (성남대신교회 담임목사)

기도가 우리의 호흡이라면 하나님의 말씀은 우리가 매일 먹어야 할 생
명의 양식입니다. 음식을 먹지 않으면 우리의 몸에서 에너지를 만들 수 없는 것처럼,
하나님의 말씀을 먹지 않으면, 우리는 그리스도인으로 살아갈 힘과 능력, 지혜를 얻
을 수 없습니다. 골고루 먹는 음식이 우리 몸을 건강하게 만들어 주는 것처럼 하나
님의 말씀도 성경 전체를 통합적으로 읽고 묵상할 때, 건강한 그리스도인으로 성장
할 수 있습니다.

　홍광석 장로님께서 쓰신《바이블 이슈 40》은 구약과 신약을 별개의 성경이 아닌
하나의 성경으로 이해할 수 있도록 역사적 사실 간의 연관성을 입체적으로 설명해
주고 있어 성경의 역사뿐 아니라 이 세상 역사 가운데 흐르고 있는 하나님의 뜻과 계
획을 잘 이해할 수 있도록 도움을 주고 있습니다. 특별히 성경적 세계관으로 이 세
상을 이해하고 해석할 수 있는 능력을 갖추기 원하시는 분들에게 이 책을 강력하게
추천합니다.

이태희 (그안에진리교회 담임목사)

사람들에게 성경을 읽도록 소위 말해 '성경 바람잡이'를 하며 성경 통독

단톡방을 운영해 왔습니다. 감사하게 저의 간증을 통해 도전을 받고 단톡방을 만들어 통독을 하는 분들이 많아지고 있다는 것을 알게 되었습니다. 그러나 성경이 그저 많이 읽는다고 잘 이해가 되는 것이 아니기에《바이블 이슈 40》과 함께 성경을 읽는다면 성경의 이해도를 높이고 흥미진진하게 읽을 수 있는 좋은 길잡이가 되어줄 것이라고 기대합니다. 저를 통해 즐거워하시듯, 이 책을 통해 성경 통독이 즐거워지시길 바라며 이 책을 강력히 추천합니다.

조혜련 (개그우먼)

      네 명의 아이를 홈스쿨링 하면서 '성경'을 어떻게 가르쳐야 할지가 늘 고민이었다. 그래서 통독, 큐티, 암송 등 말씀 훈련을 아이들과 열심히 함께했다. 그러나 방대한 6천 년 역사가 담긴 성경 전체를 어떻게 설명해줄 것인지, 그 속에 담긴 하나님의 계시는 어떻게 말해주어야 할지에 대해서는 답을 찾을 수 없었다. 그러다가 홍광석 장로님이 인도하시는『팩트 바이블 스터디』를 함께하게 되었다. 매시간 성경과 맞물린 고대 역사를 배우면서 성경이 비로소 제대로 읽히는 경험을 했다.

    『팩트 바이블 스터디』의 집대성인《바이블 이슈 40》은 '언제', '어디서', '누가' 라는 정확한 역사적 사실에 근거해 성경을 보게 해준다. 성경의 인물과 사건들이, 머릿속에 펼쳐지는 이스라엘과 지중해 일대의 지도 안에서 움직이게 된다. 그리고 고대 역사뿐 아니라 창세기부터 계시록을 구성하신 하나님의 경륜까지도 볼 수 있게 한다.

    그래서 자녀를 둔 부모들에게 반드시 읽어보기를 권한다. 성경이 제대로 읽히는 감격과 기쁨으로, 자녀들에게 성경을 이야기하는 부모들이 많아지길 바란다.

최건해 (팩트 바이블 스터디 수강생)

수십 년 동안 신앙 생활을 하면서도 성경 전체를 한 번도 읽어보지 않은 사람들이 매우 많다. 주일 예배에 꼬박꼬박 나가고, 밖에 나가서는 자신을 기독교인이라고 소개하지만 성경이야기가 나오면 자리를 슬쩍 피하고 싶은 사람들도 있을 것이다. 그러나 많은 성도들이 성경을 열심히 읽고 있기도 하다. 하나님의 말씀을 잘 배워 좋은 신앙인이 되기 위해, 또는 하나님이 어떤 분인지, 그분의 뜻이 무엇인지 등등을 알고 싶어서 성경을 읽기도 한다. 특히 새해 첫날이 되면, 성경 일독 또는 성경 이독 이상을 반드시 해보겠노라고 결심하는 교인들을 우리는 많이 본다. 그런데 문제는, 성경을 읽는다고 해서 누구나 성경을 잘 이해할 수 있는 것은 아니라는 사실이다. 대부분의 사람이 성경을 읽으면서도 정작 이해하는 데 많은 어려움을 느낀다. 왜 그럴까?

성경을 읽는 우리와는 동떨어진 지리적, 역사적, 문화적 차이 등 여러 원인이 있을 수 있을 것이다. 그러나 기본적으로 성경을 읽으면서도 인명, 지명, 때에 관한 내용을 눈여겨보지 않는 것이 그 원인이라고 생각한다. 모든 독서에는 배경지식이 얼마나 있느냐가 그 책의 내용뿐만 아니라 사건과 인물을 이해하는데 많은 영향을 준다. 따라서 성경에 기록된 사실 자체에 대한 지식이 부족하여 성경을 아무리 여러 번 읽는다고 해도 그 중심 메시지에 접근하지 못하고 겉도는 것이다. 문제 속에 답이 있다고, 거기에서 해결점을 찾을 수 있다. 지난 수년 동안, 부모와 자녀가 함께 공부하는 『팩트 바이블 스터디』를 진행하면서, '언제', '어디서', '누가'라는 사실(Fact)에 대한 공부를 해두면, 성경에 대한 이해도가 크게 높아진다는 결과를 얻게 되었다.

성경 속에서 '언제' 즉, '때'는 성경을 이해하는 데 아주 중요한 요소이다. 이를 놓치게 되면, 하나님의 의도를 이해하는 게 몹시 어렵게 된다. 또, 성경에는 '어디서'에 해

당하는 많은 '지명'이 나온다. 지금은 존재하지 않는 지명도 많고 외우기 쉽지 않은 것들도 많지만, 지명을 정확히 모르면 성경을 이해하는 데 애를 먹게 되고, 몇 번을 반복해 읽어도 머릿속에 별로 남는 게 없게 된다. 따라서 의도적으로 '어디서'를 잘 살펴 가며 성경을 읽어야 한다. 아울러 '누가' 즉, 성경 속의 '등장인물' 또한 대단히 중요하다. 성경의 인물들은 서로가 얽혀 있다. 특히 창세기는 '족보'라는 별칭을 주어도 될만큼 많은 인물의 족보가 실려 있는데, 이 인물들이 성경 전체에 등장하는 인물들과 긴밀한 관계를 맺고 있다. 이들에 대한 공부를 충분히 해 두어야 성경 전체를 이해하는 데 도움이 된다.

위에서 말한 방법이나 관점으로 성경을 읽게 되면, 성경에서 일어나는 일들에 대해 더욱 잘 인식할 수 있게 된다. 그리고 구약과 신약이 별개의 이야기가 아니며, 성경 전체가 하나로 연결되어 있음을 어렵지 않게 깨닫게 된다. 이를 통해 성경 전체에 흐르는 하나님의 계획과 경륜을 이해하는 데에도 큰 도움이 된다.

이 책에서는 평신도들이 성경의 말씀을 이해하는 데 있어 도움이 될 만한 주제 40개를 선정하여, 위에서 언급한 방법 및 관점으로 구약과 신약 그리고 역사적 사실 간의 연관성을 가급적이면 입체적으로 조망하고자 했다. 성경의 세세한 부분까지 모두 다룰 수 있는 분량은 아니지만, 독자들이 하나님의 말씀을 이해하는 데 있어 작은 디딤돌이 되었으면 하는 마음으로 글을 엮었다. 여기까지 인도해 주신 우리 하나님 아버지께 무한한 감사와 영광을 올려드린다.

2021년 7월 지은이

제1부

민족들의 기원과 부르심

1. 창세기와 홍수 이전의 족보

성경 말씀을 전체적으로 이해하는 데에 있어서 가장 중요한 책이 창세기가 아닐까 한다. 신약의 말씀을 이해하려면 구약의 말씀을 알아야 하고, 구약의 말씀을 잘 알고자 한다면, 반드시 모세오경을 먼저 공부해야 한다. 또한 모세오경을 이해하려면 그 시작인 창세기를 공부해야 한다. 그러므로 성경 전체를 잘 이해하려면, 무엇보다 창세기를 중요하게 생각하고 면밀하게 공부해야 하는 것이다.

그러나 창세기를 이해하는 일은 그리 만만한 일이 아니다. 우리가 사는 지금 이 세상과는 너무 동떨어진 것 같은 느낌이 들기도 하고 이성적으로 이해하기 어려운 이야기들도 많이 기록되어 있다. 나의 삶과는 아무런 상관도 없을 것 같은 수많은 사람이 등장하기도 한다. 그래서 성경을 통독하겠다고 결심하고 매일 목표를 채우기 위해 성경을 읽을 때, 창세기, 특히 앞부분을 대충 눈으로 훑고 지나가기가 쉽다.

성경에서 가장 앞부분에 기록된 족보는 가인의 족보다. 가인은 동생 아벨을 죽인 후에 에덴의 동쪽 놋 땅에 거주했고 거기서 아들 에녹을 낳았다. 이 에녹은 죽지 않고 하늘로 올라간 에녹과는 다른 인물이다. 가인은 자기가 낳은 아들 에녹을 위해 성을 쌓았고 이 성을 '에녹성'이라고 불렀다. 세상에 처음 등장한 성이었다. 가인의 족보는 이렇게 연결된다. 가인은 에녹을 낳고, 에녹은 이랏을 낳고, 이랏은 므후야엘을 낳고, 므후야엘은 므드사엘을 낳고, 므드사엘은 라멕을 낳았더라. 이렇게 가인의 족보는 끝을 맺는다. 가인의 후손들은 모두 홍수로 멸망했다.

아담은 가인이 죽인 아벨을 대신하여 셋을 낳는다. 그리고 셋의 후손에서 노아가 나온다. 아담을 비롯하여 노아까지의 후손들은 대부분 900살 이상을 산 것으로 성경은 기록하고 있다. 아담에서부터 노아까지 10대에 걸친 족보가 창세기 5장에 기록되어 있다. 그 후손들과 그들이 죽은 나이를 정리하면 다음과 같다.

1대 아담	930세	
2대 셋	912세	
3대 에노스	905세	
4대 게난	910세	
5대 마할랄렐	895세	
6대 야렛	962세	
7대 에녹	365세(하나님께서 데려가심)	
8대 므두셀라	969세	
9대 라멕	777세	
10대 노아	950세(500세 때에 홍수가 남)	

족보를 살펴보면, 죽지 않고 하늘로 올라간 에녹은 노아의 증조할아버지가 되고,

지구상에서 가장 오래 산 므두셀라는 노아의 할아버지가 된다. 위의 족보를 기록하면서, 창세기의 저자 모세는 특별히 에녹에 대해서 부연 설명을 추가해 놓았다. 그가 하나님과 동행했다는 것과 하나님이 365세에 그를 데려갔다는 내용이다. 창세기는 천지창조로부터 약 2,200년에 걸친 역사적인 내용을 50장이라는 아주 짧은 글로 정리한 기록이다. 따라서 그 내용이 아주 함축적이라는 것을 알 수 있다. 특히 홍수가 천지창조 후 1,656년째 되던 해에 일어났던 것을 생각해 보면, 홍수 이전의 기록은 함축에 함축을 더한 내용임을 알 수 있다. 이 함축적인 내용 가운데, 특별히 에녹에 대한 설명이 부가된 것은 중요하다는 의미가 아니겠는가?

여기서 우리는 두 가지에 대해 생각해 볼 필요가 있다. 첫째, 하나님께서 어떻게 에녹을 데리고 가셨을까 하는 것이다. 먼저, 열왕기하 2장을 보면 엘리야가 하늘로 올라가는 장면이 기록되어 있다. 불수레와 불말이 요단강 강가에 있던 선지자 엘리야와 엘리사를 갈라 놓았고, 엘리야는 회오리바람을 타고 하늘로 올라갔다. 또한 사도행전 1장에는 예수님께서 감람산(올리브산)에서 제자들이 보는 앞에서 하늘로 올라가시는 장면이 나온다. 이러한 기록들을 볼 때, 하나님께서 어떻게 에녹을 데려가셨는지 유추해 볼 수 있다. 두번째, 하나님과 동행했다는 것은 실제로 어떤 의미일까? 하나님께서 사람의 모습으로 에녹과 함께 생활하셨다는 뜻은 아닐 것이며 하나님의 영이 에녹에게 충만하게 임했다는 것이 아닐까 생각한다. 그리고 이것은 이 세대에 임하시는 성령 하나님의 충만한 임재를 의미하는 것이리라….

에녹은 65세에 낳은 아들의 이름을 므두셀라라고 지었다. '그가 죽으면 세상이 멸망한다'라는 의미를 내포하고 있다. 그렇다면 에녹은 홍수가 나기 전, 그것도 거의 천 년 전에 홍수에 대한 계시를 받았던 것이다. 므두셀라는 969세까지 살았고 이 땅에 존재한 모든 사람 가운데 가장 오래 산 사람이다. 그가 죽었던 바로 그해에 홍수가 시작되었다.

노아의 아버지 라멕은 의외로 선조들보다 훨씬 일찍 죽는다. 그는 777세에 죽었다

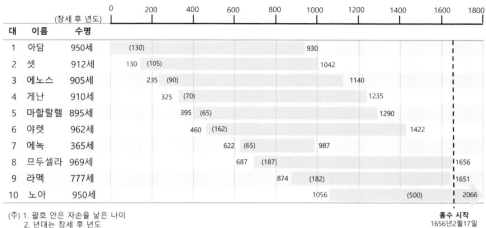

(주) 1. 괄호 안은 자손을 낳은 나이
2. 년대는 창세 후 년도

홍수 시작
1656년 2월 17일

아담의 후손들의 연대표

고 기록되어 있는데 성경은 라멕이 일찍 죽은 이유를 설명하지 않는다. 아담에서부터 노아에 이르기까지의 연표를 유심히 살펴보면 창세기에 기록된 이 열 명의 조상들 중, 어느 누구도 홍수로 죽은 사람이 없다. 아마도 하나님께서는 노아의 아버지 라멕을 홍수에서 건지시기 위하여 일찍 데려가셨을 것이라는 추론도 가능하다 하겠다.

또 하나, 이상한 내용이 있다. 다른 선조들은 보통 60세에서 187세 사이에 대를 잇는 아들을 낳았는데, 노아는 500세쯤 되어 세 아들, 셈과 함과 야벳을 낳았다고 기록되어 있다. 노아가 500세가 될 때까지 자식을 낳지 않은 특별한 이유라도 있는 것일까? 아마도 노아는 아버지 라멕이나, 할아버지 므두셀라로부터 므두셀라가 죽게 되면 세상이 멸망할 것이라는 말을 들었을 것이고 그러한 이유로 오랫동안 아들을 낳지 않았을 가능성이 있다. 그러다가 하나님으로부터 홍수에 대한 계시를 직접 받게 되고, 하나님의 말씀에 따라 아들들을 낳은 것이 아닐까 한다.

노아는 세 아들을 낳았고, 물의 심판이 있을 거라는 하나님의 말씀에 따라 아들들과 함께 방주를 만들었다. 홍수로 말미암아 노아의 가족 8명을 제외한 땅 위의 모든 사람이 멸망했다. 예수님께서는 세상의 마지막 때가 노아의 때와 같다고 말씀하신다.

> 노아의 때와 같이 인자의 임함도 그러하리라 홍수 전에 노아가 방주에 들어가던
> 날까지 사람들이 먹고 마시고 장가 들고 시집 가고 있으면서 홍수가 나서 그들
> 을 다 멸하기까지 깨닫지 못하였으니 인자의 임함도 이와 같으리라 (마 24:37~39)

이 말씀은 세상 끝날에는 사람들이 온통 세상일에만 관심을 갖고 하나님을 경외하고 하나님의 말씀에 귀를 기울이는 사람들을 찾아보기 힘들다는 의미가 아니겠는가? 하나님을 믿는다고 하는 사람들조차 하나님보다는 재물을 섬기는 삶을 살아간다. 많은 사람이 하나님과 재물을 겸하여 섬기고 싶어 한다. 하지만 예수님께서는 하나님과 재물을 겸하여 섬기지 못한다고 분명히 말씀하신다.

> 한 사람이 두 주인을 섬기지 못할 것이니 혹 이를 미워하고 저를 사랑하거나 혹
> 이를 중히 여기고 저를 경히 여김이라 너희가 하나님과 재물을 겸하여 섬기지 못
> 하느니라 (마 6:24)

*P*OINT
아담에서부터 노아까지의 족보 중에서 에녹과 므두셀라 그리고
노아의 이름과 그들의 관계는 반드시 기억해 두면 좋겠다.

2. 야벳의 후손들

일반적으로 처음 성경을 읽을 때 가장 읽기 힘든 부분이 레위기라고 한다. 사람들이 레위기를 힘들어하는 이유는 이미 사라진지 오래인 고대 이스라엘의 제사법이 너무나 상세하게, 게다가 반복되어 나오기에 읽기가 힘들다는 것이다. 그러나 실제로 이해의 측면으로 볼 때 레위기보다 더 힘든 곳이 바로 창세기의 족보 부분이다. 레위기를 별도로 애써 공부하는 사람들은 있지만, 창세기 족보를 공부하는 사람들은 많지 않으며 특히 창세기 10장에 열거된 족보에 관심을 가지는 사람은 더욱이 없다.

성경을 읽을 때, 대부분의 사람들은 여기에 나열된 이름들을 쭉 읽고 지나가 버린다. 그러나 이 창세기 10장의 내용을 잘 공부해 두면, 성경을 이해하는 데 많은 도움을 받을 수 있다는 것을 강조하고 싶다. 창세기 10장에는 70명의 이름이 나온다. 이들은 노아의 아들들의 자손들이며, 이 땅에 거하는 모든 민족과 백성들의 조상들이다. 현재 지구상에 사는 모든 사람들을 위로 거슬러 올라가면 창세기 10장에 기록된 이름들과 만나게 된다는 의미이다. 그러나 너무나 방대하기에 여기서는 개략적인 내용만을 다루기로 한다.

먼저, 야벳의 후손들부터 시작해 보자. 창세기 10장 2절에는 야벳의 아들들의 이름이 기록되어 있고, 그 아래에는 그 아들들의 아들들의 이름이 기록되어 있다. 야벳의 아들은 모두 일곱 명이다. 그 후손들을 공부해 보면, 야벳은 백인종의 조상임을 알 수 있다.

> 야벳의 아들은 고멜과 마곡과 마대와 야완과 두발과 메섹과 디라스요 (창 10:2)

야벳의 장남은 고멜이다. 성서연구가들에 의하면 고멜은 게르만 계통 사람들의 조상으로 알려져 있다. 고멜의 후손들은 처음에는 지금 터키의 중부지방에 해당하는 갈라디아를 거쳐, 점차 유럽의 다른 지역으로 퍼져나갔다. 흑해 북쪽에 자리 잡았던 게르만족은 서기 3세기경 동쪽에서 밀려오는 훈족에게 쫓겨 서쪽으로 밀려나게 된다. 이것이 역사적으로 유명한 게르만족의 대이동이다. 이 대이동으로 말미암아 지금의 프랑스 지역에 살던 다른 고멜의 후손인 켈트족은 더 서쪽으로 밀려나 지금의 영국 땅에 다다르게 된다. 훈족에 밀린 동고트족, 서고트족, 반달족 등으로 불리던 게르만족은 지금의 스페인을 지나 북아프리카까지 이르게 되고, 그러한 과정에서 A.D. 476년에 서로마 제국을 멸망시킨다. 영국 땅으로 밀려났던 켈트족은 후에 독일 북부와 덴마크 일대에 살다가 영국 땅으로 들어온, 또 다른 고멜의 후손인 앵글로족과 색슨족에게 밀려 거친 땅인 웨일즈, 아일랜드 및 스코틀랜드까지 밀린다. 현재 유럽의 국가 중 독일, 오스트리아, 프랑스, 영국, 네덜란드, 노르웨이, 스웨덴 등 유럽 중북부 사람들은 상당수가 고멜의 후손인데 노아는 야벳의 후손들이 창대할 것이라고 축복한 바 있다.

하나님이 야벳을 창대하게 하사 셈의 장막에 거하게 하시고 가나안은 그의 종이

되게 하시기를 원하노라 하였더라 (창 9:27)

야벳의 둘째 아들은 마곡이다. 에스겔서 38장에 기록되어 있는, 흔히 인류의 마지막 전쟁이라고 하는 '곡과 마곡 전쟁'에 등장하는 마곡이 바로 이 마곡이다. 하나님께서는 에스겔에게 마곡 땅에 있는 로스와 메섹과 두발왕 곡에게로 얼굴을 향하고 그에게 예언하라고 말씀하신다. 마곡 땅은 지금의 우크라이나를 의미하며, 마곡은 우크라이나 사람들을 의미한다. 구 소련 시절, 우크라이나는 소련에 속하는 공화국이었으나 1991년 구 소련이 붕괴될 때 독립했다.

야벳의 셋째 아들은 마대이다. 구약을 읽다 보면 가끔 '메대와 바사'라는 이름이 등장하는데, 메대에 속하는 나라가 마대의 후손들로 구성된 나라이다. 이들이 자리를 잡은 곳은 지금 이란의 중북부 지방이다. 유다의 백성들이 바벨론 포로로 끌려갔던 시절, 메대는 강성한 국가를 이루었다. 일반 역사에서는 이 나라를 '메디아'라 칭한다. 메대의 도성은 '엑바타나'인데, 에스라서 6장 2절에 등장하는 '악메다'가 바로 이곳이다. 메대는 바벨론과 연합하여 그 당시 세계 최강의 제국이었던 앗수르를 B.C. 612년에 멸망시킨다. 이를 위해 당시 왕자였던 바벨론의 느부갓네살과 메대의 공주 간에 정략결혼이 이루어진다. 후에 고레스왕이 등장하여 메대를 정복하고 메대와 바사는 한 나라가 된다. 고레스왕의 아버지는 페르시아의 캄비세스왕이었고, 어머니는 메대의 공주 만다네이다. 페르시아는 셈의 맏아들 엘람의 후손들이 세운 나라이고, 메대는 야벳의 아들인 마대의 후손이 세운 나라이다. 이들의 후손들이 현재 이란을 이루고 있으며, 인도로 건너간 후손들은 인도인의 조상이 되었다. 이들을 통틀어 '아리아인'이라고 한다.

야벳의 넷째 아들은 야완이다. 야완은 곧 그리스를 의미한다. 이스라엘 사람들은 지금도 그리스를 야완이라고 부른다. 많은 역사책에 기록되었듯이 그리스는 유럽 문

명의 원조이다. 야완의 후손 중에는 역사적으로 유명한 사람들이 많은데 소크라테스, 플라톤, 아리스토텔레스 같은 철학자들이 야완의 후손이며 세계적 정복왕인 알렉산더 대왕도 야완의 후손이다. 다니엘의 예언대로 알렉산더는 짧은 시간 안에, 당시 세계 최대 제국이었던 페르시아를 굴복시키고 헬라 제국을 이루었다. 알렉산더는 33세의 젊은 나이로 후계자를 정하지 못한 채 바벨론에서 숨을 거두었고, 제국은 넷으로 나뉜다. 이 중 이스라엘에 영향을 행사했던 나라가 시리아를 중심으로 한 셀류커스와 이집트를 중심으로 한 프톨레미이다. 특히 유대는 셀류커스에 의해 많은 고통을 당하는데, 이를 피해 많은 유대인이 이집트, 즉 프톨레미로 이민을 가게 된다. 이 두 나라의 갈등과 전쟁이 다니엘서 11장에 예언으로 상세히 기록되어 있다. 셀류커스가 북방 왕으로, 프톨레미가 남방 왕으로 기록되어 있는데 특히 셀류커스의 안티오커스 4세 안티파네스는 예루살렘 성전에 제우스상을 세우고, 돼지를 잡아 제사를 지내게 하는 등 엄청난 성전 모독을 자행한다. 프톨레미의 마지막 왕은 바로 클레오파트라이며, 로마의 장군 안토니우스와 연합하여 후에 로마의 황제가 되는 옥타비아누스(마태복음의 아우구스도)와 결전을 벌인 악티움 해전에서 패하고 자결을 함으로써, 헬라 제국은 B.C. 30년에 완전히 소멸된다.

야벳의 다섯째 아들은 두발이다. 두발의 후손들이 이룬 나라가 1991년 구 소련이 붕괴할 당시에 독립한 조지아(구 소련 시절의 그루지아)이다. 위에서도 언급한 에스겔서 38장의 곡과 마곡 전쟁에 등장하는 나라 중 하나가 두발임을 기억해 두면 좋을 것이다. 학자들은 그 근거로, 조지아의 수도 '트빌리시'가 두발에서 기원했다고 본다. 조지아 남쪽에는 흑해, 북쪽에는 높고 험준한 카프카스 산맥이 자리하고 있으며 두발의 후손 중 일부가 카프카스 산맥을 넘어 지금의 러시아 땅, 우랄 산맥 동쪽의 토볼스크 지역으로 이주했다고 한다.

야벳의 여섯째 아들은 메섹이다. 메섹은 모스크바의 히브리식 이름이며 모스크바뿐 아니라 그 지역 일대를 가리키는 표현이다. 즉, 지금의 러시아인의 상당수를 차지

| ⬭ 야벳족 | ▭ 함족 | ⬭ 셈족 |

바벨탑 사건 후 흩어진 민족들

하는 슬라브 민족이 바로 메섹의 후손이라는 의미이다. 지금은 이름이 널리 알려져 있지만, 러시아는 17세기 표도르 대제가 나타나기 이전까지는 거의 두각을 드러내지 못했다. 유럽의 나라들은 러시아를 유럽에 끼워 주지도 않았다. 그런데 위에서 언급했듯이, 인류의 마지막 전쟁인 곡과 마곡 전쟁에서 이 러시아가 중심적인 역할을 할 것이라고 에스겔서는 기록하고 있다.

　야벳의 일곱째, 막내아들은 디라스이다. 디라스의 후손들은 발칸반도 북쪽 즉, 마케도니아 북쪽에 위치한 유고슬라비아 사람들로 알려져 있다. 유고 연방은 소비에트 연방의 붕괴와 함께 독립했고, 이후에 순차적으로 슬로베니아, 크로아티아, 북마케도니아, 세르비아, 보스니아, 몬테네그로, 코소보 등으로 분리 독립되어 오늘에 이른다. 이 지역에는 오래전부터 많은 전쟁이 있었고 이민족의 유입 및 혼혈이 있었으므로, 지금 이 지역에 사는 사람들이 모두 디라스의 후손이라고 말하기는 어렵다.

참고로 홍수가 끝나고 약 백 년 정도의 시간이 흐르고, 사람들은 함의 손자이며 구스의 아들인 니므롯을 중심으로 하여 바벨탑을 쌓았다. 이 사건으로 하나님께서는 사람들의 언어를 혼잡하게 하셨는데 서로 말이 통하지 않게 되자, 사람들은 족속별로 뿔뿔이 흩어지게 된다. 초기에 각 족속이 정착한 지역은 앞 장의 그림과 같다.

P_{OINT}

성경에 기록된 민족이나 국가의 이름 중에 헬라(야완), 메대(마대), 마곡(우크라이나),
메섹(러시아) 등의 기원을 알려면, 창세기 10장 2~4절을 참고해야 한다.

3. 인류의 조상들(2), 함의 후손들

흔히 함은 흑인종의 조상이라고 하는데 함에게는 구스, 미스라임, 붓, 가나안 이렇게 네 명의 아들이 있었다. 노아의 저주가 영향을 미쳤는지는 확신할 수 없지만, 현재 함의 후손들의 영향력은 그리 돋보이지 않는다. 하지만, 인류 역사 초기에는 그 활약이 대단했음을 볼 수 있다.

인류의 4대 문명인 메소포타미아, 이집트, 인더스, 그리고 황하 문명 중 메소포타미아 문명과 이집트 문명을 일으킨 사람들이 바로 함의 후손들이다. 이들은 고대 문명에 아주 굵직한 흔적을 남겼다.

함의 아들은 구스와 미스라임과 붓과 가나안이요 (창 10:6)

함의 첫째 아들 구스는 곧 에티오피아이다. 이스라엘 사람들은 지금까지도 에티오피아를 구스라 부른다. 구스는 니므롯이라는 아들도 낳았는데 니므롯은 인류 역사에서 아주 큰 족적을 남긴 인물이며 성경은 그를 세상의 첫 영걸이라고 기록한다. 그는 여러 도시를 건설했는데, 시날 땅(지금의 이라크 중부 유프라테스강 근처이며 바그다드 인근)에 바벨, 에렉, 악갓과 갈레 같은 도시를 건설했으며, 지금의 이라크 북부 지방에 니느웨, 르호보딜, 갈라, 레센과 같은 도시를 세웠다. 바벨탑 사건 이후, 구스의 후손들은 이집트 남쪽 에티오피아 지역으로 이동했다. 출애굽 당시 모세가 구스 여인을 취한 적이 있는데, 이로 인해 미리암과 아론이 모세를 비난하기도 했다.

니므롯과 그의 아내 세미라미스, 그리고 세미라미스가 낳은 아들 담무스는 신화 즉, 우상숭배의 모형이라고도 전해진다. 세미라미스는 니므롯이 죽은 후에 낳은 사생아 담무스를 니므롯의 환생이라 하며, 사람들로 하여금 그를 섬기게 했다. 여기에서부터 이집트, 가나안, 그리스, 로마 등 고대 신화들이 탄생했다고도 한다.

참고로 현재 에티오피아에는 두 종류의 구스인들이 살고 있다고 여겨진다. 원래 함의 아들인 구스의 후손들과 셈족인 솔로몬과 스바 여왕의 후손들이 그들이다. 역대기 9장에는 솔로몬의 지혜를 찾아 예루살렘을 방문한 스바 여왕에 대한 기록이 있다. 성경에는 더 이상 기록이 없지만 스바 여왕이 예루살렘에 있는 동안 솔로몬의 아들을 임신했고, 스바로 돌아가는 길에 에티오피아에서 아들을 낳았으며 그 이름을 메넬리크로 지었다고 한다. 이 메넬리크가 에티오피아 지역에 세웠던 나라가 악숨 왕국이다. 이 스바 여왕이 함의 아들 구스의 후손인지 아니면 아브라함의 후손인지는 다소 논란의 여지가 있지만, 일반적으로 셈족인 아브라함의 후처 그두라의 후손이라는 설이 받아들여지고 있다. 현재 이스라엘에는 자기들이 솔로몬의 후손이라고 주장하며 에티오피아에서 이스라엘로 귀환한 많은 흑인 구스 유대인들이 살고 있다. 아울러 아직도 많은 구스 유대인들이 에티오피아에서 이스라엘 땅으로 돌아가길 간절히 바라고 있다.

함의 둘째 아들 미스라임은 곧 이집트(애굽)이다. 지금도 이스라엘 사람들은 이집트를 미스라임이라고 부른다. 바벨탑 사건 이후, 미스라임 종족들은 애굽으로 이주했고, 그곳에서 인류 4대 문명 중 하나인 이집트 문명을 일궈낸다. 애굽(이집트)은 이스라엘 역사에서 아주 중요한 위치를 차지한다. 아브라함이 가나안 땅으로 들어왔을 때, 가뭄으로 인해 애굽으로 내려갔으며, 요셉이 애굽으로 팔려 간 이후의 이야기가 창세기 후반부를 이룬다. 이어지는 출애굽의 기록 등, 애굽을 빼놓고는 성경 역사를 설명하기가 쉽지 않다. 이스라엘 백성들은 하나님의 경고에도 불구하고, 여러 가지 어려움이 생기면 애굽에 의지하기도 하고 애굽으로 이주를 하기도 했다. 솔로몬의 첫째 아내는 애굽의 공주였다. 북이스라엘 초대 왕이었던 여로보암은 솔로몬에 대한 반역이 실패하고 나서 한동안 애굽에 망명을 가 있기도 했다. 강력한 애굽이었지만, 에스겔서 29장의 예언대로 지금은 미약한 나라가 되었다. 참고로 우리가 읽는 한글 성경에는 애굽 또는 이집트로, 또 모든 영어 성경에도 'Egypt'로 되어 있는 이 나라를 히브리어 성경에서는 그들 조상이 부른 그대로 '미스라임'이라고 기록하고 있다.

미스라임의 족보를 보면, 그 아들 중에 가슬루힘이 있는데, 그 가슬루힘에서 블레셋이 나왔다고 기록하고 있다. 이스라엘과 늘 적대적인 관계에 있었던 블레셋 사람들이 미스라임의 후손인 것이다. 블레셋은 원래 지중해 크레타 섬에서 일어난 미노아 문명을 일으킨 사람들인데, 이 미노아 문명은 유럽 최초의 문명으로 알려진 그리스 미케네 문명에 영향을 주었다. 따라서, 유럽 문명의 기원을 일으킨 사람들이 함족인 블레셋 사람들이 되는 셈이다. 크레타 섬을 배경으로 살던 블레셋 사람들은 화산 폭발과 지진으로 인해 살아가기 힘든 환경에 처하자 새로운 곳을 찾아서 이동하게 된다. 그곳이 바로 지금의 가자 지구를 포함하는 지중해 연안 지역으로, 아브라함이 가나안 땅에 들어왔을 때 그들은 이미 그곳에 와 있었다. 참고로 팔레스타인은 블레셋의 다른 표현이다. 모세는 그들의 기원에 대해 신명기에도 기록을 남겼는데 '가사'는 현재 이스라엘과 분쟁 상태에 있는 지금의 '가자지구'에 있었던 도시를 의미한다.

또 갑돌(크레타)에서 나온 갑돌 사람이 가사까지 각 촌에 거주하는 아위 사람을

멸하고 그들을 대신하여 거기에 거주하였느니라 (신 2:23)

함의 셋째 아들인 붓은 곧 리비아이다. 바벨탑 사건 이후, 붓의 종족들은 가나안을 지나고 애굽 땅을 지나 애굽 서쪽에 정착한다. 붓 사람들에 대한 기록은 성경에서 찾아보기 쉽지 않다. 예수님께서 십자가를 지고 골고다 언덕으로 올라가실 때, 예수님의 십자가를 억지로 대신 졌던 구레네 시몬이라는 사람이 있다. 이 구레네가 당시 리비아의 수도였다. 시몬이 유월절 기간에 예루살렘을 찾은 것을 보면, 구레네에 살던 유대인일 가능성이 크다. 마가복음 15장 21절에서는 그를 알렉산더와 루포의 아버지라고 기록하고 있다. 로마서 16장 13절을 통하여 사도 바울은 루포와 그의 어머니에게 문안하라는 당부를 남긴다. 십자가를 억지로 졌던 구레네 사람 시몬을 통하여 그의 가족이 구원을 받아 주님의 일을 감당했던 것이다. 붓의 후손들은 역사 속에서 이렇다할 흔적을 찾기는 어렵다.

함의 네 아들 중 구스와 미스라임과 붓, 이렇게 세 아들의 후손들은 지금의 아프리카 땅으로 건너갔다. 또한, 그들은 사하라 사막 남쪽으로 퍼져 나가 아프리카 중부와 남부의 국가들을 이룬 것으로 여겨진다. 사하라 사막 북쪽 지중해 연안 지대에는 여러 나라나 민족들 간에 뺏고 뺏기는 역사가 반복되었다. 애굽은 페르시아에 정복당하기도 하고, 알렉산더에게도 정복을 당하는데 알렉산더 사후에는 프톨레미 장군에 의해 통치된다. 클레오파트라를 마지막으로 헬라 제국이 멸망한 이후에는 북부 아프리카의 다른 지역과 마찬가지로 로마에 완전히 병합된다. 이후 북아프리카에는 게르만족의 침입이 있었고, 이슬람의 사라센 제국에 편입되기도 한다. 따라서, 현재 북아프리카가 함의 땅이라고 하기는 쉽지 않다. 사하라 이남 지역 즉, 흑인들이 주로 사는 지역이 함의 땅이라 할 수 있을 것이다. 이들은 후에 노아의 저주와도 같이 야벳의 후손들에 의해 엄청나게 많은 사람이 노예가 되어 남아메리카와 북아메리카로 팔

려 가는 혹독한 시련을 겪었다.

함의 넷째, 막내 아들이 가나안이다. 가나안은 노아가 아들들에게 축복과 저주를 할 때, 함을 대신하여 노아의 저주를 받은 장본인이다.

> 노아가 술이 깨어 그의 작은 아들이 자기에게 행한 일을 알고 이에 이르되 가나
>
> 안은 저주를 받아 그의 형제의 종들의 종이 되기를 원하노라 하고 (창 9:24~25)

노아가 왜 함이 아닌 가나안을 저주했는지에 대해서는 성경은 침묵하고 있어 그 이유를 정확히 알기는 쉽지 않다. 바벨탑 사건 이후, 가나안의 후손들은 아프리카로 건너가지 않고 지금의 이스라엘 땅, 성경의 가나안 땅 일대에 살게 된다. 아브라함이 하나님의 지시에 따라 75세에 가나안 땅에 들어섰을 때, 가나안 족속들이 그 땅에 살고 있었다. 세월이 흘러, 출애굽을 할때 하나님께서는 여호수아에게 명령하시기를, 그 땅에 들어가거든 그 땅에 사는 모든 거민들을 멸절하라고 하신다. 창세기 10장 15절 이하에는 가나안은 장자 시돈과 헷을 낳았고, 여부스 족속과 아모리 족속과 기르가스 족속과 히위 족속과 알가 족속과 신 족속과 아르왓 족속과 스말 족속과 하맛 족속을 낳았다고 기록하고 있다. 모세가 요단 동편에서 아모리 족속과의 전쟁을 통해 요단 동편 땅을 빼앗았고, 여호수아가 요단강을 건너 많은 가나안 족속들을 멸하고 그들의 땅을 차지했지만 가나안 족속이 전부 멸절된 것은 아니었다. 그 땅에 남아 있던 가나안 족속의 후손들은 하나님의 말씀대로 이스라엘에 가시가 되어, 이스라엘 백성들을 우상숭배의 죄에 빠지게 하는 중심적인 역할을 하게 된다.

그중 가장 유명한 인물이 시돈의 공주 이세벨이다. 시돈이 가나안의 장남이었으니, 이세벨은 가나안의 후손이 되는 셈이다. 그녀가 북이스라엘의 아합왕에게 시집을 올 때, 시돈의 우상인 바알과 아세라를 들여왔다. 그녀는 하나님을 섬기는 선지자들을 죽였고, 북이스라엘을 엄청난 우상숭배로 물들게 했다. 이때 활동한 선지자가

바로 엘리야이다. 북이스라엘은 이후에도 우상숭배의 죄악에서 헤어나지 못하다가 B.C. 722년 앗수르에 의해 멸망하게 된다.(열왕기하 17장)

가나안 족속은 인류의 역사 가운데 큰 족적을 남겼다. 현재 레바논에는 시돈이라는 항구 도시가 있고, 그 남쪽에는 티레라는 작은 항구 도시가 있다. 이 티레가 성경에 나오는 '두로'이다. 두로 왕 히람은 다윗이 도성을 예루살렘으로 옮길 때, 다윗의 왕궁을 위하여 레바논 백향목을 보내 주었고, 솔로몬이 예루살렘 성전과 왕궁을 지을 때도 레바논 백향목을 보내 주는 등 많은 지원을 아끼지 않았다.(사무엘하 5장, 열왕기상 5장) 두로는 조개에서 나는 고가의 자주색 염료의 수출을 기반으로 하여 지중해 일대의 해상무역을 주름잡았다. 그들의 사업영역이 얼마나 넓었는지는 에스겔서 27장과 28장에 상세히 기록되어 있다. 그들의 교만은 하늘을 찌를 듯했지만, 결국 에스겔의 예언대로, 일차적으로는 바벨론의 느부갓네살에 의해 훼파되었고, 최종적으로는 알렉산더 대왕에 의해 점령당하고 철저히 파괴되어 오늘에 이른다. 알렉산더는 육지에서 약 700m 떨어진 섬에 있는 성을 공격하기 위해 수개월 동안 돌을 긁어모았다. 육지에서 섬까지 방파제로 연결하는 힘든 작업을 하면서 전투를 치르고 성을 점령했다. 성은 철저히 파괴되었고, 성안의 모든 사람은 죽임을 당하거나 노예로 팔렸다. 아마도 알렉산더의 정복 전쟁 중에서 가장 힘겨웠던 전투가 바로 B.C. 332년 이 두로와의 전투가 아니었나 싶다. 에스겔서에는 두로의 멸망에 대한 예언이 기록되어 있다.

> 그런즉 내가 이방인 곧 여러 나라의 강포한 자를 거느리고 와서 너를 치리니 그들이 칼을 빼어 네 지혜의 아름다운 것을 치며 네 영화를 더럽히며 또 너를 구덩이에 빠뜨려서 너를 바다 가운데에서 죽임을 당한 자의 죽음 같이 바다 가운데에서 죽게 할지라 (겔 28:7~8)

이 가나안 사람들은 그들의 본거지인 두로가 알렉산더에 의해 멸망하기 이전인 B.C. 500년경 지금의 북아프리카의 튀니지 바닷가에 카르타고라는 식민 항구 도시 국가를 건설했다. 카르타고는 3차에 걸친 로마와의 포에니 전쟁에서 패배하기 전까지 지중해 해상 무역을 장악했다. 3차 포에니 전쟁을 통해 B.C. 146년에 카르타고를 점령한 로마군은 성을 철저히 파괴했고, 더 이상 카르타고가 일어서지 못하도록 그곳에 소금을 뿌리기도 했다. 2차 포에니 전쟁 때에 알프스를 넘어 로마를 쑥대밭으로 만들고, 로마인들의 간담을 서늘하게 만들었던 카르타고의 장수가 바로 한니발이다. 그는 칸나에 전투에서 하루에 5만 명 이상의 로마군을 전멸시키기도 했다.

예수님께서 어느 날 두로와 시돈 지방으로 들어가셨다. 이때 가나안 여인이 나아와 소리를 지르며 자기 딸이 흉악한 귀신 들렸으니 고쳐달라고 간청을 한다. 예수님께서는 매몰차게 거절하시지만, 결국 이 여인의 믿음을 보시고 그녀의 딸을 고쳐 주신다. 수로보니게(수리아 베니게) 족속인 이 여인은 시돈의 후손일 가능성이 크다 하겠다. 가나안의 장남인 시돈의 후손들이 살던 현재 레바논 지역을 페니키아라고 하며, 사도행전 21장 2절에는 베니게라고 기록되어 있는데 로마 사람들은 이를 포에니라고 불렀다. 현재 전 세계 사람들이 사용하고 있는 영어 알파벳을 발명한 사람들이 바로 이 가나안의 시돈 사람들 즉, 페니키아 사람들이다.

가나안의 둘째 아들은 헷이다. 헷의 후손들은 앗수르 제국이 일어나기 전에 히타이트 제국을 일으켰는데 히타이트는 철기 문명을 일으키고, 말을 이용한 전차를 처음 만들었다. 당시 막강했던 애굽과도 전쟁을 치렀으며, 앗수르가 일어나기 이전에 중동 일대의 패권을 차지했다. 아브라함이 사라를 장사하기 위해 헤브론의 막벨라 굴을 살 때, 이곳을 팔았던 사람이 헷 사람이다. 이삭의 장남 에서가 처음 두 명의 아내를 취했는데, 이 두 여인 모두 헷 사람이었다. 이 일이 이삭과 리브가의 근심거리가 되기도 했었다. 또한 밧세바의 남편이자, 다윗이 죽게 했던 부하 장수 우리아 또한 헷 사람이었다.

위에서 훑어보았듯이, 지금은 별로 인정받지 못하는 함의 후손들이지만 고대 역사 속에서는 아주 큰 족적을 남기기도 했다.

P_{OINT}

성경에 기록된 민족이나 국가의 이름 중에 애굽 또는 이집트(미스라임),
구스(에티오피아), 가나안, 시돈, 헷, 블레셋, 아모리 등의 기원을 알려면
창세기 10장 6~20절을 참고하면 된다.

4. 인류의 조상들(3), 셈의 후손들

셈을 통상적으로 황인종의 조상이라고 하는데 셈은 다섯 명의 아들을 낳았다.

셈의 아들은 엘람과 앗수르와 아르박삿과 룻과 아람이요 (창 10:22)

셈의 장자는 엘람이다. 앞의 2장에서 야벳의 아들 중, 마대를 이야기할 때 함께 언급된 인물이 엘람이다. 바벨탑 사건 이후 엘람의 후손들은 지금의 이란의 남부 지방으로 이주했는데 지금도 이란의 남부 지방을 엘람 지방이라고 한다. 창세기 14장에는 인류 최초의 연합 세력 간의 전쟁이 기록되어 있다. 갈대아(메소포타미아) 지역의 네 왕과 가나안 지역의 다섯 왕이 다투는 전쟁에 관한 이야기이다. 갈대아 지역의 네 왕 중에서 가장 우두머리 왕이 그돌라오멜이라는 엘람의 왕이었다. 이들은 가나안 일대를 쑥대밭으로 만들고 소돔의 왕을 비롯한 가나안 다섯 왕과의 싸움에서도 승리한다. 하지만 아브라함이 집에서 길리운 자 318명을 데리고 쫓아가 그들을 격파하고 롯을 비롯하여 잡혀갔던 모든 사람을 구출해 온다.

엘람의 도성은 수사인데 에스더서에 나오는 수산궁이 있었으며, 이곳이 바로 바사(페르시아)의 수도였다. 여기서 에스더의 사촌 오빠였던 모르드개의 활약으로 아각 사람 하만의 간계를 물리치고 유대인을 멸절 당할 위기에서 구해낸다. 영화로웠던 수사는 현재 인구 4만 명 정도의 작은 도시로 남아 있으며 이곳에 다니엘의 묘가 있다. 엘람이 곧 바사(페르시아)인데 야벳의 후손인 마대 족속과 셈의 후손인 엘람 족속이 하나가 되어 메대와 바사가 만들어지게 된다.

앞의 2장에서 야벳의 후손인 마대를 이야기할 때 언급했듯이, 메대와 바사가 한 나라가 된 이유는 고레스(Cyrus 또는 Kyrus)왕의 혈통 때문이 아닌가 한다. 고레스왕의 아버지 캄비세스는 바사(페르시아) 혈통이었고, 어머니 만다네는 메대 혈통이었기 때문에 두 나라가 쉽게 한 나라로 되었다. 고레스의 이름은 그가 출생하기도 전, 그러니까 150년도 더 전에 기록된 이사야서 44장과 45장에 등장한다. 하나님께서는 그를 '기름 부음을 받은 고레스'라고 하신다. 이 고레스는 바벨론에 포로로 끌려왔던 유대 백성들을 향하여 성전 건축을 위해 예루살렘으로 귀환하라는 조서를 내린 인물이다. 고레스는 페르시아를 위대한 국가로 만든 지도자로서 지금도 이란 사람들로부터 칭송을 받고 있다.

고레스의 혼혈 혈통은 고레스의 장남인 캄비세스가 이집트 원정에서 돌아오는 길에 불의의 사고로 죽게 됨으로써 끊기게 된다. 그 이후에는 원래 엘람 족속인 다리오(다리우스 1세)가 왕권을 차지한다. 페르시아는 다리우스 1세 때에 최대의 영토를 갖는다. 다리우스 1세(에스라서 6장의 다리오왕)는 B.C. 490년 그리스를 침공하여 아테네와 전투를 벌이는데, 이 전투가 바로 마라톤 전투이다. 10년 후인 B.C. 480년 다리우스 1세의 아들인 크세르크세스(에스더서의 아하수에로왕)도 그리스로 침공해 들어가서 전쟁을 치르는데 <300>이라는 영화로 유명한 테르모필레 전투와 속편 <300 : 제국의 부활>로 영화화된 '살라미스 해전'이 유명하다. 위대한 제국 페르시아는 다리우스 3세가 가우가멜라 전투에서 그리스의 알렉산더에게 패함으로써 역사의 뒤안길로 사라지게 되며 이 페르시아를 잇는 나라가 현재의 이란이다.

셈의 둘째 아들은 앗수르이다. 앗수르의 후손들이 살던 곳은 지금 이라크의 북부 지방이다. 티그리스 강변에 위치한 지금의 이라크 제2의 도시인 모술이 있는 곳이 앗수르의 도성, 니느웨이다. 앗수르 사람들은 B.C. 612년 바벨론과 메대 연합군에게 니느웨가 함락되기까지 수백 년 동안 중동 일대를 지배했다. 선지자 요나가 하나님의 명령에 따라 회개할 것을 선포했던 곳이 바로 니느웨인데 요나의 선포를 듣고 왕으로부터 시작해 짐승까지 베옷을 입고 금식하며 회개했다. 반면, 회개하지 않은 북이스라엘을 멸망시킨 사람들이 바로 이 앗수르 사람들이다. 앗수르 사람들은 포악하기로 유명했는데 그러한 포악성이 나훔서 3장에 기록되어 있다. 나훔서의 예언대로 앗수르는 바벨론과 메대 연합군에 의해 멸망하고, 거대한 니느웨성은 오랜 세월 동안 모래 더미 밑에 묻히게 된다. 1850년경 영국의 고고학자 레이어드에 의해 발굴되어, 웅장했던 모습이 세상에 드러난다.

현재 이라크 북부의 모술을 중심으로 나라 없는 최대의 민족인 쿠르드족이 살아가고 있는데 그 인구는 무려 3,000만 명 정도 된다고 한다. 이들은 이라크 북부, 시리아 동부, 터키 동부 그리고 이란의 서부, 이렇게 네 나라에 걸쳐 살고 있다. 이라크의 쿠르드족과 터키의 쿠르드족은 나름 자치권을 행사하고 있기는 해도 완전히 독립된 나라를 만들지는 못하고 있다. 자국의 이익을 앞세운 강대국들과 이들을 지배하고 있는 나라 간의 역학 구도가 이들의 독립을 가로막고 있는 것이다. 쿠르드족의 기원에 대해서는 신뢰할만한 자료가 없다. 어떤 사람들은 쿠르드족을 메대 족속의 한 분파라고도 하는데 나는 개인적으로 이들이 앗수르의 후손이 아닌가 생각을 한다. 왜냐하면, 이들의 행정 중심지인 모술이 앗수르의 도성이었던 니느웨와 일치하고, 거주지역 분포가 과거 앗수르의 영역과 꽤 일치하기 때문이다. 참고로 역사적으로 쿠르드족 출신으로 '살라딘'이 가장 유명한 사람인데, 이집트까지 정복했고 십자군 전쟁 당시 십자군으로부터 예루살렘을 탈환했던 장본인이다. 이 과정을 영화화한 것이 <킹덤 오브 헤븐>이다.

셈의 셋째 아들은 아르박샷이다. 성경을 많이 읽어보지 않은 사람들에게는 꽤 생소한 이름일 수 있지만 아르박샷은 대단히 중요한 인물이다. 바로 아브라함의 선조이기 때문이다. 아르박샷의 후손들은 바벨탑 사건 이후에도 멀리 가지 않고 갈대아(메소포타미아) 지역에 살았던 것으로 추정된다. 성경에 아르박샷의 후손인 아브라함이 갈대아 우르(갈대아 지역의 우르라는 도시)를 떠났다고 기록되어 있기 때문이다. 현재 이스라엘 사람들과 아라비아 사람들이 아르박샷의 후손들이다. 또한, 현재 이라크 중부와 남부에 사는 사람들도 아르박샷의 후손들일 가능성이 있다.

셈의 넷째 아들은 룻이다. 룻의 후손들이 세운 나라는 지금의 터키 서부지역에 있었던 루디아 또는 리디아라는 나라이다. 리디아의 도성은 사데(사르디스 또는 사르디아)였다. 요한계시록 3장에 등장하는 사데 교회가 있던 바로 그곳이다. 사데는 원래 사금이 많이 나기로 유명한 곳이었고, 리디아는 대단히 부유한 나라였다. 손에 닿기만 하면 금으로 변한다는 '마이다스의 손'에 대한 전설이 바로 리디아에서 나왔으며 세계 최초로 금화도 만들었다. 이 부유한 나라인 리디아는 B.C. 546년 바사(페르시아)의 고레스왕에 의해 멸망해 역사에서 사라진다. 고레스왕의 차차기 후임인 다리우스 1세는 리디아의 수도였던 사데로부터 페르시아의 수도인 수사까지 빠른 속도로 정보를 전달할 수 있도록 고속도로(왕의 길)를 건설한 바 있다. 리디아는 고레스에 의해 멸망한 이후에는 더 이상 나라를 이루지 못한다. 요한계시록에 등장하는 일곱 교회가 리디아 지역에 있었다.

셈의 막내, 다섯째 아들은 아람이다. 그 후손들은 아람이라는 나라를 세웠는데, 지금의 시리아이다. 이스라엘인들은 지금도 시리아를 아람이라고 부르는데 아람은 늘

셈의 후손들의 분포 지역과 중심도시

북이스라엘에 큰 위협이 되었으며 많은 전쟁을 치렀다. 그러한 내용이 열왕기서에 기록되어 있다. 열왕기상 22장에는 아람 왕과의 전투 중에 죽는 아합왕에 대해, 열왕기하 5장에는 선지자 엘리사에게 나병을 고침 받은 아람의 군대 장관 나아만에 대한 내용이 나온다. 예수님께서 십자가상에서 외치신 '엘리 엘리 라마 사박다니'라는 말씀을 비롯하여, '달리다굼'이나 '에바다'와 같은 말이 아람어이기도 하다. 1948년 이스라엘 건국 이래 시리아는 이스라엘과 적대적으로 대치하고 있다. 현재 이스라엘이 차지하고 있는 갈릴리 호수 동편 골란 고원은 원래 시리아 영토였으나, 1967년에 있었던 6일 전쟁 당시 이스라엘이 점령하여 오늘에 이른다. 최근에는 시리아 내전으로 발생한 수백만 명의 난민으로 인해, 시리아는 심한 어려움을 겪고 있다.

지금까지 노아의 손자 16명의 후손에 대하여 살펴보았다. 위에서도 언급했듯이 성경 중에서 특히 창세기는 압축된 기록으로 이루어져 있다. 특히 창세기 10장에 기록되어 있는 고대 인물들은 성경에 기록된 수많은 사건뿐 아니라, 심지어는 현대 세계 역사와도 깊게 연결되어 있음을 알 수 있다.

P_{OINT}

성경에 기록된 민족이나 국가의 이름 중에
엘람(바사 또는 페르시아), 앗수르(앗시리아), 아람(시리아)이나, 이스라엘 등의
기원을 알려면 창세기 10장 21~31절과 창세기 11장을 참고해야 한다.

5. 아브라함의 선조들

믿음의 조상 아브라함의 족보는 셈으로부터 시작이 된다. 즉, 아브라함은 셈족이다. 창세기 11장에는 셈의 족보가 기록되어 있다. 아담을 1대로 하여 계산하면 노아는 10대이고, 셈은 11대이다. 그리고 아브라함은 20대가 된다. 즉, 아담에서부터 노아까지가 10대, 셈에서부터 아브라함까지가 10대이다. 이들이 이 땅에 살다간 나이를 정리하면 다음과 같다.

11대 셈	600세	
12대 아르박삿	435세	
13대 셀라	433세	
14대 에벨	464세	

15대 벨렉	239세
16대 르우	239세
17대 스룩	230세
18대 나홀	148세
19대 데라	205세
20대 아브라함	175세

창세기에 기록된 셈의 계보는 셋째 아들인 아르박삿을 통하여 이어진다. 창세기를 비롯한 성경의 어디에도 족보 기록을 제외하고는, 아르박삿에 대한 기록을 찾아볼 수가 없다. 엘람, 앗수르, 아르박삿, 룻과 아람, 셈의 이 다섯 아들 중에서 어찌하여 셋째인 아르박삿을 통하여 믿음의 계보가 이어졌는지에 대한 어떠한 단서도 발견할 수가 없다. 다만 다른 아들들에 비하여 아르박삿이 하나님에 대한 믿음이 더 좋았을 것이라는 추정만 할 수 있을 뿐이다.

창세기 10장 21절에는 셈의 아들들을 기록하면서 '셈은 에벨 온 자손의 조상'이라고 기록하고 있다. 셈을 에벨 온 자손의 조상이라고 소개하고 있는 특별한 이유라도 있는 것일까? 셈은 100세에 아르박삿을 낳았고, 아르박삿은 35세에 셀라를 낳았고, 셀라는 30세에 에벨을 낳았다. 계산해 보면, 에벨은 셈이 165세일 때에 태어난 것이 된다. 에벨은 셈의 증손자이지만, 셈이 600세까지 살았고, 에벨은 464세까지 살았으므로, 셈이 죽고 나서 불과 29년만에 에벨이 죽었다는 계산이 나온다. 즉, 셈의 증손자인 에벨이 활동한 거의 전 생애 동안 셈도 살아 있었다는 이야기가 된다.

구약성경에는 《야살의 책》[1]에 대한 언급이 두 번 나온다. 여호수아 10장과 사무

---

1) 국내에서 출판된 《야살의 책》(이상준 역, 이스트윈드 출판)은 1839년 M.M. 노아가 히브리어 원문을 영어로 번역한 영문판을 우리말로 번역한 것임. 히브리어 원문이 성경에 기록된 《야살의 책》이라는 증거는 명확하지 않으며, 또한 정경이나 외경이 아닐지라도 책의 내용을 읽어보면 창세기의 내용을 이해하는데 참고가 되는 많은 내용을 수록하고 있음.

엘하 1장에서이다. 《야살의 책》은 고대 이스라엘에서 전해 내려오는 전승을 기록한 책으로 알려져 있다.

> 태양이 머물고 달이 멈추기를 백성이 그 대적에게 원수를 갚기까지 하였느니라
> 야살의 책에 태양이 중천에 머물러서 거의 종일토록 속히 내려가지 아니하였다
> 고 기록되지 아니하였느냐 (수 10:13)

> 다윗이 이 슬픈 노래로 사울과 그의 아들 요나단을 조상하고 명령하여 그것을
> 유다 족속에게 가르치라 하였으니 곧 활의 노래라 야살의 책에 기록되었으되
> (삼하 1:17~18)

《야살의 책》을 살펴보면, 에벨에 대한 내용이 곳곳에 기록되어 있다. 에벨이 증조할아버지인 셈과 함께 자손들에게 하나님의 도를 가르치는 일을 한 내용이 나온다. 모세는 셈의 아들들의 이름을 기록하면서, 셈을 '에벨 온 자손의 조상'이라고 말했다. 이것을 보면, 에벨은 셈의 족보 속 믿음의 조상들 누구보다 더 믿음이 좋았던 것으로 여겨진다. 이스라엘을 지칭할 때 '히브리'라는 표현을 쓰기도 하는데, 흔히 '강을 건너온 사람들'이라고 해석되지만, '에벨의 후손'이라는 의미도 가지고 있다.

창세기 10장 25절에는 에벨의 두 아들이 등장한다. 큰아들의 이름은 벨렉이고, 작은아들의 이름은 욕단이다. 또, 벨렉의 때에 세상이 나뉘었다고 기록하고 있다. 세상이 나뉘었다는 것은 바벨탑 사건으로 인해 언어가 혼잡해지고 사람들이 각 족속대로 흩어졌다는 의미이다. 창세기 11장의 내용을 잘 계산해 보면, 벨렉이 태어난 해는 홍수 후 101년이 되는 해이다. 벨렉의 뜻이 '나뉨'이나 '분리'를 나타내므로, 벨렉은 바벨탑 사건으로 세상이 나뉠 때 또는 나뉜 직후에 태어난 것으로 추정이 된다. 따라서, 바벨탑 사건은 홍수가 있고 나서 약 100년 정도가 지난 후에 일어난 것임을

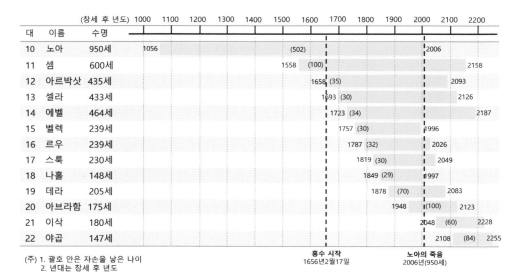

대	이름	수명	(창세 후 년도) 1000	1100	1200	1300	1400	1500	1600	1700	1800	1900	2000	2100	2200
10	노아	950세	1056					(502)					2006		
11	셈	600세					1558	(100)						2158	
12	아르박삿	435세					1658	(35)					2093		
13	셀라	433세					1693	(30)					2126		
14	에벨	464세					1723	(34)						2187	
15	벨렉	239세						1757	(30)			1996			
16	르우	239세						1787	(32)			2026			
17	스룩	230세						1819	(30)			2049			
18	나홀	148세						1849	(29)			1997			
19	데라	205세							1878	(70)		2083			
20	아브라함	175세							1948	(100)		2123			
21	이삭	180세								2048	(60)		2228		
22	야곱	147세								2108	(84)		2255		

(주) 1. 괄호 안은 자손을 낳은 나이
　　 2. 년대는 창세 후 년도

홍수 시작
1656년2월17일

노아의 죽음
2006년(950세)

셈의 후손들의 연대표

알 수 있다.

　또한, 모세는 벨렉의 동생인 욕단과 그의 열세 명의 아들들의 이름을 기록하여 놓았다. 셈에서부터 아브라함에 이르는 직통 계보에서 벗어난 인물이 기록된 예는 이 욕단과 그의 아들들 밖에 없다. 이 욕단이 동쪽으로 이주하여 한민족의 조상이 된 것은 아닐까 하는 가정하에서 연구하는 사람들도 있다.

　셈에서부터 아브라함까지의 계보를 보면, 유난히 눈에 띄는 부분이 그들이 죽은 나이이다. 노아는 950세까지 살았는데, 그의 아들 셈은 600세에 죽었다. 셈이 98세 때에 홍수가 났고 그는 홍수 후에도 502년을 더 살았다. 그런데 그의 후손들의 수명은 시간이 흐름에 따라 계속 줄어드는 것이다. 아르박삿, 셀라와 에벨은 400대 중반까지 산다. 아마도 셈은 홍수 전의 좋은 세상에서 살았던 영향으로 그의 아들이나 손자보다 더 오래 살았을 가능성이 있다. 그런데 당시 400대 중반이었던 수명이 벨렉에 와서는 200대로, 절반으로 줄어들었다. 왜 그럴까? 위에서도 언급했듯이, 벨렉의 때에

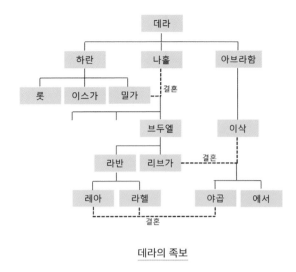

데라의 족보

세상이 나뉘었는데 이때 바벨탑 사건이 있었다. 수명이 절반으로 감소한 원인이 바벨탑 사건과 관련이 있지 않을까 하는 추측도 가능할 것이다. 현대 평균 수명은 100세가 되지 않는다.

창세기 11장 27절 이하에는 아브라함의 아버지 데라의 족보가 기록되어 있다. 이 족보를 이해하려면 상당한 집중력이 필요하다. 그렇다고 그냥 건너뛰면 창세기를 이해하는 데 어려움을 겪을 수도 있다. 데라는 아들 셋을 낳았다. 그 아들들의 이름은 나홀과 하란 그리고 아브람이다. 하란이 먼저 결혼을 하여 두 딸 밀가와 이스가를 낳았고, 아들 롯을 낳았다. 이 중에서 밀가는 삼촌인 나홀에게 시집을 가서 나홀의 아내가 된다. 이 밀가가 후에 이삭의 아내가 되는 리브가와 그의 오빠인 라반의 할머니가 된다. 이들 가족은 갈대아(메소포타미아)에서 살았고, 하란이 갈대아에서 죽은 후에 가족들은 하란(지금의 터키 동남부)으로 이주하게 된다. 이해를 돕기 위해, 데라의 아들 아브라함과 그 자녀들 간의 족보를 정리하면 위의 그림과 같다.

P_{OINT}

약간 복잡하기는 해도 데라의 족보를 잘 이해하고 있어야 아브라함에서 이삭과 야곱,
그리고 야곱의 열두 아들들로 이어지는 창세기의 내용을 더 잘 이해할 수가 있다.

6. 아라랏산과 모리아산

대체로 많은 성도들이 성경을 읽을 때 지명이 나오면, 무관심하거나 중요하게 여기지 않아 대충 읽고 넘어간다. 사실, 성경에 기록된 지명들을 제대로 알기 위해서는 따로 시간과 노력을 들여야 한다. 그러나 성경을 더 잘 이해하기 위해 지명을 공부해 놓는 일은 대단히 가치가 있는 일이다. 이번 장에서는 성경에 등장하는 두 군데의 산, 아라랏산과 모리아산에 대해 살펴보고자 한다.

아라랏산

홍수에 대해서는 창세기 7장과 8장에 상세히 기록되어 있다. 홍수는 노아가 600세 되던 해에 일어났다. 이를 아담의 때부터 계산해 보면, 창세 후 1656년에 해당한다. 그러니까, 창세 후 1656년 2월 10일에 방주의 문이 닫혔고, 7일이 지난 2월 17일부터 홍수가 시작되었다. 창세기에 기록된 2월 17일은 현재 이스라엘 달력으로 8월 17일이며, 한국의 음력으로 9월 17일이다. 하늘의 문이 열려 비가 40일간 내렸을 뿐만 아니라, 깊음의 샘이 터졌다고도 기록되어 있다. 홍수 때 터진 깊음의 샘의 흔적이 현재 대서양, 인도양 그리고 태평양의 바닷속에 형성된 해령(바닷속 산맥)이라는 주장이 있다. 지질학적인 측면으로 볼 때, 충분히 일리가 있다고 판단된다.

창세기에는 홍수가 진행되는 과정이 일지와도 같은 형식으로 기록되어 있다. 홍수가 시작되고 150일간 물이 땅에 넘쳤고 이때부터 물이 줄어들기 시작했는데, 이때 노아의 방주가 아라랏산에 머물렀다. 이 날짜가 7월 17일, 현재 이스라엘 달력으로 1월 17일이며, 한국의 달력으로는 음력 2월 17일에 해당한다. 홍수가 시작된지 5개월 만에 방주가 아라랏산에 머물렀지만, 바로 방주 문을 열고 나올 수 있는 상황은 아니었다. 이후 물이 계속 줄어들어 이듬해 2월 27일에 땅이 말라, 방주에 있던 노아 가족 8명과 짐승들이 방주 밖으로 나온다. 홍수가 시작된 지 1년 10일 만의 일이다. 모세는 이 홍수 사건을 약 천 년이 지난 후에 창세기에 기록했다. 날짜까지 세어서 일지와 같이 상세하게 기록했다는 것이 놀라울 따름이다.

창세기 8장 4절에 기록된 아라랏산에 대해 알아보자. 대부분의 학자들은 현재 터키의 동부에 있는 아라랏산을 성경에 기록된 아라랏산으로 인정한다.

창세기 9장에는 홍수 후에 노아가 농사를 시작하여 포도나무를 심었다고 기록하고 있으며 노아가 포도주에 취했다고도 한다. 아라랏산에서 그리 멀지 않은 조지아에서는 역사상 가장 오래된 포도주 저장고가 발견되기도 했다. 지금도 이 아라랏산 인근 지역에서는 포도를 많이 심는다. 터키 동부에 위치한 아라랏산의 높이는 5,137m이며, 윗부분은 항상 만년설로 덮여 있다.

원래 아라랏산은 터키의 땅이 아니라, 아르메니아의 땅이다. 아르메니아의 수도는 예레반이고 아라랏산 바로 북쪽의 멀지 않은 곳에 있다. 예레반 사람들은 '예레반은 노아가 산에서 내려온 후에 살았던 곳'이라고 말한다. 예레반의 어디에서도 아라

아라랏산 위치

랏산의 장관을 볼 수가 있는데, 지금은 예레반과 아라랏산 중간에 터키와의 국경 철
조망이 가로막고 있어서 바로 눈앞에서 보면서도 가지 못하는 곳이 되었다. 대한민
국 사람들에게 있어서의 소원은 통일이지만, 아르메니아 사람들에게 있어서의 소원
은 터키로부터 아라랏산을 되찾는 것이라고 한다. 아르메니아는 A.D. 300년 기독교
를 국교로 인정한 역사상 최초의 기독교 국가이며 아울러 오랜 기간 동안 이슬람의
지배를 받아 오면서도 굳건히 기독교 신앙을 지켜 온 나라이기도 하다. 대부분의 국
민들은 아르메니아 정교회에 속해 있다.

　아르메니아는 오랫동안 오스만 투르크의 지배를 받았는데 오스만 투르크의 아르
메니아인에 대한 집단 학살이 두 차례나 있었다. 1915년에 있었던 2차 학살은 그 규
모가 훨씬 컸는데 현재 터키 동부 지역에 살던 아르메니안인들을 오스만 투르크 내
청년 투르크당이 대규모로 학살한 사건이다. 영토 문제와 종교 간의 갈등 문제가 원
인이 되어 약 150만 명 이상의 아르메니아인들이 무참히 희생되었는데 나치의 유대
인 대학살에 버금가는 참혹한 역사적 사건이다. 아라랏산을 둘러싼 문제와 집단 학

아라랏산 전경 (출처 : 픽사배이)

살 등으로 인해 아르메니아와 터키는 여전히 깊은 갈등 관계에 있다.

과거에 많은 사람이 아라랏산 정상 부근에서 방주를 발견했다는 증언을 하기도 했다. 방주 위에 올라가 보았다는 사람도 있고, 방주의 파편을 들고 내려왔다는 사람도 있다. 1차 대전 당시 정찰기 위에서 방주의 사진을 찍었다는 소련 비행사에 대한 스토리도 있다. 시간이 좀 더 지나면, 명확하게 방주를 볼 수 있는 날이 오지 않을까 기대한다.

모리아산

아브라함은 100세가 되어서 아들 이삭을 낳았다. 하나님께서 일찍이 자손을 주시겠다고 약속은 하셨는데, 시간이 흘러도 아들을 주시지 않으셨다. 나이는 들어가고 답답했던 아브라함은 종이었던 다메섹 사람 엘리에셀을 자기의 상속자로 삼겠다고 하나님께 떼를 쓰기도 했고, 아내 사라와 잔머리를 굴려서 여종 하갈을 통해 이스마엘이라는 아들을 낳기도 했다. 그런데 아브라함의 아내 사라가 90세가 되어서, 더 이상 자식을 기대할 수 없는 나이에 이르러서야 하나님께서는 아들을 주셨고 그 이름을 이삭이라 했다. 아브라함의 나이 100세 때의 일이다.

그런데 이삭이 장성한 후에 하나님께서는 아브라함에게 사랑하는 아들 이삭을 번제로 바치라고 하신다. 그리고 이삭을 바칠 장소를 모리아 땅으로 정하셨다.

> 여호와께서 이르시되 네 아들 네 사랑하는 독자 이삭을 데리고 모리아 땅으로 가
> 서 내가 네게 일러 준 한 산 거기서 그를 번제로 드리라 (창 22:2)

레위기 1장에는 번제를 드리는 요령이 기록되어 있다. 번제는 희생제물의 전부를 태워서 드리는 제사이다. 먼저 희생제물의 숨을 끊고, 가죽을 벗기고 각을 뜬 후에 모든 부분을 불로 태운다. 자신의 모든 것을 바친다는 고백으로 드리는 제사가 바로 번제이다.

하나님으로부터 이 지시를 받았을 때, 아브라함은 가나안 땅의 거의 최남단에 위치한 브엘세바에 거주하고 있었다. 아침 일찍 일어나 나무를 준비하고 아들 이삭과 종들을 데리고 사흘길을 걸어 하나님께서 지시하신 목적지에 도착한 아브라함은 아들 이삭이 움직이지 못하도록 결박했다. 그리고는 이삭의 숨을 끊기 위해 칼을 드는 순간, 여호와의 사자가 나타나 아브라함을 멈추게 한다. 이삭을 대신하여 하나님께서 미리 준비하신 숫양으로 번제가 드려진다. 이것을 '여호와의 산에서 준비되리라'는 의미로 '여호와 이레'라고 한다.

흔히, 모리아 땅의 이 산을 모리아산이라 하며 '여호와의 산'이라고도 하다. 여호와이레의 의미인 '여호와의 산에서 준비 되리라'는 말씀이 의미심장하다. 모리아산에서 희생제물인 이삭 대신에 숫양을 준비하신 하나님께서 세상 모든 사람의 죄를 담당하는 대속제물로 예수 그리스도를 준비하신다는 의미이다. 그 예수 그리스도가 십자가에 달리신 곳이 바로 모리아산인 것이다. 이삭의 번제 사건은 바로 예수 그리스

성전산과 바위돔(황금돔) (출처 : 다음블로그, 동방박사)

바위돔(황금돔) 안의 이삭을 제물로 바치려 했던 바위
(출처 : 네이버 블로그, 파넴)

도의 십자가 사건에 대한 예표이다. 어린 양으로 이 땅에 오실 예수 그리스도께서 어디에서 십자가에 달릴 것인가를 예표한 사건이다. 예수 그리스도께서 십자가에 달리시기 약 2,000년 전에 하나님께서는 그 장소를 예표해 주셨다.

천 년 정도의 시간이 흐른 후에 다윗이 이곳에서 하나님께 번제를 드린다. 다윗은 말년에 인구조사를 하는데, 이 일은 하나님께서 원하시는 일이 아니었다. 하나님은 진노하셨고 선지자 갓을 통하여 다윗에게 세 가지 재앙 중에 하나를 택하라고 하신다. 다윗은 3일 동안의 전염병 재앙을 택하게 되고 전국에서 이 전염병으로 죽은 사람이 칠만 명에 이르게 된다. 전염병이 예루살렘에 이르게 되어 하나님께서는 선지자 갓을 통해 여부스 사람 아라우나(오르난)의 타작마당에서 제단을 쌓을 것을 명하신다. 다윗이 아라우나로부터 이 타작 마당을 사서 여기에서 번제와 화목제를 드렸더니 하나님께서 재앙을 멈추셨다. 이 내용이 사무엘하 24장에 기록되어 있다. 이 아라우나 타작마당은 아브라함이 이삭을 바쳤던 바로 그곳이다.

다윗의 아들 솔로몬이 여호와 성전을 지은 곳이 바로 이곳 아라우나 타작 마당이다. 다윗은 하나님의 성전 짓기를 간절히 원했으나, 하나님께서는 다윗이 수많은 전쟁을 통하여 많은 피를 흘렸다는 것을 이유로 다윗이 성전 짓는 것을 허락하지 않으셨다. 다윗은 아들 솔로몬이 여호와의 성전을 지을 수 있도록 많은 것을 준비해 두었고 성전의 구체적인 설계에 대해서는 하나님께서 직접 다윗에게 가르쳐 주셨다. 그리하여 솔로몬은 왕위에 오른 후에 7년에 걸쳐 성전 건축공사를 진행한다. 솔로몬이 여호와 성전을 건축한 이곳이 바로 모리아산이다.

> 솔로몬이 예루살렘 모리아산에 여호와의 전 건축하기를 시작하니 그 곳은 전에 여호와께서 그의 아버지 다윗에게 나타나신 곳이요 여부스 사람 오르난의 타작 마당에 다윗이 정한 곳이라 (역대하 3:1)

예수님께서는 십자가에 달리시기 며칠 전 나귀 새끼를 타시고 예루살렘으로 들어가신다. 삼 년 공생애의 마지막 때이다. 많은 사람이 종려(대추야자) 나뭇가지를 흔들며 호산나를 외친다. 그리고 며칠이 지나 예수님께서는 모리아산의 골고다 언덕의 십자가상에서 죽임을 당하신다.

예루살렘은 해발 700~800m의 산지에 건설된 도시이다. 원래는 여부스 사람들이 이곳에 견고한 성을 쌓고 거주했다. 주변은 모두 이스라엘 사람들의 거주지였으나, 시온성이라 불린 이 성은 난공불락이라 이스라엘이 점령하지 못하다가 결국 다윗의 부하들이 이 성을 빼앗았고 이곳에 성을 더 증축하고 이름을 다윗성이라고 했다. 솔로몬 성전이 지어진 곳은 다윗성의 북쪽 산꼭대기이며, 지금은 이곳을 성전산이라 한다. 이 성전산에는 요르단에서 관리하는 이슬람의 바위돔(황금돔)이 자리하고 있다.

POINT

창세기에 기록된 아라랏산이나 모리아산에 관한 기록은 그저 먼 나라 이야기가 아니다.
현재에도 눈을 조금 더 크게 뜨면 보이고, 손을 조금 더 뻗으면 만질 수 있는 실재적인 존재인 것이다.
특히 모리아산은 예수 그리스도의 십자가 사역과 깊이 연관되어 있음을 기억하자.

7. 야곱과 에서의 화해와 갈등

에서와 야곱의 아버지는 아브라함의 아들 이삭이고, 어머니는 리브가이다. 따라서, 아브라함은 에서와 야곱의 할아버지가 된다. 아브라함은 이삭의 나이 40세에 아들을 장가보내기 위해 자신이 75세에 떠나온 땅 하란으로 늙은 종을 보낸다. 이 늙은 종은 누구인가? 이전에 아브라함이 자기의 상속자로 삼으려 했던 다메섹 사람 엘리에셀이라는 설이 일반적으로 받아들여진다. 엘리에셀의 이름이 언급된 내용이 창세기 15장에 기록되었는데, 이때는 아브라함이 85세가 되기 이전이다. 벌써 55년 이상이 흘러, 이 다메섹 사람 엘리에셀도 늙은 종이 되었다. 이 늙은 종에게 자기의 동족 중에서 며느리를 데려오라고 굳게 맹세를 시키고, 낙타 열 필에 각종 귀한 물건들을 실어 보낸다.

이 늙은 종이 길을 떠나 다다른 곳이 나홀의 성이라고 성경은 기록하고 있다. 아마도 아브라함의 형인 나홀의 일가가 이룬 성으로, 아브라함이 가족과 친척을 두고 떠났던 하란 지역으로 여겨진다. 나홀은 아브라함의 형 하란의 딸인, 조카 밀가와 결혼을 하여 여덟 명의 아들을 낳았다. 또, 첩을 통해서도 네 명의 아들을 낳았으니 모두 열두 명의 아들을 둔 셈이다. 밀가를 통하여 낳은 아들 중 여덟 번째인 막내, 브두엘의 딸이 리브가이다. 창세기 22장의 말미에 리브가의 족보가 기록되어 있다. 아브라함은 이 리브가를 염두해 두고 늙은 종을 보냈던 것이다.

하나님의 인도하심에 따라 믿음이 좋은 이 늙은 종은 먼 곳 하란에서 리브가를 데려와서 이삭의 아내가 되게 한다. 이 늙은 종의 여정이 창세기 24장에 상세히 기록되어 있다. 이삭과 리브가는 혼인 후 20년이 지나도록 자식이 없었다. 리브가는 이삭에게 하나님께 간구하라고 졸라댔고, 그들에게서 쌍둥이 형제 에서와 야곱이 태어난다. 장남 에서는 붉은 피부에 털이 많은 건장한 사냥꾼이 되었다. 아버지 이삭은 에서를 좋아했다. 야곱은 주로 어머니를 도우며 장막에 있었는데, 어머니 리브가는 야곱을 더 좋아했다. 그런데 어느날 야곱이 붉은 죽 한 그릇으로 배가 고파 기진한 에서로부터 장자권을 이양 받는다. 여기에 더하여 어머니 리브가의 강력한 권유로 에서에게 돌아갈 아버지 이삭의 축복까지 가로챈다. 이로 인해 에서는 자기의 축복을 가로챈 야곱을 죽이고자 한다. 이러한 의도를 알게 된 리브가는 자기 오빠인 라반이 있는 밧단아람이라는 하란 지역으로 야곱을 보낸다. 그리고 야곱은 이후 20년 동안, 외삼촌 라반의 집에서 두 명의 아내와 두 명의 첩으로부터 열한 명의 아들과 딸 디나를 얻고, 많은 재산도 모으게 된다. 후에 막내 베냐민까지 얻으며 아들은 모두 열두 명이 되고, 이 열두 명의 아들들이 이스라엘 열두 지파의 조상이 된다.

에서는 40세에 두 명의 헷 출신 여인들을 아내로 삼았다. 창세기 10장의 족보에서 보면, 헷은 가나안의 둘째 아들이므로 에서의 아내들은 바로 가나안의 후손들이다. 며느리들은 이삭과 리브가에게 근심거리였다고 성경이 기록하고 있다. 야곱이 고향을 떠나기 훨씬 전의 일이다. 조금 복잡하기는 하지만 계산을 해 보면, 야곱이 형 에서를 피해 하란 땅으로 도망 칠 때는 그의 나이 77세 때의 일이다. 7년이 지나, 레아와 그리고 라헬과 결혼할 때, 야곱의 나이가 84세였다. 야곱보다 44년 먼저 결혼한 에서는 이미 큰 일가를 이루고 있었다. 야곱이 하란을 떠나 고향으로 돌아올 때쯤에는 사해 남쪽 세일산 부근에 나름대로 자리를 잡고 있었다. 이 땅이 '붉다'라는 의미의 에돔 땅이다. 이 땅의 바위와 모래는 붉은색을 띠고 있어 여기에 인접한 바다에 '홍해(Red Sea)'라는 이름이 붙여졌다고도 한다.

외삼촌 라반의 집에서 20년을 보낸 야곱이 고향으로 귀환하는 과정은 녹록치 않았다. 야곱을 죽이겠다고 추격해 온 라반의 위협은 하나님의 도우심으로 해결되었지만 그의 앞에는 절체절명의 위험이 기다리고 있었다. 그것은 바로 형 에서의 분노였다. 20년이 지난 일이기는 하지만 잔꾀를 써서 자신의 장자권과 아버지의 축복을 모두 빼앗아 간 동생 야곱을 가만 놔둘 리가 없었다. 야곱은 지난 20년 동안 잠시라도 형 에서의 분노와 복수심을 잊을 수가 없었다.

라반과 헤어지고, 요단강 동편을 타고 남쪽으로 내려오면서 야곱은 앞으로 닥칠 일에 대한 두려움에 사로잡힌다. 자신에 대한 복수심에 불타는 형 에서를 마주할 수밖에 없는 상황에 놓인 것이다. 야곱은 갈릴리 호수 동편의 길르앗을 떠나면서 세일 땅 에돔 들에 거주하고 있던 에서에게 종들을 먼저 보낸다. 에서를 만나기에 앞서, 먼저 용서를 구하고자 함이었다. 그런데 되돌아온 종들이 전하는 말을 듣고 야곱은 기겁을 한다. 에서가 장정 400명을 거느리고 야곱을 만나러 온다는 것이다. 이 말을 들은 야곱은 두렵고 떨려서 어쩔 줄을 몰랐다. 눈앞에 아무 것도 보이지 않았다. 막다른 골목에서 자기와 자기 가족을 몰살시키려고 오고 있는 형을 이제는 더 이상 피할 수가 없었다. 야곱은 공포에 떨었다.

자기 소유의 양과 소와 낙타를 두 떼로 나누기도 하고, 하나님께 간절히 기도도 했다. 형에게 예물로 줄 짐승들을 골라서 종들을 통해 먼저 에서에게 보냈다. 혹시라도 먼저 보낸 예물을 받고 형 에서의 감정이 풀렸으면 하는 생각에서였다. 야곱을 제외한 그의 가족과 소유 모두가 얍복강을 건넜다. 얍복강은 요단강의 지류로 동쪽에서부터 흘러, 요단강의 중간 지점으로 흘러 들어온다. 밤에 야곱은 천사와 씨름을 하게 되고 이때 야곱은 '이스라엘'이라는 새로운 이름을 얻는다. 그래도 형 에서에 대한 두려움은 가시질 않는다. 얍복강을 건넌 야곱의 눈에 드디어 멀리 400명의 장정을 거느리고 오는 형 에서의 모습이 눈에 들어왔

야곱과 에서의 추정 경로

다. 야곱은 심히 두려웠으나 더 이상 피할 수도 없었다. 맨 앞줄에 여종 둘과 그들의 네 명의 아들들을 두었다. 그 뒤에 레아와 그의 여섯 명의 아들들 그리고 외동 딸 디나를 두고 맨 뒤에는 가장 사랑하는 라헬과 요셉을 두었다. 어떠한 위험한 상황에 몰리더라도 라헬과 요셉만은 살리고 싶었을 것이다. 그리고는 일곱 번 절을 하면서 형 에서에게 나아갔다.

그런데 이게 웬일인가? 야곱을 향해 칼을 휘두를 줄 알았던 에서가 야곱에게 다가와서 야곱을 끌어안는 것이 아닌가? 둘이 입맞추며 울었다고 성경은 기록하고 있다. 전혀 예상하지 못했던 형의 행동에 야곱은 어리둥절했다. 하지만 금방 상황 파악을 한 야곱은 형 에서에게 자기 아내들과 자식들을 소개하면서 에서의 복수극은 이렇게 화해로 마감이 된다. 어찌 된 일일까? 창세기 32

장 앞부분에 그 해답이 있다.

> 야곱이 길을 가는데 하나님의 사자들이 그를 만난지라 야곱이 그들을 볼 때에 이
> 르기를 이는 하나님의 군대라 하고 그 땅 이름을 마하나임이라 하였더라
>
> (창 32:1~2)

야곱이 외삼촌 라반과 헤어지고 요단 동편을 따라 내려오는 길에 군대를 거느린 하나님의 사자를 만났다고 기록하고 있다. 창세기에는 이 하나님의 군대가 무엇을 했는지에 대해서는 더 이상의 기록이 없지만 《야살의 책》[2]에는 기록되어 있다. 이 하나님의 군대는 2,000명씩 세 개의 부대로 편성되었고 모두 말을 타고 중무장을 했다. 이 말을 탄 중무장의 군대를 한 개 부대씩 세 번에 걸쳐 보게 된 에서와 400명의 장정들은 기겁을 한다.

겁에 질린 에서가 앞에 나아와 하나님의 사자에게 정체가 무엇인지를 묻자 하나님의 사자는 자기들은 모두 야곱의 종들이라고 대답을 하고 나서 가던 길을 간다. 무시무시한 하나님의 군대를 세 번씩이나 마주친 에서의 마음은 심히 떨리고 두려움에 사로잡힌다. 이 중무장을 한 군대가 모두 야곱의 종이라는 대답을 듣고 나니, 야곱에 대한 분노와 복수심은 사라지고, 오히려 야곱에 대한 두려움에 사로잡히게 된 것이다. 그리하여 두 형제는 화해를 하게 되고, 20년 만의 만남은 해피엔드로 끝나게 된다.

시간이 흘러 야곱의 후손들은 이스라엘이 되고, 에서의 후손들은 에돔이 된다. 야곱이 얍복강을 건넌 후에 야곱과 에서는 화해를 했지만, 역사가 흐르면서 두 민족 간에는 많은 갈등의 기록들이 쌓이게 된다. 두드러진 몇 가지를 살펴보면 다음과 같다.

애굽에서 종살이하던 이스라엘 백성들은 모세의 인도하에 출애굽을 하여 홍해를

---

2) p.40 각주 1) 참조

건넌 후 마라와 엘림을 거쳐 이스라엘 백성들이 도착한 곳이 르비딤이다. 물이 없어 원망하는 이스라엘 백성들에게 모세는 하나님의 지시에 따라 지팡이로 반석을 쳐서 물을 내어 백성들이 마시게 한다. 이스라엘 백성들이 르비딤에 머물 때 이스라엘을 치러 온 군대가 있었는데, 바로 아말렉 족속이다. 모세는 기도를 했고, 여호수아는 나가서 전투를 했다. 그런데 모세의 기도하는 손이 올라가면 여호수아가 이기고, 손이 내려오면 아말렉이 이겼다. 결국 아론과 훌이 모세의 양쪽에서 팔을 들어 올림으로써, 최종적으로는 이스라엘의 승리로 전투가 마무리되었다.

이 아말렉은 누구인가? 창세기 36장에는 에서의 족보가 기록되어 있다. 아말렉은 에서의 아들 엘리바스가 그의 첩인 딤나를 통하여 낳은 아들이다. 따라서 아말렉은 에서의 손자가 되는 셈이며, 그의 후손들이 아말렉 족속이다. 하나님께서 이스라엘이 힘들고 어려울 때, 뒤에서 친 이 아말렉을 없이 하시겠다는 내용이 출애굽기 17장에 기록되어 있다.

> 여호와께서 모세에게 이르시되 이것을 책에 기록하여 기념하게 하고 여호수아
> 의 귀에 외워 들리라 내가 아말렉을 없이하여 천하에서 기억도 못 하게 하리라
>
> (출 17:14)

이스라엘과 아말렉 간의 가장 큰 전쟁은 이스라엘의 초대 왕인 사울왕 때 있었다. 하나님께서는 사무엘을 통해 사울에게 아말렉을 멸절시키라고 지시하신다. 그 이유는 아말렉이 출애굽 당시 힘든 상황에 있던 이스라엘을 공격했기 때문이다. 사울은 21만 명의 군사를 동원하여 아말렉성을 공격하여 아말렉을 쳐부순다. 하지만 아말렉의 왕인 아각과 좋은 짐승은 그대로 살려둠으로써, 사울은 하나님과 사무엘로부터 버림을 받게 되고 사무엘이 아각을 죽임으로써 이 전쟁은 마무리된다. 이 내용이 사무엘상 15장에 기록되어 있다. 후에 다윗이 아말렉과 싸웠다는 기록이 있는 것을 보

면, 이 당시 아말렉이 완전히 진멸되지는 않은 것 같다.

에스더서에는 페르시아의 도성인 수산궁에서 있었던 사건이 기록되어 있다. 에스더서에는 유대인을 멸절시키려는 아각 사람 하만이 등장한다. 아하수에로왕의 총리대신이었던 하만은 자기에게 절하기를 거부하는 유대인 모르드개에게 분개했다. 그는 모르드개 뿐만이 아니라, 모르드개가 속해 있는 민족인 유대인 전부를 죽이려는 계책을 꾸미서 아하수에로왕에게 허락을 받고 조서를 내린다. 유대 사회는 위기에 처하게 되지만 모르드개는 왕비인 사촌 여동생 에스더를 설득하여 왕을 만나게 하고, 왕의 명령을 받아 유대인을 죽이려고 했던 그 날에, 계책을 꾸민 하만과 하만에 속한 자들을 역으로 모두 멸절시킨다. 이 일을 기념하여 만들어진 절기가 부림절이다. 이스라엘 달력으로 12월 14일과 15일인 부림절은 지금도 축제의 절기로 지켜지고 있다. 에스더서 3장에서는 하만을 아각 사람이라 쓰고 있다. 아각은 아말렉의 왕을 일컫는 말로, 하만은 곧 아말렉 왕족의 후손이라는 설이 일반적이다.

아말렉이 에서의 후손인가에 대해서는 다른 의견이 존재하기도 한다. 왜냐하면, 에서가 태어나기 이전인 아브라함 시대에 '아말렉 족속의 온 땅'이라는 표현이 창세기에 기록되어 있기 때문이다.

> 그들이 돌이켜 엔미스밧 곧 가데스에 이르러 아말렉 족속의 온 땅과 하사손다말
> 에 사는 아모리 족속을 친지라 (창 14:7)

위의 아모리 족속은 가나안의 후손이므로 그 당시 가나안 땅에 존재했던 사람들이 틀림없다. 그런데 모세는 아말렉 족속을 쳤다고 기록하지 않고 '아말렉 족속의 온 땅'을 쳤다고 기록하고 있다. '아말렉 족속의 온 땅'을 친 사람들은 그돌라오멜이라는 엘람 왕과 함께 가나안을 친 갈대아 연합군들이었다. 나는 개인적으로 창세기 14장의 전쟁 당시에 아말렉은 없었지만, 모세가 창세기를 기록했던 출애굽 당시에 아말렉

사람들이 살았던 사해 이남의 땅을 지칭하여 이를 '아말렉 족속의 온 땅'으로 기록한 것으로 본다. 따라서 아말렉이 에서의 후손이 맞다고 추측하는 것이다.

아기 예수가 베들레헴에서 태어날 때, 헤롯왕에 의하여 베들레헴에서는 2세 이하 영아들에 대한 살해 사건이 발생했다. 이 헤롯은 이두메 사람인데, 이두메는 에돔의 헬라어 표기이다. 다시 말해, 헤롯은 에서의 후손이 되는 셈이다. B.C. 140년에 일어선 유대의 하스몬 왕조 시절, 이두메가 하스몬에 병합되어 한 나라가 되었고, 후에 이두메의 유력자 헤롯은 하스몬 왕조의 사위가 된다. 로마의 폼페이우스 장군이 예루살렘을 점령하고 B.C. 63년에 유대가 로마의 속주가 되고 나서, 헤롯은 로마와 결탁하여 유대 지역 일대를 관할하는 분봉왕의 자리를 차지한다. 헤롯은 에돔 출신이므로 늘 유대인과는 갈등 관계가 조성되었다. 헤롯은 유대인들의 환심을 사기 위해, 상당 부분 훼손되었던 스룹바벨 성전을 대대적으로 보수 내지는 확장하는 공사를 추진한다. 복음서에 기록된 성전은 한창 확장 보수 중이었던 헤롯 성전을 말한다.

에돔의 도성은 페트라였고, 그들은 바위틈에 거했다고 한다. 하나님께서 에돔을 심판하시겠다는 예언이 예레미야서, 에스겔서 및 오바댜서에 기록되어 있는데 에돔이 심판을 당하는 이유는 그들의 형제 이스라엘이 어려움에 처할 때에 그들을 돕기보다는 더 힘들게 하고, 예루살렘이 멸망할 때에 이방인과 함께 제비를 뽑았기 때문이다.

> 네가 네 형제 야곱에게 행한 포악으로 말미암아 부끄러움을 당하고 영원히 멸절
> 되리라 (옵 1:10)

아말렉이 르비딤에서 이스라엘을 공격한 사건, 하만이 이스라엘을 멸절시키려던 사건 및 헤롯의 영아살해 사건을 구속사적인 측면에서 메시아로 오실 '여인의 후손'이 태어나지 못하도록 방해한 사건으로 해석하기도 한다. 에돔은 역사에서 사라졌

고, 그 후손들은 현재 요르단의 일부가 되었다. 현재 이스라엘과 요르단도 서로 갈등 중에 있다.

8. 시아버지 유다를 유혹한 다말

성경을 읽어 보겠다고 결심한 많은 사람이 일반적으로 창세기부터 읽기 시작한다. 당연히 거룩한 이야기를 기대하며 성경을 펼쳤는데 의외의 내용을 접하고는 내심 놀라게 된다. 그 첫째가 창세기 19장에 기록된 롯과 두 딸의 동침 사건이고, 둘째가 창세기 34장에 기록된 디나의 추행 사건이며, 셋째가 창세기 38장에 기록된 유다와 다말 사건이다. 롯과 두 딸의 동침 사건은 소돔과 고모라가 하나님의 진노로 멸망을 당할 때 목숨을 건진 롯과 두 딸이 산 위의 굴에 거주할 당시, 자손을 남기지 못할 것을 염려한 두 딸이 아버지에게 술을 마시게 하고 술에 취한 아버지와 관계를 맺는 사건이다. 큰 딸이 낳은 아들은 모압 족속의 조상이 되고, 작은 딸이 낳은 아들은 암몬 족속의 조상이 된다. 디나의 추행 사건은 야곱이 자기 고향으로 돌아오는 도중에 머물렀던 세겜이라는 곳에서 그의 외동 딸인 디나가 하몰의 아들이며 그 땅의 추장이었던 세겜에게 강간을 당하고, 그녀의 오빠 시므온과 레위가 이에 대한 복수로 세겜 사람들을 멸절시킨다는 내용이다. 유다와 다말 사건은 다말이라는 여인이 창녀로 변장을 하고 시아버지인 유다를 유혹하여 관계를 맺고 아들까지 낳는다는 내용이다. 그리고 여기에서 태어난 아들 베레스는 다윗과 예수 그리스도의 조상이 된다. 믿음의 가정에서 어찌하여 이런 황당하고 부끄러운 일들이 일어나는 것일까? 여기에서는 유다와 다말 사건에 대해 좀 더 깊이 살펴보고자 한다.

유다는 레아가 낳은 야곱의 넷째 아들이다. 그의 위로는 르우벤, 시므온, 레위 이렇게 세 명의 형들이 있고 밑으로는 여덟 명의 남동생이 있다. 야곱이 지극히 사랑했던 아들은 열한 번째로, 라헬의 큰아들인 요셉이다. 유다의 아버지 야곱은 요셉을 극진히 사랑하고 아꼈다. 요셉의 어머니 라헬은 야곱이 고향 땅으로 돌아오는 도중, 요셉의 동생 베냐민을 낳다가 베들레헴 근처에서 죽는다. 이후 요셉과 베냐민은 엄마 없이 자랐는데 요셉을 사랑한 야곱은 요셉에게 채색옷을 입혔다고 성경은 기록하고 있다. 요셉은 형들이 잘못하면 그것을 아버지에게 일러바쳤고 거기에 더하여 아버지의 편애로 말미암아 요셉은 형들의 미움을 샀다. 형들의 곡식 단이 자기 곡식 단에게 절하고, 해와 달과 형들의 별들이 자기 별에게 절을 했다는 꿈 이야기를 하자, 요셉에 대한 형들의 미움은 극에 달했다.

요셉의 형들은 자기들의 집이 있는 헤브론에서 사흘 이상 걸려서 가야 하는 북쪽의 세겜에 양을 치러 갔다. 아마도 세겜에는 야곱이 사 놓은 땅이 있었고, 좋은 목초지가 있었기 때문이 아니었을까 한다. 요한복음 4장에 나오는 야곱의 우물도 있었을 것으로 생각된다. 야곱은 형들이 잘 하고 있는지 보고 오라며 요셉을 보내고 그는 묻고 물어 세겜의 북쪽에 위치한 도단에서 형들을 찾는다. 그러나 형들은 요셉을 미워하여 죽이려고 구덩이에 쳐넣고, 겨우 유다의 설득으로 죽이는 대신 미디안 상인들에게 노예로 팔아넘긴다. 그리하여 요셉은 애굽으로 팔려가 노예가 되고, 형들은 그의 옷에 숫염소의 피를 묻히고는 요셉이 짐승에게 잡아 먹힌 것 같다고 하며, 그 피

묻은 옷을 아버지 야곱에게 들이민다. 요셉의 피 묻은 채색옷을 본 야곱은 절규하고 오랫동안 어느 누구의 위로도 받지 않았다.

야곱의 집안은 순식간에 엉망진창이 되었다. 아버지 야곱은 거의 식음을 전폐하고 아무도 만나려 하지 않았다. 형제들의 마음속에는 어느덧 절망적인 죄책감이 밀려오기 시작했다. 그 죄책감은 하나님에 대한 죄책감이요, 또 아버지에 대한 죄책감이었다. 아무리 미웠다고 하지만 노예로 팔려간 동생을 생각하면 가슴이 저리고 아팠을 것이다. 형제들 간에는 서로에 대한 원망의 마음도 쌓이기 시작했다. 아버지가 지극히 사랑하는 동생을 노예로 팔아버린 공범들인 형제들은 동생이 죽었다고 어버지에게 거짓말을 했으니 이를 다시 번복할 수도 없는 노릇이었다. 집안에서는 점점 대화가 사라져 갔다.

형제들 누구나 그랬겠지만, 유다의 마음도 이루 말할 수 없는 절망감에 사로잡혔을 것이다. 죽게 된 요셉의 목숨만이라도 살려야 한다는 심정으로 노예로 팔자고 제안을 했던 유다는 동생을 죽이려 했던 자기들이 과연 언약 백성인가 하는 의문도 들었을 것이다. 동생을 죽이려고 하고 노예로 팔아먹은 자기들을 어찌 언약의 백성이라 할 수 있겠는가? 유다는 가족과 형제들을 떠나기로 마음을 먹는다.

창세기 38장에는 유다가 형제들을 떠나 아둘람이라는 가나안 동네로 갔다는 내용이 기록되어 있다. 거기서 히라라고 하는 가나안 사람을 친구로 사귄다. 거기에 더하여 가나안 사람 수아라는 사람의 딸과 동침까지 하게 된다. 언약의 백성의 삶과는 전혀 상관이 없는 삶, 오히려 정반대의 삶을 살게 된다. 유다는 믿음의 선조들인 그의 증조할아버지 아브라함, 할아버지 이삭 그리고 아버지 야곱의 삶에서는 도저히 찾아볼 수 없는 패역한 삶을 살아가고 있는 것이다. 유다의 몸과 마음은 완전히 망가져 버렸다.

가나안 동네에서 유다는 세 아들을 낳는다. 맏아들이 엘이요, 둘째가 오난 그리고 셋째가 셀라이다. 맏아들 엘을 위하여 며느리를 들이게 되는데 그 며느리가 바로 다말이다. 그런데 하나님께서 장남 엘을 죽이신다. 성경은 유다의 장자 엘이 하나님 보시기에 악했다고 기록하고 있다. 엘의 어머니는 가나안 여인이었으므로 도무지 아들을 언약의 백성답게 가르칠 수가 없었을 것이다. 하나님으로부터 마음이 떠나 있던 유다 역시 이 아들을 제대로 하나님의 백성답게 가르치지 못했을 것이다. 그렇게 되어 유다의 장자 엘은 하나님 보시기에 악한 사람으로 성장했고, 결국은 하나님께서 그를 치셨다.

유다가 둘째 아들 오난에게 형수와 동침하여 형의 대를 이을 아들을 낳아 주라고 했다. 과거 중근동 지방에는 '고엘'이라는 제도가 있었다. 누군가가 어려운 일을 당하면 반드시 형제나 가까운 친족이 도와야 한다는 암묵적 제도이다. 형이 자식이 없이 죽었을 때, 동생이 대신 형의 대를 이어주는 '계대결혼' 제도도 고엘 제도 중 하나이다. 이 고엘 제도가 율법에 반영된 내용이 레위기 25장에 기록된 희년 규례 중 '기업을 무르는 자'(Redeemer)에 대한 규례이다. 이것은 곧 그리스도의 대속(Redemption)으로 이어진다.

오난은 형의 대를 잇는 일을 거부했다. 형수와 관계를 맺을 때 의도적으로 땅에 설정을 했다. 이 일이 하나님 보시기에 악했으므로 하나님께서는 오난도 죽이셨다. 유다는 셋째 아들 셀라까지 죽을까 하여 심히 염려가 되었다. 그리하여 셋째인 셀라가 아직 어리니, 장성하면 부르겠다고 하면서 며느리 다말을 친정으로 보낸다. 하지만 시간이 오래 경과했음에도 불구하고 유다는 다말을 부르지 않았다. 아니, 처음부터 다말을 부를 생각을 하지 않았다고 보아야 한다. 어쩌면, 유다는 두 아들이 죽은 원인이 며느리 때문이라고, 다말이라는 여자로 인해 집안이 망한다고 생각했을 수도 있다. 유다는 그녀를 다시 부르기가 겁이 났을 수도 있다. 어쨌든 유다는 다말을 부르지 않았고 다말도 그러한 시아버지의 마음을 읽을 수 있었을 것이다.

딤나라는 곳에 시아버지가 양털을 깎으러 온다는 이야기를 들은 다말은 시아버지를 유혹하기 위하여 창녀로 변장을 한다. 시아버지는 얼굴을 가린 며느리를 알아보지 못했고 두 사람은 흥정을 마친다. 대가를 나중에 지불하기로 하고 유다는 자기의 도장과 끈, 지팡이를 준다. 유다는 이렇게하여 며느리와 관계를 맺는다. 그리고 3개월이 지난 후, 며느리가 임신했다는 소식을 듣게 된 유다는 화를 내며 화형에 처하라고 하지만 다말이 내민 자기의 도장과 끈, 지팡이를 보고 기겁을 한다. 그는 그제야 정신이 돌아온 듯, "그는 나보다 옳도다"라고 하며 다말의 행동이 옳았음을 인정하게 된다. 다말은 쌍둥이 아들을 낳게 되는데 이들이 베레스와 세라이다. 베레스는 다윗의 조상이 되며 예수 그리스도의 육신의 조상이 된다.

많은 사람이 이 성경의 내용을 읽으면서 머릿속이 복잡해짐을 느낀다. 일반 세상에서도 일어나기 힘든 엽기적인 일이 어떻게 성경에 기록되어 있는지 의구심을 갖게 된다. 그리고 이러한 엽기적인 사건을 일으킨 다말이라는 여인이 어찌 이스라엘의 위대한 왕인 다윗의 조상이 되고, 예수 그리스도의 족보에 올라오게 되었는지에 대해서도 이해하기 힘들어 한다. 그리고 많은 사람은 다말을 아주 부도덕한 여인으로 보기도 한다. 과연 다말은 상상하기조차 어려울 만큼 부도덕한 것일까? 지금의 관점에서 본다면 시아버지를 유혹하여 관계를 가진 그녀는 절대로 이해 받을 수 없다. 하지만 그 당시의 사회 제도와 여러 정황들을 유심히 살펴보면, 유다가 고백한 것처럼 그녀의 판단과 행동이 옳았음을 알 수 있다.

며느리 다말을 데려온 사람은 바로 유다이다. 《야살의 책》[3]에는 다말이 셈의 후손이라고 기록되어 있다. 유다는 가나안 여인의 자식인 자기 아들들의 악한 모습을 보면서, 손자들을 나름 견실하게 키워 줄 며느리를 원했는지도 모른다. 그래서 고르고 골라 다말이라는 여인을 데려온 것이 아닐까? 유다의 며느리가 된 다말은 유다에게서 가문의 내력에 대해서 들었으며 하나님과 언약을 맺은 가문이라는 사실을 알았을 것이다. 다말에게는 이 가문의 대를 이어야 할 책임이 주어졌다. 그런데 남편인 엘이

---

3) p.40의 각주 1) 참조

하나님 보시기에 악하여 하나님께서 그를 치셨고 시동생 오난도 형의 대를 이어 주기를 거절하다 마찬가지로 죽임을 당했다. 그런데 시아버지는 셋째를 주지 않는다.

유다는 셋째 셀라를 다말에게 주었어야 했는데 그는 사회 통념상 암묵적 계약인 계대결혼에 대한 관습법을 어기고 셋째 아들을 며느리에게 주지 않았다. 유다의 아내가 죽은 상황에서 다말에게는 더 이상 유다의 자식을 통하여서 후손을 이을 가능성이 없어졌다. 이렇게 더 이상 자식을 통해 대를 잇지 못하게 되는 상황이 되면, 그 다음 차례는 시아버지가 된다고 한다.

시아버지가 순순히 응하지 않을 것이라 판단한 다말은 시아버지의 약점을 이용하여 일을 꾸몄다고 볼 수 있다. 다말의 계획은 성공했다. 유다는 기겁을 했지만 결국, 유다는 다말이 옳았음을 인정한다. 아마도 이 일이 유다의 인생에 큰 전환점이 되지 않았을까 하는 생각이 든다. 유다는 하나님과 가족들을 떠나 죄로 가득 찼던 자신의 삶을 돌아보았던 것 같다. 유다는 다시금 아버지와 형제들이 있는 헤브론 땅으로 돌아온 것으로 여겨진다. 흉년이 들었을 때, 유다는 형제들과 함께 곡식을 구하기 위해 요셉이 총리로 있는 애굽으로 떠난다. 요셉을 노예로 판 지도 어느덧 22년이라는 세월이 흘렀다. 총리가 된 요셉 앞에서, 유다는 동생 베냐민 대신에 자기를 종으로 써달라고 애원한다. 동생을 위해 자신이 노예가 되겠다고 통사정을 하는 형의 모습에 요셉은 더 이상 참지 못하고 통곡하며 자신의 정체를 밝힌다.

다말은 두 아들을 믿음의 자녀로 잘 키운 것 같다. 이를 뒷받침하는 내용이 룻기에 기록되어 있다. 룻은 사사시대에 집안이 다 망한 시어머니 나오미를 따라 베들레헴으로 온, 의지할 곳 없는 모압의 과부이다. 이 룻이 베들레헴의 유력한 사람 보아스와 혼인을 하게 되는데 두 사람의 혼인이 성립되었을 때에 베들레헴 성문에 있던 모든 사람과 장로들이 다음과 같은 말로 보아스의 아내가 되는 룻을 축복한다. 보아스와 룻의 상속자의 집이 유다와 다말의 아들 베레스의 집과 같게 되기를 원한다는 내용이다.

여호와께서 이 젊은 여자로 말미암아 네게 상속자를 주사 네 집이 다말이 유다에

게 낳아준 베레스의 집과 같게 하시기를 원하노라 하니라 (룻 4:12)

사건이 있은 후에 유다는 다말을 가까이하지 않았다. 베레스는 전적으로 다말의 품에서 자라며 견실하게 양육을 받았을 것으로 여겨진다. 다말의 아들 베레스는 유다 자손들에게 칭송받는 믿음의 선조가 되었던 것이다. 유다 역시 며느리 다말을 통하여 마음을 돌이켜 다시금 언약의 백성으로 돌아온 것으로 여겨진다. 아버지 야곱이 축복해준 유언처럼 유다의 후손 가운데에서 많은 왕들이 나왔다. 무엇보다도 유다는 다윗왕과 예수 그리스도의 조상이 되었다. 또한 흔히 쓰이는 '유대인'이라는 말은 바로 이 유다로부터 비롯되었다.

*P*OINT

성경의 내용을 더욱 잘 이해하기 위해서는,
현재 나의 입장이나 생각에 따른 판단이 아닌,
당시의 역사적, 관습적, 문화적 배경 등을 반드시 고려해야 한다.

9. 요셉의 유골

　아들 요셉의 피 묻은 채색옷을 보고 삶을 포기하다시피 했던 야곱, 어느덧 22년의 세월이 흘렀다. 야곱은 아들들에게 요셉이 살아 있는 데다가 애굽의 총리가 되었다는 믿을 수 없는 이야기를 전해 듣는다. 그는 요셉이 보낸 화려한 수레를 눈으로 보고서야 기운이 소생한다. 야곱과 요셉은 애굽의 고센에서 만나 가슴 터질 듯한 감격의 포옹을 한다. 야곱이 흉년을 피해 가족들을 전부 거느리고 요셉이 총리로 있던 애굽으로 이주한 것은, 야곱이 130세 그리고 요셉이 39세 때이다. 요셉의 권유에 따라 애굽으로 내려간 야곱의 가족은 70명이다. 이는 며느리는 계수하지 않은 숫자이다. 이 가족들의 이름이 창세기 46장에 기록되어 있다.

　야곱은 애굽의 고센 땅에서 17년을 살다 147세에 죽는다. 죽기 전에 야곱은 요셉의 두 아들인 에브라임과 므낫세를 축복했고, 열두 아들에게도 예언의 내용이 담긴 축복을 했다. 그리고 반드시 자기를 아브라함과 사라와 이삭과 리브가와 레아가 장사된 헤브론의 막벨라 굴에 장사하도록 유언을 남겼다. 야곱의 장사 행렬은 어마어마했는데 애굽의 신하와 원로들 그리고 병거와 기병들이 모두 따라나섰다. 유언대로 야곱은 선조의 묘소에 장사되었다. 지금도 헤브론에는 믿음의 조상 여섯 명의 묘가 한 건물 안에 있다.

시간이 흘러 요셉도 110세에 죽음을 맞는다. 요셉의 유언은 아버지 야곱의 유언과는 조금 다르다. 야곱의 유언은 가나안 땅 헤브론에 있는 조상들의 묘에 자기를 장사지내 달라는 것이었는데, 54년이 지난 후 요셉은 죽기 전에 이렇게 유언한다.

> 요셉이 그의 형제들에게 이르되 나는 죽을 것이나 하나님이 당신들을 돌보시고 당신들을 이 땅에서 인도하여 내사 아브라함과 이삭과 야곱에게 맹세하신 땅에 이르게 하시리라 하고 요셉이 또 이스라엘 자손에게 맹세시켜 이르기를 하나님이 반드시 당신들을 돌보시니 당신들은 여기서 내 해골을 메고 올라가겠다 하라 하였더라 요셉이 백십 세에 죽으매 그들이 그의 몸에 향 재료를 넣고 애굽에서 입관하였더라 (창 50:24~26)

요셉의 유언과 죽음으로, 약 2,200년 간에 걸친 내용을 기술한 창세기의 기록은 마감이 된다. 요셉은 하나님께서 이스라엘 백성들을 출애굽 시키셔서 가나안 땅으로 인도하시리라는 약속에 대한 믿음을 가지고 있었다. 이것은 하나님께서 요셉의 증조할아버지인 아브라함에게 하신 약속으로 그 내용은 창세기 15장에 기록된 소위 횃불 언약에 포함되어 있다. 아브라함의 자손이 이방 땅에서 객이 되어 그들을 섬기고 그들은 400년 동안 아브라함의 자손을 괴롭힐 것이라고 하셨다. 하나님께서 그들을 징벌할 것이며 아브라함의 자손들은 4대 만에 큰 재물을 이끌고 나올 것이라는 약속의 말씀이었다.

요셉은 이것을 아버지 야곱에게서 들었다. 야곱은 다른 형제들에게는 들에 나가서 양을 치라고 했지만 요셉은 늘 옆에 두고 있었다. 요셉은 아버지 야곱에게서 아브라함을 비롯한 선조들에 대한 이야기나 하나님에 대한 많은 이야기를 들었을 것으로 여겨진다. 믿음은 들음에서 난다고 했다. 요셉의 아버지 야곱은 사냥꾼인 형 에서와 달리 장막에 거했다. 야곱은 아버지 이삭과 어머니 리브가로부터, 이삭 역시 아브라함으로부터 믿음의 조상들과 하나님에 대한 이야기를 많이 들었으리라. 믿음은 이렇게 대를 이어서 내려오는 것이다.

이후, 요셉의 유골은 어떻게 되었는가? 창세기 50장의 마지막 절을 보면, 애굽에서 요셉을 입관했다는 것으로 창세기의 기록이 마감된다. 요셉은 애굽에서 장사되지 않았다. 이스라엘 백성들은 요셉이 죽은 후, 359년이 지난 후에 출애굽을 하게 된다. 이스라엘 백성들이 출애굽을 한 날은 야곱의 가족들이 애굽에 이주한 날로부터 계산하여 정확히 430년이 끝나는 바로 그 날이었다.

> 이스라엘 자손이 애굽에 거주한 지 사백삼십 년이라 사백삼십 년이 끝나는 그 날에 여호와의 군대가 다 애굽 땅에서 나왔은즉 (출 12:40~41)

창세기 15장의 횃불 언약에서는 아브라함의 자손들은 이방에서 400년 동안 괴롭힘을 당할 것이라 했는데, 이스라엘 백성들이 애굽에서 430년 동안 거주했다고 한다. 30년의 차이에 대해 의문을 가질 수도 있겠다. 추정컨대, 야곱과 그 자손들이 애굽에 도착하고 나서 30년 후에 애굽의 왕조가 바뀌었을 가능성이 있다. 출애굽기에는 이 왕조를 '요셉을 알지 못하는 왕'이라 기록한 것이 아닌가 생각한다. 새로운 왕조가 나타나고 나서부터 이스라엘 백성들이 괴로움을 당하기 시작했을 것이라고 여겨진다.

> 요셉을 알지 못하는 새 왕이 일어나 애굽을 다스리더니 (출 1:8)

430년이 끝나는 그 날에 이스라엘 백성들이 애굽에서 나올 때 요셉의 유골을 챙겨 나왔다. 그들은 요셉이 죽은 후 359년이라는 세월이 흘렀음에도 불구하고 요셉에게 한 선조들의 맹세를 잊지 않았고 긴 세월 동안 그들은 요셉의 유골을 보관하고 있었던 것이다. 어떻게 유골을 보관하고 있었는지에 대한 구체적인 방법은 알 수가 없다. 또한 그 흔적을 찾기도 쉽지 않다. 추정컨대, 백성들이 요셉에게 한 맹세를 잊지 않도록 거주지의 중앙에 가묘를 만들어, 늘 볼 수 있게 했던 것으로 생각된다. 하나님께서 세우신 그들의 지도자 모세가 이 요셉의 유골을 가지고 나왔다.

> 모세가 요셉의 유골을 가졌으니 이는 요셉이 이스라엘 자손으로 단단히 맹세하게 하여 이르기를 하나님이 반드시 너희를 찾아오시리니 너희는 내 유골을 여기서 가지고 나가라 하였음이더라 (출 13:19)

모세는 광야 생활 40년 동안 늘 이 요셉의 유골을 챙긴 것으로 여겨진다. 모세가 죽고 난 후에 출애굽과 광야 생활 내내 모세를 따라다녔던 여호수아가 모세의 뒤를 이어 이스라엘의 지도자가 된다. 모세는 죽기 전에 모든 것을 여호수아에게 물려주었다. 성경에는 기록이 없지만, 여호수아는 요셉의 유골을 가나안 땅에 장사 지내야 하는 일도 물려받았을 것으로 생각된다. 이 일이 여호수아에게는 큰 영광이요, 가슴 벅찬 감격이 되었을 것이라고 상상해 본다. 왜냐하면 요셉이 바로 여호수아의 직계 선조이기 때문이다. 여호수아는 요셉의 아들 에브라임의 직계 후손이다. 역대상 7장에는 에브라임에서부터 여호수아까지의 족보가 기록되어 있는데 여호수아는 에브라임의 9대손이요, 요셉의 10대손이 된다.

여호수아는 요단강을 건너 가나안 정복 전쟁을 수행하는 동안에도 늘 요셉의 유골을 챙겼을 것으로 생각된다. 가나안 정복 전쟁이 마무리되고, 각 지파 별로 땅이 분배되었으며 요셉의 유골도 장사 된다.

세겜(현, 나블루스)에 있는 요셉의 무덤과 요셉의 묘
(출처 : http://www.noel.blog.me/140132350100)

또 이스라엘 자손이 애굽에서 가져 온 요셉의 뼈를 세겜에 장사하였으니 이곳은

야곱이 백 크시타를 주고 세겜의 아버지 하몰의 자손들에게서 산 밭이라 그것이

요셉 자손의 기업이 되었더라 (수 24:32)

요셉의 뼈는 세겜에 장사 되었다. 이곳은 야곱이 하란에서 고향으로 돌아오는 도중에 수년간 거주했던 곳인데 이때 사 놓았던 땅이다. 이곳에서 야곱의 딸 디나의 추행 사건이 일어나기도 했다. 야곱은 죽기 전에 별도로 이 땅을 요셉에게 유산으로 주었다. 이 내용이 창세기 48장 22절에 기록되어 있다. 요셉의 유골은 석관에 넣어졌고 이 석관은 돌로 만들어진 방에 보관된다.

세겜(현, 나블루스)의 위치

요한복음 4장에는 예수님께서 수가라고 하는 마을의 사마리아 여인과 야곱이 파 놓았던 우물가에서 대화하는 장면이 기록되어 있다. 예수님께서는 일부러 이곳을 찾아가셨다. 이 우물 근처에 약 3,400년 전에 만들어진 요셉의 묘가 있다. 세겜이라고 불리던 이 지역은 현재 나블루스라 불리며 아랍 사람들이 주로 살고 있다. 이들은 이스라엘 정부의 통치를 받고 있는데, 이스라엘 정부에 대하여 불만을 가진 아랍 청년들이 몇 년 전에 시위하면서 요셉의 묘에 불을 질러 외관을 훼손했다. 새로 단장한 요셉의 묘를 지금은 이스라엘 군인들이 굳건히 지키고 있다.

POINT

요셉의 유골 스토리는 창세기 15장의 횃불 언약에서부터 시작하여 요한복음 4장의 기록까지 이어진다. 성경의 내용은 창세기에서부터 요한계시록까지 날줄과 씨줄로 엮여 있다고 봐야 한다.

제2부

광야에서 주어진
말씀과 언약

10. 출애굽과 이스라엘 달력

많은 사람이 성경을 읽으면서 연도나 날짜 등에 별로 관심을 두지 않는다. 그저 눈으로만 슬쩍 보고 지나가는 것이다. 예를 들면, 성경을 수십 번 읽었다고 해도 노아의 홍수가 언제 그리고 얼마 동안 일어났는지 기억하는 사람들이 별로 없다. 마음속에 날짜 같은 것은 별로 중요하지 않다는 생각이 깔려 있기 때문이다. 그런데 이렇게 성경을 읽으면, 수십 번을 읽더라도 말씀을 정확히 이해하는 데에는 한계가 발생하게 된다.

모세는 노아의 홍수가 일어난 연도와 날짜 그리고 그 기간에 대하여 아주 상세하게 기록하여 놓았다. 그것이 별로 중요한 문제가 아니었다면 모세가 이렇게 세밀하게 기록해 놓았을 리가 없다. 성경을 읽는 데 있어 '언제'라고 하는 '때'를 잘 살펴야 성경을 더 잘 이해할 수 있게 된다. 하나님께서 하시는 일은 '때'와 깊은 관계가 있다.

하나님께서는 '때'를 나타내시기 위해 해와 달과 별을 만드셨다. 따라서 '때'를 정확히 알아야 하나님의 계획하심과 성취하심에 대해 더 잘 알 수가 있다.

> 하나님이 이르시되 하늘의 궁창에 광명체들이 있어 낮과 밤을 나뉘게 하고 그것
> 들로 징조와 계절과 날과 해를 이루게 하라 (창 1:14)

예수님께서도 '때'에 맞추어서 메시아 사역을 감당하셨다. 예수님께서는 때가 찼다고 선포하시면서 공생애를 시작하신다.

> 이르시되 때가 찼고 하나님의 나라가 가까이 왔으니 회개하고 복음을 믿으라 하
> 시더라 (막 1:15)

가나의 혼인 잔치에서는 마리아의 권유가 있을 때, 예수님께서 아직 때가 이르지 않았다고 말씀하시는 내용이 요한복음 2장에 기록되어 있다. 누가복음 22장에는 때가 이르매 예수님께서 제자들과 함께 유월절 음식을 드신다는 내용이 나온다.

> 때가 이르매 예수께서 사도들과 함께 앉으사 이르시되 내가 고난을 받기 전에 너
> 희와 함께 이 유월절 먹기를 원하고 원하였노라 (눅 22:14~15)

이 유월절은 출애굽 당시 하나님께서 정해 놓으신 절기이다. 유월절이 시작되면서 어린양이 죽어 그 피가 인방과 문설주에 발라졌다. 이 '때'를 맞추어서 예수님께서 제자들과 함께 유월절 음식을 나누시고 십자가에 달리신 것이다.

'때'를 알기 위해서는 반드시 달력이 필요하다. 성경의 기록에서 최초로 날짜가 나타나는 때는 노아의 홍수 때이다. 모세는 창세기에 이 날짜들을 상세하게 기록하여

놓았다. 날짜가 기록되었다는 것은 그 당시에도 달력이 사용되었다는 것을 의미한다. 지금의 이스라엘은 노아 때에 사용되었던 달력을 달만 바꾸어서 사용하는 것 같다. 노아 때의 일곱째 달이 출애굽을 하면서 첫째 달로 변경이 되었는데 하나님께서 그렇게 하라고 하셨기 때문이다.

> 여호와께서 애굽 땅에서 모세와 아론에게 일러 말씀하시되 이 달을 너희에게 달
>
> 의 시작 곧 해의 첫 달이 되게 하고 (출 12:1~2)

이달이 바로 유월절이 속한 달이며, 출애굽을 하는 달이다. 노아의 달력에 따른다면 원래 일곱째 달이 되었어야 했다. 그런데 하나님께서 이 일곱째 달을 첫째 달이 되게 하라고 하신다. 원래 노아 때의 첫째 달은 일곱째 달로 변경이 된다. 왜 그러셨을까?

노아가 사용했던 달력은 창조 때부터 2,500년 이상 사용해 오고 있었을 것이다. 그런데 하나님께서는 이 달력을 변경하여 사용하라고 하신다. 성경은 그 이유를 설명하지 않는다. 아마도 출애굽 사건이 대단히 중요하므로 출애굽이 일어난 달을 가장 중요한 달로 여겨서 영원히 기억하라는 의미로 첫째 달로 변경하라고 하신 것이 아닌가 하는 생각이 든다.

그렇다고 해서 일곱째 달로 변경된 노아 때의 원래 첫째 달이 중요하지 않다는 건 아닐 것이다. 일곱째 달로 변경된 달도 대단히 중요하다. 7월 1일은 나팔절이고, 7월 10일은 속죄일이여, 7월 15일부터 8일간은 초막절이다. 또한 노아 때 1월 1일이었던, 지금의 7월 1일은 아담이 탄생한 날이라고도 하며, 창세 기념일이라고도 한다. 이스라엘에서는 이날, 달이 뜨면 나팔을 100번 불어 새해가 시작됨을 알린다. 그림으로 보면 다음과 같다.

이스라엘 달력은 태음력을 사용한다. 이전에 우리나라에서 사용했던 음력과 흡사

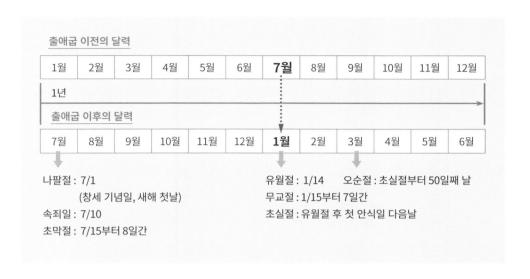

출애굽 이전의 달력

1월	2월	3월	4월	5월	6월	**7월**	8월	9월	10월	11월	12월

1년

출애굽 이후의 달력

7월	8월	9월	10월	11월	12월	**1월**	2월	3월	4월	5월	6월

나팔절 : 7/1
    (창세 기념일, 새해 첫날)
속죄일 : 7/10
초막절 : 7/15부터 8일간

유월절 : 1/14   오순절 : 초실절부터 50일째 날
무교절 : 1/15부터 7일간
초실절 : 유월절 후 첫 안식일 다음날

하다. 이스라엘 1월은 한국의 음력 2월이니 한국의 음력과 한 달 차이가 나지만, 윤년과 윤달을 반영하는 방법이 다르기 때문에 윤년이 있는 해에는 한 달 더 차이가 나게 된다. 이것을 잘 기억해 두면 성경의 날짜를 계산하는 게 그리 어렵지 않다. 이스라엘은 7월 1일 나팔절에 새해가 시작되는데, 우리나라의 음력 8월 1일에 해당하므로, 가을에 새해가 시작되는 셈이다. 또한 이날은 창세 기념일이기도 하며 아담의 탄생일이라고도 한다.

이제 다시 노아의 홍수로 가보자. 대홍수는 2월 17일에 시작되었다고 창세기 7장에 기록되어 있다.

> 칠 일 후에 홍수가 땅에 덮이니 노아가 육백 세 되던 해 둘째 달 곧 그 달 열이렛
>
> 날이라 그 날에 큰 깊음의 샘들이 터지며 하늘의 창문들이 열려 (창 7:10~11)

홍수가 시작된 날은 노아가 600세 되던 해의 2월 17일이다. 이날을 지금 이스라엘 달력으로 환산하면 8월 17일이 되며, 한국의 음력으로 환산하면 9월 17일이 된다. 우

리의 음력 9월 17일이 홍수 기념일이 되는 셈이다. 유월절이 1월 14일인데, 이는 달이 변경된 후에 정해진 날짜이다. 이날은 한국 음력으로 하면 2월 14일이 된다. 현재의 양력으로 하면 3월 하순에서 4월 초순 정도가 된다. 유월절이 음력 기준으로 정해져 있고, 이날 예수님께서 십자가상에서 돌아가셨기 때문에, 부활절의 날짜가 매년 달라지게 된다.

이스라엘의 하루 계산 방법도 다른 나라와 다르다. 이스라엘에서는 하루가 저녁 해질 때부터 시작된다. 해가 질 때 하루가 끝나고 동시에 그 다음 날이 시작된다는 의미이다. 창세기의 천지창조가 진행될 때, '저녁이 되고 아침이 되니 이는 첫째 날이니라'라는 표현이 사용된 이유이기도 하다. 시계가 없었던 옛날에는 해가 지는 것을 기준으로 했지만, 지금은 누구나 세계 표준의 시간을 사용하고 있으므로, 해질 때가 아니라 오후 6시부터 하루가 시작된다.

낮 시간은 새벽 6시부터 시작한다. 새벽 6시가 0시가 되고, 오전 7시는 1시가 된다. 마태복음 20장에는 포도원의 품꾼들에 대한 예수님의 비유 말씀이 기록되어 있다. 포도원 주인이 품꾼을 얻어 포도원에 들여보내는 내용이 나오는데, 포도원 주인은 이른 아침, 제 삼시, 제 육시, 제 구시 그리고 제 십일시에 품꾼들을 포도원에 들여보낸다. 여기서 이른 아침이라 함은 새벽 6시경을 의미하는 것이며, 제 삼시는 아침 9시, 제 육시는 정오, 제 구시는 오후 3시, 제 십일시는 오후 5시를 의미한다.

예수님께서 제자들과 함께 유월절 음식을 드실 때가 해 저무는 저녁이었다. 이때부터 유월절의 하루가 시작된 것이다. 하나님께서 계획하셨던 때가 찬 것이다.

여담이지만, 한국과 이스라엘은 6시간의 시차가 발생한다. 한국의 하루가 바뀌는 자정 시간이 이스라엘에서도 하루가 바뀌는 오후 6시가 된다. 그러니까 '동방의 이스라엘'이라고 하는 한국과 이스라엘은 같은 시간에 새날을 맞이하는 것이다. 그리고 우리나라의 추석은 음력 8월 15일이다. 추석은 추수감사절의 의미를 갖는데 그 기원을 아는 사람이 없다. 이스라엘의 초막절은 7월 15일부터 시작되어 8일 동안 절기로 지킨다. 수장절이라고 하여 추수감사절의 의미가 포함되어 있다. 초막절의 첫날은 우리 달력으로 계산하면 음력 8월 15일이며, 추석이 된다. 6시간의 시차로 말미암아 추석과 초막절이 동시에 시작이 되는 셈이다.

11. 시내산과 호렙산, 출애굽 여정(1)

시내산은 어디에 있는가? 이 논쟁은 과거에도 많이 있어 왔으며 시내산으로 지목되었던 산도 여러 군데가 있다. 일반적으로 지금의 시나이 반도에 있는 시내산이 출애굽 당시의 시내산이라는 주장이 받아들여지고 있었다. 그래서 많은 사람이 이스라엘 성지 순례를 가면 이 시내산에 오르곤 했다. 그런데 몇 년 전에 지금의 사우디 아라비아에 있는 라오즈산이 출애굽기에 나오는 시내산이라는 새로운 주장이 등장함에 따라, 이에 대해 많은 사람이 출애굽 여정에 대하여 새로운 관심을 갖게 되었다.

이 새로운 주장은 사우디아라비아에 거주하고 있었던 김승학 장로에 의해 한국 교회에 널리 알려지게 되었다. 처음 이러한 주장을 제기한 사람은 성서고고학에 관심이 많았던 론 와이어트라는 사람이다. 이분은 1983년과 1985년에 라오즈산 주변과 홍해의 아카바만 일대를 조사하고, 출애굽기에 기록된 시내산은 바로 현재의 사우디 아라비아의 서북쪽, 과거 미디안 광야에 위치하고 있는 라오즈산이라는 주장을 했다. 후에 사우디 왕실의 주치의로 있었던 김승학 장로가 아버지로부터 론 와이어트의 기록이 담긴 비디오 테이프를 넘겨받아 이를 참고하여 2001년부터 가족과 함께 6년 동안 수차례에 걸쳐 심도있게 라오즈산 주변 및 아카바만 일대를 탐사했다. 그 결과를 모아 2007년에《떨기나무》라는 제목의 책을 내기도 하고 국내 여러 교회에서 간증도 했다.

출애굽 이후 시내산까지의 여정을 간단히 정리하면 다음과 같다. 1월 14일이 시작되는 저녁에 이스라엘 백성들은 하나님의 말씀에 따라 어린양을 잡아 그 피를 문 인방과 좌우 문설주에 발랐다. 애굽에 장자의 재앙이 내려질 때, 어린양의 피가 발라진 이스라엘의 집들은 죽음의 천사들이 그냥 넘어갔다. 이것이 '유월'의 의미이다. 이스라엘 백성들은 유월절 다음 날인 무교절 첫날인 1월 15일에 애굽의 라암셋을 출발하여 숙곳이라는 곳에 이르렀다. 모세는 애굽에서 나온 날을 애굽에 거주한 지 430년이 끝나는 그날이라고 기록한다.

> 이스라엘 자손이 애굽에 거주한 지 사백삼십 년이라 사백삼십 년이 끝나는 그 날
> 에 여호와의 군대가 다 애굽 땅에서 나왔은즉 (출 12:40~41)

이스라엘 백성들은 구름 기둥과 불 기둥을 따라 밤낮 행진하여 에담이라는 곳에 진을 친다. 그런데 여기에서 하나님께서는 가던 길을 돌이키게 하신다. 가던 길을 돌이켜 그들이 도착한 곳은 바알스본 맞은 편의 비하히롯이다. 이곳은 홍해 바닷가에 위치한 곳이다. 뒤에서 쫓아오면 돌아갈 길이 없는 막다른 곳이다. 그런데 하나님께서는 여기에 장막을 치라고 하신다. 그 이유가 출애굽기에 기록되어 있다.

> 바로가 이스라엘 자손에 대하여 말하기를 그들이 그 땅에서 멀리 떠나 광야에 갇

하나님께서는 바로를 유인하시기 위해 막다른 바닷가에 장막을 치게 하셨던 것이다. 바로가 애굽의 모든 병거를 동원하여 모든 지휘관들과 함께 비하히롯에 갇힌 이스라엘 백성들을 치러 달려왔다.

뒤쫓아온 애굽 군대를 뒤로하고 이스라엘 백성들은 홍해를 마른 길처럼 건너지만 바로의 군대는 모두 홍해에 수장된다. 홍해를 건넌 후에 백성들이 처음 도착한 곳은 마라이다. 물이 써서 마실 수 없었으나 하나님께서 지정하신 한 나뭇가지를 던지니 단물이 되었다. 다음에 도착한 곳이 엘림인데, 이곳에는 열두 샘과 칠십 그루의 종려나무가 있었다. 출애굽 이후 한 달이 지난 2월 15일에 엘림과 시내산 중간에 있는 신광야에 도착한다. 먹을 것으로 인해 원망하는 백성들에게 만나와 메추라기를 주신다. 이때부터 이스라엘 백성들은 40년 동안 만나를 먹게 된다.

이후에 도착한 곳이 르비딤이다. 물이 없어 원망하는 백성들을 위해 모세가 지팡이로 반석을 쳐서 물을 낸 곳이다. 그런데 아말렉의 군사들이 이곳에서 이스라엘을 공격했다. 모세는 기도하고 여호수아는 싸워 아말렉을 물리쳤다. 이 전투가 끝난 후, 장인 이드로가 모세의 아내와 두 아들을 데리고 모세를 방문한다. 이후, 이스라엘 백성들은 르비딤을 떠나 드디어 시내산 아래의 시내 광야에 도착한다. 라암셋을 출발하여 숙곳, 에담, 비하히롯, 마라, 엘림, 신광야와 르비딤을 거쳐, 셋째 달이 되던 날 시내 광야에 도착한 것이다.

이스라엘 자손이 애굽 땅을 떠난 지 삼 개월이 되던 날 그들이 시내 광야에 이르니라 (출 19:1)

* '삼 개월'은 '셋째 달(the third month)'의 오역으로 판단됨.

시나이 반도 남쪽에 있는 시내산이 출애굽기에 기록된 시내산이 맞다고 한다면, 출애굽 이후 시내산까지의 여정은 지금의 수에즈 운하 남쪽의 어떠한 부분에서 홍해를 건너 시나이 반도의 서쪽 해안을 따라 남하하여 시내산에 이르는 과정이 되었을 것이다. 나는 개인적으로 오랫동안 이 여정에 대해서 의구심을 가져왔다. 성경을 읽어도 도무지 머릿속에 어떠한 그림도 그려지지 않았기 때문이다.

어느 날, 아라비아에 있는 라오즈산이 출애굽기에 기록된 시내산일 수 있다는 정보를 접한 나는 이에 대하여 면밀히 검토해 보았다. 관련 자료를 보면서 성경의 내용과 일치하는가를 체크해 보기도 하고, 구글 어스의 지형을 나름 분석해 보기도 했다. 그 결과, 나는 이곳이 출애굽기에 기록된 시내산이라는 확신을 갖게 되었다. 이에 대한 성경적인 근거를 몇 가지 제시해 보고자 한다.

첫째, 이 라오즈산은 현재 사우디아라비아의 국경 안에 있는데 오래전에는 이 일대의 지역을 미디안 땅이라고 했다. 모세가 나이 사십 세가 되어 애굽의 바로를 피해 도망갔던 곳이 바로 이 미디안 땅이다. 미디안 족속은 아브라함의 후손이다. 사라가 죽고 나서 아브라함이 그두라라고 하는 후처를 맞이하여 여섯 명의 아들을 낳았고 그 아들 중 하나가 미디안이다. 이곳에서 모세는 십보라와 결혼을 하고 사십 년을 지낸다. 이 미디안 땅은 홍해의 아카바만의 동쪽에 있다. 모세가 불타는 떨기나무를 보기 위해 서쪽으로 갔다는 내용이 출애굽기에 기록되어 있다. 모세가 미디안 땅에서 지금의 시나이 반도에 있는 시내산으로 가고자 했다면 반드시 홍해의 아카바만을 건넜어야 했다. 그런데 모세 자신이 기록한 출애굽기에는 그러한 기록이 없이, 그냥 '광야 서쪽'(히브리어 성경:광야 뒷쪽)으로 양 떼를 인도했다는 내용만이 기록으로 남겨져 있다. 그러므로 하나님의 산 호렙은 미디안 땅에 있다는 것을 쉽게 알 수 있다.

> 모세가 그의 장인 미디안 제사장 이드로의 양 떼를 치더니 그 떼를 광야 서쪽으로 인도하여 하나님의 산 호렙에 이르매 (출 3:1)

호렙산의 불타는 떨기나무 앞에서 모세는 처음으로 하나님과 만난다. 그럼 호렙은 어디인가? 과거에는 시내산의 다른 이름이 호렙산이라고도 했고, 산의 윗부분은 시내산, 아랫부분은 호렙산이라고도 했다. 하지만 이에 대한 근거를 찾기는 어렵다. 그런데 라오즈산에는 두 개의 봉우리가 있는데 남쪽이 시내산이요 북쪽이 호렙산이라고 생각하면 성경의 많은 내용이 맞아 들어간다. 이 호렙산에는 엘리야가 하나님의 음성을 들었을 것으로 여겨지는 동굴도 있다.(열왕기상 19장)

둘째, 아말렉과의 전투를 한 장소이다. 출애굽기 17장에는 아말렉이 와서 이스라엘과 르비딤에서 싸웠다고 기록되어 있다. 아말렉은 도대체 어디서 온 것일까? 앞의 7장에서 간략히 설명했지만, 아말렉은 에서의 후손이다. 즉, 에돔 족속에서 나온 하나의 족속이다. 에돔 족속들은 사해 남쪽에 위치한 세일산을 중심으로 그 일

추정 출애굽 경로(애굽~시내산)

대에 퍼져 살았던 것으로 여겨진다. 에돔의 땅은 미디안 땅의 북쪽에 위치한다. 엘림이라고 생각되는 곳은 라오즈산의 서쪽에 있다. 그곳에는 지금도 열두 샘과 종려나무 숲이 있다. 모세가 지팡

비하히롯(현 누웨이바) (출처 : 구글어스)

이를 쳐서 물을 낸 르비딤의 바위가 있는 곳으로 여겨지는 곳은 호렙산의 북쪽 기슭 아래에 있다. 엘림에서 출발하여 르비딤까지는 남쪽에서 북쪽으로 이동하는 여정이었다. 이스라엘 백성들의 수는 장정만 육십만 명에 이르며 여자, 어린이, 노인들까지 합하면 이백만 명이 넘는다.

　미디안 땅의 북쪽에 살고 있던 아말렉 족속의 사람들은 자기들 땅을 향하여 올라 오는 엄청난 수의 이스라엘 백성들에 대한 정보를 접하고 놀라지 않았을까? 그리하여 군사를 모아 이스라엘을 공격했을 것이라 추정된다. 만일 르비딤이 지금 시나이 반도 남쪽에 있는 시내산 근처의 어느 지점이라면, 아말렉이 이스라엘을 공격한 이유에 대하여 도무지 설명할 수가 없다.

　셋째, 갈라디아서를 남긴 사도 바울의 기록이다. 사도 바울은 시내산이 아라비아에 있다고 기록하고 있다. 라오즈산은 현재의 사우디아라비아의 국경 안에 있다.

이 하갈은 아라비아에 있는 시내산으로서 지금 있는 예루살렘과 같은 곳이니 그가 그 자녀들과 더불어 종 노릇 하고 (갈 4:25)

위에 언급한 세 가지 외에도 지금의 라오즈산이 시내산과 호렙산이라는 증거는 대단히 많다. 성경의 비하히롯으로 여겨지는 지금의 누웨이바에는 앞장의 사진에서와 같이 300만 명 이상이 진을 칠 만한 넓은 모래사

누웨이바 앞 바닷속에서 촬영한 전차바퀴
(론 와이어트 일행이 촬영한 것으로 알려짐)

장이 있으며, 누웨이바 앞바다 속에는 전차 바퀴로 여겨지는 물건들이 아직도 있다.

POINT

성경을 읽을 때, 장소에 대한 지식이 없으면 하나님의 말씀이 의미하는 내용을 이해하기 어려워진다. 성경에 기록된 장소에 대한 이미지가 머릿속에 그려져야 그 내용을 올바르게 이해하는 데 큰 도움이 된다.

12. 시내산에서 요단강까지, 출애굽 여정(2)

 1월 15일 애굽에서 출발한 이스라엘 백성들은 3월 1일에 시내산에 도착한다. 이듬 해 2월 20일 시내 광야를 떠날 때까지 11개월 20일 동안 시내산 아래 시내 광야에 머문다. 여기에서 하나님과 이스라엘 백성 간에 '피의 언약'을 맺는다. 모세가 시내산에 올라간 40일 동안 하나님께서는 모세에게 장막 성전을 어떻게 만드는지에 대해 상세히 설명해 주시기도 하고, 두 돌판에 십계명도 써 주신다. 그러는 동안 이스라엘 백성들은 금송아지를 만들어 하나님을 격노하게 한다. 언약은 무효가 되고 다시금 새로운 언약을 맺는다.(출애굽기 34장)

 하나님께서는 모세에게 장막 성전과 기구들 그리고 제사장의 옷 등을 만들라고 하셨다. 하나님께서 가르쳐 주시고 보여 주신 양식에 따라, 브살렐과 오홀리압의 주도하에 이 일들을 마친다. 하나님께서는 이들에게 하나님의 영을 부어 주셨다. 이듬해

1월 1일 성막을 세우고, 법궤, 등잔대, 진설병 상, 향단 등의 기물들을 들여놓는다. 뜰에는 번제단과 물두멍이 놓인다. 성막과 뜰에 포장을 치고 문에 휘장을 다니 장막 성전이 완성된다. 모세가 이 모든 역사를 마치고 나니 여호와의 영광이 성막, 곧 회막에 충만하게 임한다. 장막 성전을 세우는데 많은 금과 은과 청동 등의 재료가 필요했다. 사용된 순금만 거의 30달란트에 이르는데 지금 가격으로 환산하면 약 800억 원 이상이 된다.

성막이 세워지고 나서 하나님께서는 모세를 성막으로 부르신다. 이 성막에서 주신 하나님의 율법이 레위기에 기록되어 있는데 다섯 가지 제사에 대한 율법과 정결법, 도덕법 및 절기에 대한 율법이 그것이다. 또한 아론과 두 아들에 대한 제사장 임명식도 거행된다.

성막 봉헌식을 거행하고 한 달이 지난 2월 1일, 하나님께서는 모세에게 이스라엘 백성들의 수를 계수하라고 하신다. 이렇게 민수기가 시작된다. 계수된 이스라엘 장정의 수는 603,550명으로 집계되었다. 레위 지파는 별도로 계수했는데, 1개월 이상 된 남자의 수가 모두 22,000명이었다. 다른 지파들은 장정의 수만으로 평균 약 50,000명이 되는데, 레위 지파는 어린 남자아이들을 포함한 모든 남자의 수를 다 합해도 22,000명 밖에는 되지 않았다.

인구 조사를 마친 이스라엘 백성들은 1월 14일 해 질 때에 시내 광야에서 두 번째 유월절을 지킨다. 그리고 2월 20일 증거의 성막에서 떠오르는 구름을 따라 시내 광야를 출발한다. 애굽에서 출발한 지 1년 1개월 6일 만의 일이다.

얼마 지나지 않아 그들은 가데스 바네아에 도착한다. 가데스 바네아까지 가는 도중에 70명의 장로가 세워지는데 하나님께서 그들에게도 모세에게 임한 하나님의 영을 임하게 하시겠다고 하신다. 이 70명의 장로를 세우는 전통이 예수님 때에 등장하는 산헤드린 공회의 모델이 되었다. 모세가 구스(에티오피아) 여인을 취한 것을 빌미로 형 아론과 누나 미리암이 모세의 권위를 비방하다가, 미리암이 벌을 받아 나병에 걸려 일주일 동안 진영 밖에 머물게 되는 일이 발생하기도 했다.

가데스 바네아에서 가나안 땅 정탐을 위하여, 각 지파에서 지휘관급이 되는 한 사람씩 모두 열두 명을 보낸다. 이들의 길은 사해와 요단 그리고 갈릴리의 서쪽을 돌아오는 코스였는데 40일이 걸렸다. 여호수아와 갈렙을 제외한 열 명의 사람들은 그 땅에 대한 악평을 했고, 이 악평에 백성들이 낙담하여 밤새 통곡하는 사태가 발생하면서 믿음이 없었던 이스라엘 백성에게 40년의 광야 생활이 주어졌다. 정탐 기간 하루를 일 년으로 계산하여 40일이 40년이 된 것이다. 하나님께서는 정탐 당시 이십 세 이상은 모두 광야에서 죽을 것이라 하셨다. 정탐 당시 이십 세 이상으로 가나안에 들어 간 사람은 여호수아와 갈렙 외에는 없다.

가데스 바네아에서 출발한 이후에도 많은 일들이 벌어진다. 고라와 다단과 아비람의 반역 사건이 발생한다. 이들이 모세와 아론의 권위에 도전한 것이다. 특히 고라는 모세와 아론과 사촌 간이다. 이 일로 말미암아 고라와 다단과 아비람은 그 가족들과 함께 갈라진 땅속으로 빨려 들어가게 된다. 이 고라의 반역사건으로 염병이 퍼져 14,700명이 죽는다. 하나님께서는 아론의 지팡이에 순이 나고 꽃이 피고 살구(아몬드) 열매가 열리게 함으로써 백성들 앞에서 그의 권위를 인정해 주신다. 가데스 바네아에서 출발한 이스라엘 백성들은 약 38년 동안 광야 생활을 하게 된다.

애굽에서 출발한 지 40년이 되는 해 1월에 미리암이 가데스에서 죽는다. 이곳에서 물이 없다고 하여 또 백성들이 모세에게 대든다. 하나님께서는 반석에게 명령하여 물을 내라고 하신다. 그런데 화가 나 있던 모세는 하나님의 말씀을 제대로 듣지 않고, 이전에 르비딤에서 했던 대로 반석을 지팡이로 친다. 그것도 두 번씩이나 친다. 물은 많이 솟아 나와 백성들과 짐승들이 마셨지만 하나님의 명령을 그대로 따르지 않은 잘못으로 모세와 아론은 가나안 땅에 들어가지 못한다는 말씀을 듣게 된다.

에돔의 변경인 가데스에서 모세는 에돔 왕에게 사신을 보낸다. 에돔은 이스라엘과는 형제의 족속이므로 하나님께서는 에돔 땅을 이스라엘에게 허락하지 않으셨고 모압과 암몬도 마찬가지였다. 에돔에는 절대 손해를 끼치지 않을 테니 에돔 땅의 가운데를 지나 북쪽으로 나 있는 왕의 큰길(왕의 대로)로 지나갈 수 있도록 허락해 달라는 간청을 했다. 이 왕의 대로는 홍해 끝 아카바에서 아람(시리아)의 다메섹까지 이어지는 길을 말하는 것으로, 주로 대상들이 이용하던 길이다. 에돔 왕은 모세의 요청을 거절하고 백성들을 데리고 나와 길을 가로막았다. 어쩔 수 없이 이스라엘 백성들은 멀고 험한 길을 돌아가야 했다.

하나님의 명령으로 모세와 아론, 그리고 아론의 셋째 아들 엘르아살이 함께 에돔의 서쪽 변경에 있는 호르산에 오른다. 산 위에서 모세가 아론의 옷을 벗겨 그의 셋째 아들인 엘르아살에게 입힌다. 거기서 아론은 죽고 백성들은 30일간 그의 죽음을 애도하는데, 그가 죽은 날은 애굽에서 나온 지 40년째 되는 해의 5월 1일이다. 대제사장이 된 엘르아살은 요단강을 건너 가나안 정복 전쟁을 수행하는 과정에서 늘 여호수아와 함께한다.

이스라엘 백성들은 에돔 땅을 관통하는 지름길인 왕의 대로로 지나지 못하고, 홍해의 아카바만까지 내려와서 동쪽으로 방향을 틀어 에돔과 미디안 광야의 중간 지역을 통과할 수밖에 없었다. 험하고 거친 길로 인해 백성들은 불평했고, 거기에다 이제는 만나까지도 하찮은 음식이라 하며 모세를 원망했다. 그런 이스라엘 백성에게 하나님은 불뱀을 보내셨고 많은 사람이 죽게 된다. 모세가 기도하니 하나님께서 놋뱀을 만들어 장대에 높이 달라고 하신다. 불뱀에 물린 사람 중에 놋뱀을 쳐다본 사람들은 나음을 얻게 되는데 예수님께서는 이 사건을 빗대어 이렇게 말씀하셨다.

> 모세가 광야에서 뱀을 든 것 같이 인자도 들려야 하리니 이는 그를 믿는 자마다 영생을 얻게 하려 하심이니라 (요 3:14~15)

후에 이 놋뱀을 이스라엘 백성들은 우상처럼 숭배했다. 열왕기하 18장 4절에는 종교개혁을 했던 남유다의 히스기야왕이 백성들이 숭배하던 이 놋뱀을 부수었다는 기록이 있다.

사해를 중심으로 사해 남쪽의 동편에는 에돔이 있고, 에돔의 북쪽 사해 동편에는 모압이 자리하고 있다. 모압의 북쪽에는 동쪽에서부터 흘러 서쪽 사해로 흘러 들어가 큰 계곡을 이루는 아르논강이 있다. 출애굽 당시 아르논강 북쪽에는 아모리 족속이 차지하고 있었다. 이스라엘 백성들은 에돔의 남쪽에서 동쪽으로 그리고 다시 북쪽으로 방향을 바꿔 모압의 동쪽을 타고 북상하여 아르논강에 이르렀다. 롯의 후손인 모압과 암몬 역시 형제의 족속이라 하여 하나님께서는 이스라엘이 이를 차지하도록 허락하지 않으셨다.

아르논강을 지난 모세는 아모리 왕에게 사신을 보내어 지나갈 수 있도록 허락을 구했으나, 아모리 왕 시혼은 이를 허락하지 않고 군사를 이끌고 나와 대적했다. 이스라엘은 아모리 왕 시혼을 물리치고 아르논강에서부터 요단 동편 얍복강에 이르는 아모리 족속의 땅을 점령했다. 이어서 더 북쪽에 위치하고 있는 바산 왕 옥과 전쟁을 하여 헬몬산까지 점령한다. 이리하여 아르논 계곡부터 갈릴리 북쪽의 바산을 지나 헬몬산까지 요단 동편의 땅을 점령한 모세는 우선적으로 므낫세 반 지파, 르우벤 지파 그리고 갓 지파에게 이 요단 동편의 땅을 분배한다. 특히 바산은 목축을 하기에 아주 좋은 땅이었다.

두 번의 전쟁을 치른 이스라엘 백성들은 요단강 동편의 모압 평지에 진을 쳤다. 애굽에서 출발하여 요단강 동편의 모압 평지에 도착할 때까지 진을 쳤던 장소들이 민수기 33장에 기록되어 있다. 모압 평지는 원래 모압 땅이었는데 이전에 아모리 왕 시혼에게 빼앗겼었다. 그런데 이곳을 이스라엘이 아모리 왕 시혼에게 빼앗은 것이다. 모세는 하나님께서 모압을 허락하지 않으셨으므로, 모압을 칠 생각이 전혀 없었는데도, 모압 왕 발락은 겁이 났다. 그래서 이스라엘을 저주하기 위해 부른 인물이 바로 발람이다. 그러나 발람은 하나님의 개입으로 저주를 하지 못하고 이스라엘을 축복하고 만다. 돈을 기대했던 발람은 꾀를 내어 발락에게 이스라엘에게 하나님의 저주가 내리도록 그 방법을 가르쳐 준다.

모압 평지의 싯딤에 있을 때, 이스라엘 남자들이 모압과 미디안 여인들의 유혹을 받고 바알브올에 가담하는 일이 발생한다. 우상에게 절을 하고 모압과 미디안 여자들과 음행을 한 것이다. 그로 인한 하나님의 진노로 염병으로 죽은 자가 24,000명이나 되었다. 대제사장 엘르아살의 아들 비느하스가 거룩한 분노로, 관계 중인 남녀를 창으로 찔러 죽임으로써 하나님의 진노는 비로소 끝나고 하나님께서는 비느하스에게 영원한 제사장의 언약을 주신다. 이 비느하스는 후에 엘르에살의 대를 이어 이스라엘의 대제사장이 된다. 하나님께서는 이스라엘을 죄악 가운데 빠지게 한 원수를 미디안에게 갚으라고 하셨고 모세가 이를 시행한다. 발람은 이때 이스라엘의 칼에 죽임을 당한다.(민수기 31장 8절)

이 발람이 요한계시록에도 등장한다. 버가모 교회에 보내는 예수님의 편지 내용에서이다. 초대 교회들에게 보내는 예수님의 편지 내용이지만, 지금 시대에도 그대로 적용되는 말씀임에 틀림없다.

> 그러나 네게 두어 가지 책망할 것이 있나니 거기 네게 발람의 교훈을 지키는 자
> 들이 있도다 발람이 발락을 가르쳐 이스라엘 자손 앞에 걸림돌을 놓아 우상의 제
> 물을 먹게 하였고 또 행음하게 하였느니라 (계 2:14)

염병 후에 두 번째 인구 조사가 실시되었다. 시내산을 출발하기 바로 전에 실시했던 인구 조사에서는 모두 603,550명이었었는데, 39년이 지난 후에 실시한 두번째 인구 조사의 결과는 601,730명으로 나왔다. 지난 38년 동안 광야생활을 하는 동안, 가나안 정탐 당시 20세 이상의 남자들이 전부 죽었음에도 불구하고 전체적인 인원수는 별로 변하지 않았음을 알 수 있다.

모세는 지난 40년을 회고하며 이스라엘 백성들에게 하나님만을 섬길 것을 신신당부한다. 이 내용이 신명기에 기록되어 있다. 그는 느보산의 비스가 산꼭대기에 올라가 가나안 온 땅을 둘러보았다. 이제 120세가 되었지만 눈이 흐리지도 않았고, 기력이 쇠하지도 않았다. 모세의 후계자로 여호수아가 세워져 모세가 여호수아에게 안수하니 그에게 지혜의 영이 충만하게 임했다.

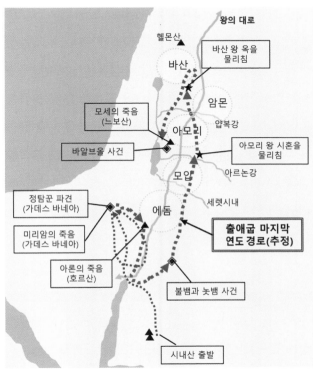

출애굽 경로(2) (시내산 ~ 요단강)

모세의 무덤이 어디에 있는지 아는 자가 없다. 또한 성경에는 두 아들 외에 모세의 자손에 대한 기록도 별로 없다. 이스라엘 백성들은 그를 위해 30일을 애곡했다.

여호수아는 정탐꾼 두 명을 여리고성으로 보낸다. 기생 라합의 도움으로 정탐꾼들은 여리고 군사들에게 잡힐뻔한 위기를 넘긴다. 라합은 자기가 정탐꾼들을 숨겨 주었으니 여리고성을 점령할 때 자기 가족들을 살려 달라고 요구한다. 정탐꾼들과의 약속대로 라합과 가족들은 창에 붉은 줄을 매달아 구원을 받게 되는데, 이 붉은 줄은 예수 그리스도의 피를 상징한다. 라합은 후에 정탐꾼 중 한 명인 살몬과 결혼을 하게 되며 다윗왕과 예수 그리스도의 조상이 된다.

　여호수아는 백성들을 이끌고 요단강을 건넌다. 언약궤를 맨 제사장들이 발을 요단강에 담그자, 요단강물이 상류로 밀려 올려져 벽을 이루었다. 이때는 봄이라서 헬몬산의 눈 녹은 물이 내려와 강물이 차고 넘칠 때였다. 홍해를 가른 기적에 버금갈 만한 기적이 일어난 것이다. 요단강을 건넌 날은 출애굽 이후 41년째 되는 해의 1월 10일이다. 요단강을 건넌 이스라엘 백성은 여리고의 북쪽에 위치한 길갈에 진을 쳤다. 광야 생활을 하는 동안 할례를 행할 수 없었으므로 할례를 받지 않은 모든 백성이 할례를 받았다. 그리고 1월 14일에 41번째 유월절을 지킨다. 40년 전 1월 15일에 애굽에서 출발했으므로 이날은 꼭 40년이 채워진 날이다. 야곱이 가족들을 데리고 애굽에 도착한 날로부터 계산하면 꼭 470년이 끝나는 날이다. 이날부터 그 땅의 곡식을 먹었고, 이튿날에는 만나가 그쳤다. 이렇게 출애굽의 여정은 하나님의 말씀대로 정확하게 40년 만에 끝이 난다.(여호수아 3~5장)

POINT

출애굽 사건을 날짜를 중심으로 관찰해 보면, 하나님께서는 약속하신 말씀을 아주 정확하게 이루신다는 것을 쉽게 알 수 있다. 이것이 바로 우리가 성경을 읽을 때, "때"에 대해 관심을 가져야 하는 이유이다.

13. 제사와 예수 그리스도

성경을 통독할 때, 많은 성도들이 가장 힘들다고 고백하는 부분이 레위기이다. 레위기는 제사를 드리는 요령으로부터 시작되는데 정결 규례 및 절기에 대한 규례 등 현대를 사는 우리들의 삶과는 별로 관계가 없을 것 같은 내용들이 계속해서 나온다. 그렇다면 정말 레위기는 우리와 전혀 상관이 없는 그런 내용들을 기록하고 있는 것일까? 그렇지 않다. 레위기에는 모세오경 중에서 가장 핵심적인 것들이 쓰여 있다. 이 장과 다음 장에서는 레위기 안에서 가장 중요한 주제인 제사와 절기에 대한 규례와 예수 그리스도의 사역과의 관계를 살펴보고자 한다.

우선 제사에 대해 살펴보자. 성경에서 가장 먼저 나오는 제사는 무엇일까? 바로 창세기 4장에 나오는 가인과 아벨의 제사다. 그리고 창세기 8장에는 홍수가 끝난 후에 노아가 여호와께 제단을 쌓고 모든 정결한 짐승과 정결한 새 중에서 제물을 취하여 번제를 드렸다는 기록이 나온다. 창세기 12장에는 아브라함이 처음 가나안 땅에 들어와 세겜 땅에서 제단을 쌓고 또 벧엘과 아이 사이에서 제단을 쌓았다는 기록이 있다. 번제를 드린 것으로 보아야 할 것이다. 조카 롯과 헤어지고 남방인 헤브론으로 옮기고 나서도 제단을 쌓았다. 그는 모리아산에서 아들 이삭을 대신하여 하나님께서 준비하신 숫양으로 번제를 드리기도 했다.

이삭도 브엘세바에서 제단을 쌓았다. 야곱은 세겜에서 딸 디나에 대한 추행 사건이 있은 후, 벧엘에 올라 거기에서 제단을 쌓았으며, 가족들을 데리고 애굽으로 내려가는 도중, 브엘세바에서 하나님께 희생 제사를 드렸다. 모세는 출애굽 이후 시내산에 도착한 후에 산 아래에 제단을 쌓고 번제와 화목제를 드렸는데, 이는 하나님과 이스라엘 백성 간의 언약을 위한 것이었다. 이렇게 레위기가 기록되기 이전에도 믿음의 조상들은 하나님께 제사를 드렸다.

레위기는 하나님께서 가르쳐 주신 방법대로 성막을 완성하고 봉헌한 후에 시내산에 계셨던 하나님께서 성막으로 내려오셔서 모세에게 주신 율법을 기록한 책이다. 앞부분에 제사에 관한 규례들이 기록되어 있는데, 하나님께 드리는 제사의 방법으로 화제, 요제, 거제 및 전제가 있다. 화제는 불에 태워 드리는 제사이고, 요제는 흔들어 드리는 제사이다. 거제는 두 손으로 들어 올리는 제사이며, 전제는 포도주 등을 부어서 드리는 제사이다. 이 중 가장 중요한 제사가 불에 태워 드리는 화제인데, 레위기 1장에서부터 7장까지에는 다섯 가지의 화제에 대하여 그 요령이 기록되어 있다. 성전의 (번)제단은 이 화제를 위하여 준비된 것이다. 화제에는 다섯 가지가 있는데 번제, 소제, 화목제, 속죄제와 속건제가 있다. 화제에서 드려질 희생 제물로는 소, 양, 염소 및 비둘기가 사용되며 어떠한 희생 제물이라도 흠이 없어야 한다.

첫째, 번제는 희생 제물을 전부 불에 태워 그 향기를 하나님께 드리는 제사이다. 제사에 대해 잘 모르는 분들은 제사를 드릴 때 희생 제물을 잡는 일을 제사장이 할 것이라고 생각하는데 그렇지 않다. 다른 제사도 마찬가지인데 제물의 머리 위에 손을 얹고 안수를 하고 나서, 제물을 죽이고 가죽을 벗기는 일이나 각을 뜨는 일은 전부 번제를 드리는 사람이 해야 한다. 제사장은 내장과 정강이를 씻는 일이나 제물을 번제단에 벌여 놓는 일을 한다. 번제는 제물의 전부를 번제단 위에서 불에 태운다는 면에서 다른 제사와 구별된다. 번제는 자신의 전부를 하나님께 드린다는 의미가 있으며 속죄를 포함하고 있다.

둘째, 소제는 곡식으로 드리는 제사이다. 곡식 가루가 희다는 의미에서 소제라 한다. 소제를 드리는 방식으로 고운 가루 한 줌에 유향을 섞어 단 위에서 불사르는 것, 화덕에 무교병과 무교전병을 구워 드리는 것, 철판에 부쳐서 드리는 것, 냄비에 삶아서 드리는 것, 첫 이삭을 볶아서 찧어 드리는 것 다섯 가지가 있다. 이때, 모든 소제물에는 기름과 유향을 섞어야 하고 반드시 소금을 넣어야 하며 누룩과 꿀은 절대 넣어서는 안된다. 태우고 남은 제물은 제사장의 몫이 된다. 또, 소제는 단독 제사가 아닌 번제나 화목제 등 다른 제사와 함께 드리게 되어있다. 소제는 노동의 열매를 주인께 드리는 행위의 성별을 뜻한다. 쉽게 말해 종이 성실히 일해 주인에게 드린다는 것이다. 우리는 하나님, 예수님을 '주님'이라고 하는데 이때 '주'가 바로 하나님을 나의 주인으로 섬긴다는 고백이다.

셋째, 화목제는 제물의 전부를 불태우는 것이 아니라, 콩팥과 내장 주변의 기름 등 일부만을 번제단 위에서 태운다는 면에서 번제와 구별된다. 화목제를 드리는 사람이 희생 제물의 머리 위에 안수하고 제물을 잡으면, 제사장은 그 피를 제단 사방에 뿌리고 콩팥과 내장 주변의 기름을 제단 위에서 태운다. 고기는 제사에 관여한 사람들이 나누어 먹는다. 화목제를 드리는 사람은 기름과 가슴과 오른쪽 뒷다리를 제사장에게 가져다주어야 하는데, 제사장은 기름은 태우고, 가슴은 흔들어 요제로 삼고, 뒷다리는 들어 거제로 삼는다. 가슴과 뒷다리는 제사장 몫이 된다. 주로 감사를 드릴 때나 서원을 할 때 화목제를 드린다.

넷째, 속죄제는 여호와의 계명 중 하나라도 범한 경우, 죄를 사함 받기 위해 드리는 제사이다. 속죄제를 드리는 계층에 따라 제사를 드리는 요령에 차이가 있다. 제사장이 죄를 범한 경우, 이스라엘 온 회중이 부지중에 계명을 범하고 후에 이를 깨달았을 경우, 족장이 그렇게 했을 경우, 평민의 한 사람이 그렇게 했을 경우 등으로 나뉜다. 제물의 피를 성소 휘장에 뿌리기도 하고, 향단이나 제단 뿔에 바르기도 한다. 내장의 기름을 태우는 방식은 화목제와 동일하다. 고기의 처분은 두 종류인데, 피를 성소 휘장에 뿌린 제사의 경우에는 남은 모든 것을 진영 밖 구별된 곳에서 완전히 태우고, 피를 성소 휘장에 뿌리지 않은 제사의 경우에는 관계된 사람들이 남은 것을 나누어 먹는다.

마지막으로 속건제인데, 속죄제가 여호와의 계명을 어긴 죄를 속죄받기 위한 것인데 반해, 속건제는 성물에 대하여 범죄한 경우 또는 타인에게 물질적인 손해를 입힌 경우에 드리는 제사이다. 속건제를 드리기 전에 반드시 물질로 변상을 하고 나서 제사를 드려야 한다. 변상할 때는 오분의 일을 더하여 한다. 제사의 요령은 속죄제와 흡사하다.

모든 제사는 예수 그리스도의 십자가 사역과 깊이 관계되어 있다. 세례 요한은 자기에게 오시는 예수님을 가리켜 "보라 세상 죄를 지고 가는 하나님의 어린 양이로다"라고 외친다. 이 어린 양은 출애굽 바로 전, 애굽에 장자 재앙이 내려질 때, 이스라엘 백성들을 위해 죽은 그 어린 양을 의미한다. 또한, 모리아산에서 하나님께서 준비하셔서 이삭 대신에 번제의 제물로 바쳐진 숫양 역시 예수님을 나타내기도 한다.

이 예수님께서 '여호와 이레'의 의미처럼 '여호와의 산'인 모리아산에서 희생제물로 준비되었던 것이다. 예수 그리스도는 세상 모든 사람의 죄에 대한 속죄를 위하여 예루살렘 모리아산 골고다 언덕에서 십자가에 달려 돌아가셨다. 레위기의 제사에 대한 규례는 예수님의 십자가를 위해 예표되고 예비된 것이다. 예수님께서는 이 일을 위해 이 땅에 오셨고 이 일을 이루신 것이다.

구약에서의 제사가 신약 시대로 넘어오면서 예배로 바뀐다. 예수님께서 십자가상에서 희생 제물이 되셔서, 제사에 대한 율법을 단번에 성취하셨기 때문이다. 제사가 예배로 바뀌는 일에 대해서는 예수님의 말씀에서도 나타난다. 요한복음 4장에는 예수님과 야곱의 우물가에서 만난 사마리아 여인과의 대화 내용이 기록되어 있다. 예수님은 이 여인에게 다음과 같이 말씀하신다.

> 예수께서 이르시되 여자여 내 말을 믿으라 이 산에서도 말고 예루살렘에서도 말고 너희가 아버지께 예배할 때가 이르리라(중략) 아버지께 참되게 예배하는 자들은 영과 진리로 예배할 때가 오나니 곧 이때라 아버지께서는 자기에게 이렇게 예배하는 자들을 찾으시느니라 하나님은 영이시니 예배하는 자가 영과 진리로 예배할지니라 (요 4:21~24)

예수님께서는 하나님께 예배를 드리는 데 있어서 더 이상 장소는 중요하지 않다고 말씀하신다. 예수님께서 희생제물이 되시어 십자가를 지시게 되면 더 이상의 짐승 제사는 필요가 없어지기 때문이다. 예수님께서 승천하신 후에 믿는 자에게 성령을 주실 것이므로 믿는 자들은 예수님의 십자가 능력에 힘입어 영으로 드리는 예배를 하나님께 직접 드릴 수 있게 된다는 말씀이기도 하다. 더 이상 필요가 없어진 예루살렘 성전은 예수님 승천 후 40년만인 A.D. 70년에, 마태복음 24장 2절에 기록된 예수님의 예언의 말씀대로 로마 군대에 의하여 돌 위에 돌 하나도 남지 않고 철저히 파괴된다.

위에서 살펴본 다섯 가지 제사는, 예배와 어떠한 관련이 있을까? 소제와 같이 나의 생사여탈권을 가지고 계신 하나님을 나의 주인으로 모시는 심정으로 예배를 드려야 한다. 죄로 갈라진 하나님과 우리를 예수 그리스도께서 화목제물이 되셔서 하나가 되게 하셨다. 회개를 통하여 죄 사함을 받는 예배가 되어야 하며, 감사함으로 드려지는 예배가 되어야 한다. 무엇보다도 번제와 같이, 자신의 모든 것을 드리는 심정으로 예배를 드려야 하는 것이다.

POINT

우리가 우리의 주님이신 예수 그리스도에 대하여 더 잘 알기 위해서는 신약은 물론,
구약에 대해서도 많은 공부를 해야 한다.
왜냐하면 구약의 많은 사건들이 예수 그리스도를 예표하고 있기 때문이다.

14. 절기와 예수 그리스도

매년 날짜를 정하여 지키는 절기에는 일곱 절기가 있다. 많은 사람이 성경을 읽으면서 이 절기들을 이제는 아무 쓸모가 없는 율법 정도로 생각한다. 하지만 절기를 알면 예수 그리스도의 사역을 더욱더 분명하게 알 수 있다. 예수님은 앞 장에서 설명한 제사와 더불어 절기에 대한 규례를 이루시기 위해 이 땅에 오셨다. 일곱 절기는, 봄절기 넷과 가을 절기로 셋으로 구별된다.

절기를 이해하기 위해서는 이스라엘의 농사에 대해 조금 알아 둘 필요가 있다. 이스라엘의 대표적인 곡식 작물은 보리와 밀이다. 과일에는 무화과, 포도, 감람(올리브), 종려(대추야자)와 석류 등이 있다. 보리는 이스라엘 달력으로 1월 중순부터 추수를 하고 이어서 밀 추수를 한다. 과일 추수는 전부 가을에 이루어지는데, 과일 추수가 끝나면 보리와 밀을 파종한다. 보리의 첫 이삭을 요제로 바치는 절기가 초실절이고,

밀을 추수한 후에 지키는 절기가 맥추절인데, 초실절 이후 50일째 되는 날 지킨다고 하여 오순절이라고도 한다. 이날은 또한 안식일을 일곱 번 지내고 난 다음 날이라 하여 칠칠절이라고도 한다. 그리고 가을에는 과일 추수를 하여 이들을 저장한다는 의미인 수장절을 지킨다. 이날을 광야 생활을 기억한다는 의미의 초막절 또는 장막절이라고 하기도 한다. 각 절기들을 간단히 정리하면 다음과 같다.

봄 절기

1. 유월절 : 1월 14일(한국의 음력 2월 14일)
2. 무교절 : 1월 15일부터 7일 동안
3. 초실절 : 유월절 후 첫 안식일 다음 날
4. 오순절(맥추절, 칠칠절) : 초실절 후 50일째 되는 날

가을 절기

5. 나팔절 : 7월 1일(한국의 음력 8월 1일)
6. 속죄일 : 7월 10일(한국의 음력 8월 10일)
7. 초막절(장막절, 수장절) : 7월 15일(한국의 추석)부터 8일 동안

봄 절기 중에서 가장 빨리 오는 절기가 유월절이다. 출애굽 당시 애굽의 장자 재앙을 피하고자 어린 양을 잡아 인방과 문설주에 양의 피를 바른 날이다. 이 저녁에 이스라엘 사람들은 구운 어린 양과 무교병 그리고 나물을 먹었다. 이날이 1월 14일이며 이스라엘 백성들은 그다음 날부터 애굽의 종살이에서 해방된다. 이스라엘의 하루는 해가 질 때부터 시작되므로, 지금도 이스라엘 사람들은 1월 14일 유월절이 시작되는 저녁에 가족이 함께 유월절 음식을 먹는다.

예수님께서도 1월 14일이 시작되는 저녁에 규례에 따라 마가의 다락방에서 제자

들과 함께 유월절 음식을 드셨다. 아마도 구운 어린 양고기와 무교병 그리고 나물을 드셨을 것이다. 그곳에는 첫 번째 유월절 죽임을 당하여 인방과 문설주에 발라진 어린 양의 피를 의미하고 예수님의 보혈을 나타내는 포도주도 있었다. 이때 성만찬을 제정해 주셨고 그날 밤 겟세마네 동산에서 기도하시고 내려오시다가 잡히셨다. 새벽까지 대제사장, 헤롯, 본디오 빌라도 총독을 거치면서 십자가형을 받고, 로마 병사들에게 고난을 받으시고, 오후에 십자가에 달려 돌아가신다. 하나님께서는 예수님이 십자가에 달리시기 1476년 전인 출애굽 때에, 유월절을 제정하시면서 예수님께서 십자가에 달리실 날을 이미 계시해 놓으셨다.

유월절 다음 날인 1월 15일은 무교절이다. 누룩없는 빵을 먹는 절기로 7일 동안 지킨다. 이스라엘 백성들은 애굽에서 나올 때 급히 길을 나서야 했으므로 누룩 없이 대충 반죽만 해서 가지고 나올 수밖에 없었다. 출애굽 당시 조상들이 먹었던 맛없는 무교병을 기억하며 무교절 기간이 되면 지금도 이스라엘인들은 무교병을 먹는다. 이 기간에는 집 안의 모든 누룩을 제거한다. 유월절에 이어 바로 다음 날부터 무교절이 시작되는 관계로 유월절과 무교절을 동일한 기간처럼 표현하는 경우도 있다. 예수님께서는 무교절이 시작되는 시간에, 아리마대 부자 요셉의 아무도 사용하지 않은 무덤에 장사 되었다. 요셉과 함께 산헤드린 공회원이었던 니고데모도 몰약과 침향 섞은 것을 가지고 와서 장사를 도왔다.(요한복음 19장 38~39절)

첫 이삭 한 단을 요제로 드리는 날이 레위기 23장에 기록된 초실절이다. 처음 익은 곡식(열매)을 드린다는 의미이다. 출애굽 당시 장자의 재앙을 피한 이스라엘의 모든 장자는 하나님의 것이라고 말씀하신다. 첫 열매 또한 하나님의 것이므로 첫 열매를 하나님께 드리는 것이다. 통상 봄에 보리가 밀보다 먼저 익는 관계로 보리의 처음 익은 이삭을 베어 흔들어 드리는 요제로 드린다. 일 년 되고 흠 없는 숫양을 번제로 드리고 소제와 포도주 전제를 겸하여 드린다. 이때부터 보리 추수가 시작된다. 성경에는 이 날짜에 대한 언급이 없지만 전통적으로 유월절 다음 안식일의 그 다음 날이 초실절이 된다. 예수님께서는 유월절 날 십자가에 달리시고 안식일 다음 날 부활하셨다. 바로 초실절 날에 부활하신 것이다. 초실절은 안식일 다음 날이므로 주일이 된다. 사도 바울이 이날의 의미를 정확히 기록하여 두었다.

> 그러나 이제 그리스도께서 죽은 자 가운데서 다시 살아나사 잠자는 자들의 첫 열
> 매가 되셨도다 (고전 15:20)

예수 그리스도의 부활을 첫 열매라고 기록했다. 첫 열매가 드려진 이후에 추수가 진행된다. 예수님께서 첫 열매로 부활을 하셨기에 믿는 자들에게도 부활의 영광이 있을 것이라는 의미이며, 또한 이후부터 믿는 자들에 대한 추수가 진행된다는 의미이기도 하다.

초실절로부터 50일이 지나면 50일이라는 의미의 오순절이 된다. 보리와 밀의 추수를 마치고 드리는 절기라 하여 맥추절이라고도 하고 7일씩 일곱 번을 보낸다고 하여 칠칠절이라고도 한다. 초실절 이후 보리의 추수를 하고, 이어서 밀의 추수를 하는데 50일이 지나면 통상 밀의 추수가 끝나게 된다. 초실절로부터 시작하여 안식일을 일곱 번 지낸 그다음 날이 오순절이 되는데 안식일 다음 날이므로 오순절 날은 지금의 주일이 되며 봄의 추수감사절이 되는 것이다.

예수님께서는 부활하시고 40일 후에 예루살렘 동편 감람산(올리브산)에서 하늘로 올라가셨다. 그리고 제자들은 예수님께서 당부하신 말씀에 따라, 예루살렘을 떠나지 않고 예루살렘에 있는 마가의 다락방에 모여 열심히 기도했다. 열흘이 지나 오순절이 되어 제자들에게 불의 혀처럼 성령이 임하셨다.

> 오순절 날이 이미 이르매 그들이 다같이 한 곳에 모였더니 홀연히 하늘로부터
> 급하고 강한 바람 같은 소리가 있어 그들이 앉은 온 집에 가득하며 마치 불의 혀

처럼 갈라지는 것들이 그들에게 보여 각 사람 위에 하나씩 임하여 있더니 그들

이 다 성령의 충만함을 받고 성령이 말하게 하심을 따라 다른 언어들로 말하기

를 시작하니라 (행 2:1~4)

오순절을 마지막으로 봄 절기가 마무리된다. 이 봄 절기에 맞추어 예수님의 초림 사역이 마무리되었다. 유월절에 맞추어 십자가에 돌아가셨고, 무교절이 시작되는 날에 맞추어 무덤에 장사 되었으며, 초실절에 맞추어 부활하셨다. 그리고 오순절에 맞추어 약속대로 성령을 보내 주셨다. 이처럼 예수님께서는 봄 절기에 대한 율법을 다 이루셨다.

내가 율법이나 선지자를 폐하러 온 줄로 생각하지 말라 폐하러 온 것이 아니요

완전하게 하려 함이라 (마 5:17)

가을 절기로는 나팔절, 속죄일, 그리고 초막절이 있다. 이 세 절기는 모두 7월에 집중되어 있다. 나팔절은 7월 1일, 속죄일은 7월 10일, 그리고 초막절은 7월 15일로부터 7일 동안 지키며, 8일째는 큰 성회로 모인다.

먼저 나팔절에 대해 살펴보도록 하자. 나팔절은 7월 1일이다. 이스라엘은 달을 기준으로 하여 날짜를 정하는 음력을 사용한다. 지금은 달력이 사전에 결정되지만, 예전에는 달이 뜨는 것을 보고 나서 한 달을 시작했다. 파수꾼이 성에 올라 달이 뜨는지 여부를 관찰하여 그믐달이 진 후에 기다렸다가 엷은 초승달이 떠오르면 나팔을 분다. 달이 언제 뜰지, 그날과 그 시는 아무도 모른다. 엷은 초승달이 보이면 파수꾼은 나팔을 불고 이때부터 나팔절과 새해가 시작된다. 나팔은 모두 100번을 분다. 세 종류의 패턴으로 부는데 마지막 나팔은 길게 분다. 이스라엘에서 나팔절은 한 해가 시작되는 날이며 창세 기념일로도 지키는데 아담의 탄생일을 기준으로 했다고 한다.

이스라엘은 이 창세 기념일로부터 연도를 계산한다. 왕들의 대관식은 항상 나팔절에 치러졌는데, 선왕이 죽은 경우에라도 다음 나팔절까지 기다렸다가 후임왕의 대관식을 거행했다고 한다.

7월 10일은 속죄일이다. 속죄일은 대제사장이 일 년에 단 하루 성전의 지성소에 들어갈 수 있는 아주 특별한 날이다. 지성소는 아무도 들어갈 수 없는 곳으로 일반 제사장들은 지성소의 휘장 앞 성소까지만 들어갈 수 있었다. 또한 대제사장이라 하더라도 아무 때나 들어가지 못한다. 들어가면 죽기 때문이다. 오직 이 속죄일 하루, 대제사장이 이스라엘 백성들에 대한 속죄를 위해 들어갔다. 레위기 16장에는 속죄일에 대한 규례가 상세히 기록되었으며 일부를 정리하면 다음과 같다.

대제사장은 옷을 벗고 물로 몸을 씻은 후, 세마포 속옷에 세마포 바지를 입고 세마포 띠를 두르고 세마포 관을 쓴다. 이를 거룩한 옷이라 한다. 그리고 나서 대제사장은 먼저 자기와 자기의 가족, 그리고 지성소와 회막을 위해 수송아지로 속죄제를 드린다. 이스라엘 회중에 대한 속죄를 위해서는 염소 두 마리가 준비된다. 이 두 마리의 염소는 흠이 없는 것 중에서 골라, 어느 염소를 제물로 바치더라도 문제가 없어야 한다. 이를 제비 뽑아 한 마리는 여호와께 드리고, 다른 한 마리는 아사셀을 위한 염소가 된다. 여호와께 드리는 염소는 이스라엘 회중을 위한 속죄제물이 되며 그 피를 지성소 안에 있는 언약궤 위의 속죄소 동편에 일곱 번, 속죄소 앞에 일곱 번 뿌린다.

아사셀을 위한 염소는 돌아올 수 없는 광야로 보낸다. 아사셀은 도대체 무엇(누구)이며, 왜 염소를 광야로 보내는가? 이에 대해서는 여러 가지 설이 있다. 개인적으로 많은 설들을 신중히 검토해본 결과 아사셀은 바로 광야에 거하는 참소하는 사탄이 아닐까 하는 결론에 이르게 되었다. 백성들의 죄를 사해 주시는 하나님의 사랑에 대하여 늘 죄를 사해 주어서는 안 된다고 참소하는 그 사탄에게, 속죄 제물과 동일한 흠이 없는 염소를 보냄으로써 백성들에 대한 속죄에 하자가 없음을 보여 주기 위한 제물이 아사셀 염소가 아닌가 한다.

예수님께서는 공생애를 시작하시면서 광야에서 40일간 금식을 하시며 사탄의 시험을 받으신다. 사탄은 인류의 죄를 속죄하기 위한 제물로 드려질 예수님이 그 제물로써 하자가 없는지를 면밀히 점검한 것으로 여겨진다. 참고로, 우리 성경에 예수님께서 사탄에게 시험을 받으신 것으로 표현된 '시험'의 헬라어는 '페이라조'로, '진지하게 검증한다'는 의미를 내포한다고 한다.

성경에는 기록이 없지만 전승에 따르면, 아사셀 염소를 광야로 보낼 때는 염소의 뿔에 붉은 리본을 맨다고 한다. 예수님 당시에는 이 아사셀 염소를 예루살렘 동쪽 유다광야에 있는 '몬타르산'으로 끌고가서 낭떠러지에 떨어뜨려 죽게 했다고 한다. 염소를 떨어뜨릴 때 붉은 리본 줄을 끊고나서 떨어뜨리는데, 끊어진 붉은 리본이 흰색으로 변하면 백성들의 죄가 사해진 것으로 여겼다고 한다. 그런데 A.D. 60년대에 활동한 유대인 랍비 요하난 벤 자카이의 기록에 의하면, 십자가 사건 이후로는 아무리 염소의 뿔에 붉은 리본을 묶어 광야에서 아사셀 염소를 떨어뜨려 죽여도 붉은 리본의 색이 변하지 않았다고 한다.

지금도 이스라엘 사람들은 7월 1일 나팔절이 지나면, 7월 10일 속죄일까지 다른 사람들에게 자기가 잘못한 것에 대한 용서를 빈다고 한다. 직접 만나서 용서를 빌기도 하고, 전화 등으로 용서를 빌기도 한다. 일 년 중 전화요금이 가장 많이 나오는 때가 바로 이때이다. 그리고 속죄일에는 금식을 하는데, 이는 레위기 16장 31절에 기록된 '스스로 괴롭게 하라'는 하나님의 명령을 '금식'으로 해석하기 때문이다.

속죄일을 지내며 속죄가 이루어지면 이스라엘 백성들은 초막절을 준비한다. 초막절은 7월 15일부터 8일 동안 이어진다. 7월 15일은 한국의 음력 8월 15일이다. 바로 우리의 추석과 이스라엘의 초막절이 같은 날인 것이다. 초막절은 장막절 또는 수장절이라고도 한다. 초막절은 이 기간 동안 집이 아닌 야외에 초막을 짓고 절기를 지킨다고 하여 이름이 지어졌고, 장막절은 출애굽 이후 광야에서 40년간 집 없이 장막에서 지낸 것을 잊지 말고 기억하라는 의미에서 그런 이름이 붙었다. 수장절은 추수하여 저장한다는 의미로 사용된다. 맥추절은 봄에 보리와 밀의 추수를 마치고, 수장절은 가을에 포도, 무화과, 감람(올리브) 및 종려(대추야자)의 추수를 끝내고 나서 지키는 절기이다. 이스라엘의 추수감사절이라 할 수 있으며 우리나라의 추석과 날짜와 의미가 동일하다 하겠다.

이스라엘의 남자들은 일 년에 세 번 성소로 나아와야 했다. 유월절(무교절), 오순절, 그리고 초막절 세 절기이다. 예루살렘 성전이 완성된 이후에는 예루살렘에 모였는데 갈릴리에서 활동하시던 예수님께서도 이 절기들이 되면 예루살렘으로 올라가시곤 하셨다. 예수님께서는 초림 때에 봄 절기를 성취하셨다.

POINT

예수님의 사역은 적당한 때에 적당한 장소에서 임의로 진행된 것이 아니다.
구약의 예표와 예언에 따라 정확한 때와 정확한 장소에서
한 치의 오차나 실수 없이 이루어진 것임을 알아야 한다.

15. 안식년과 희년, 그리고 예수 그리스도

레위기 25장에는 안식년과 희년에 대한 규례가 기록되어 있다. 일곱 번째 날을 안식일로 지키는 것과 같이 일곱 번째 해를 안식년으로 지켜야 한다는 뜻이다. 안식일이 사람을 위한 날이라면 안식년은 땅을 위한 해로, 6년은 땅을 기경하고 7년째에는 휴경을 하는 것이다. 물론 그 기간 중 경작하지 않아도 수확이 되는 소출에 대해서는 먹을 수 있었다. 이스라엘 백성들이 광야 생활을 하는 동안 안식일 전날이면 이틀 치의 만나를 내려주셨던 하나님이시기에 안식년에 땅을 경작하지 않아도 소출에 부족함이 없게 하셨을 것이다. 그러나 일 년 동안 땅을 쉬게 하는 데에는 나름 큰 믿음이 필요하다.

그런데 이스라엘 사람들이 이 안식년 규례를 잘 지키지 않았다는 기록이 있다. 제사장 겸 학사인 에스라가 기록한 역대하 36장의 내용을 보면, 유다 백성들이 하나님께 범죄함으로 말미암아 바벨론 포로 생활을 하는 70년 동안 토지는 오히려 안식년을 누렸다고 한다.

> 이에 토지가 황폐하여 땅이 안식년을 누림 같이 안식하여 칠십 년을 지냈으니 여호와께서 예레미야의 입으로 하신 말씀이 이루어졌더라 (대하 36:21)

　하나님께서는 하나님의 말씀에 불순종하여 안식년을 지키지 않는 유다 백성들을 먼 이방 바벨론 땅으로 보내 버리시고 그동안 안식을 누리지 못하던 땅을 황무지로 만들어 안식을 누리게 하셨음을 알 수 있다. 이스라엘 백성들은 안식년을 70번씩이나 지키지 않은 것으로 여겨진다. 7년에 한 번 돌아오는 안식년이므로 490년 동안 안식년을 지키지 않았다고 볼 수 있다. 이 7 곱하기 70이라는 공식은 다니엘서 9장의 '70 이레(주, weeks) 예언' 으로 이어지기도 한다. 또, 일곱 번씩 일흔 번이라도 용서하라는 예수님의 말씀에도 등장한다.

　다니엘은 소년의 때인 B.C. 605년에 포로가 되어 바벨론으로 끌려왔다. 66년이 지난 B.C. 539년에 메대와 바사 연합군에 의해 바벨론이 망하고, 메대 사람 다리오가 바벨론의 분봉왕이 되었다. 이해에 다니엘은 처음으로 예레미야의 기록을 접하게 된다. 예레미야서를 읽어 내려가던 다니엘은 깜짝 놀란다. 바벨론의 억압이 70년 만에 끝난다고 하는 대목을 읽은 것이다.

> 이 모든 땅이 폐허가 되어 놀랄 일이 될 것이며 이 민족들은 칠십 년 동안 바벨론의 왕을 섬기리라 (렘 25:11)

> 여호와께서 이와 같이 말씀하시니라 바벨론에서 칠십 년이 차면 내가 너희를 돌보고 나의 선한 말을 너희에게 성취하여 너희를 이 곳으로 돌아오게 하리라 (렘 29:10)

다니엘이 포로가 되어 고향을 떠난 지 벌써 66년이 지났고 다니엘도 이제 노인이 되었다. 다니엘은 금식을 하며 이스라엘을 위한 중보기도를 한다. 이때 가브리엘 천사가 와서 가르쳐준 예언의 말씀이 바로 '70 이레 예언'이다. 이 예언에는 메시아 강림의 때에 대한 예언이 포함되어 있다. 결국 안식년 규례는 메시아 강림의 때와 깊은 연관이 있다고 볼 수 있다. 보다 상세한 내용은 30장을 참고 바란다.

7년에 한 번 오는 안식년이 일곱 번 지나면 그다음 해는 희년이 된다. 안식년을 일곱 번 지내고 나면 49년이 되므로 희년은 50년에 한 번 돌아온다. 희년은 50년째 해의 속죄일인 7월 10일부터 시작되는데 희년 역시 안식년과 마찬가지로 경작을 해서는 안되니 토지는 두 해 동안 쉬게 되는 것이다. 하나님께서는 경작하지 못하는 두 해를 위해 삼 년 분의 소출을 주시겠다고 약속하신다. 이 희년을 지키기 위해서는 아주 큰 믿음이 필요했을 것이다. 하지만 안식년을 제대로 지키지 못했던 이스라엘 백성들이 어떻게 희년을 지킬 수 있었겠는가?

여호수아가 가나안 땅을 정복하면서 각 지파에게 땅이 분배되었다. 그 땅은 지파 내의 각 집안으로 분배되었으며, 또 각 가정으로 분배되었다. 땅은 하나님의 것이므로 팔 수가 없었다. 하지만 여러 가지 사정으로 인해 가난해진 집은 먹고 살기 위해 땅을 팔 수밖에 없는 상황에 부딪히기도 하고, 심지어는 자식을 종으로 팔아야 하는 상황이 발생하기도 한다. 땅을 팔거나 자식을 종으로 판 경우, 희년이 되면 모든 것이 원래대로 회복된다. 땅도 돌아오고 종이 되었던 자식도 돌아온다. 그래서, 희년은 기쁨의 해가 되고 은혜의 해가 되는 것이다.

> 너희는 오십 년째 해를 거룩하게 하여 그 땅에 있는 모든 주민을 위하여 자유를
> 공포하라 이 해는 너희에게 희년이니 너희는 각각 자기의 소유지로 돌아가며 각
> 각 자기의 가족에게로 돌아갈지며 (레 25:10)

희년 규례에는 기업을 무르는 규례가 포함되어 있다. 형제나 친족이 땅을 팔 경우, 그 형제나 친족은 형편이 되면 팔렸던 땅을 다시 사서 그 땅을 판 형제나 친족에게 돌려주어야 한다. 이것을 소위 '기업 무르기'라고 한다. 이 기업 무르기에 대한 여러 가지의 경우가 레위기 25장에 기록되어 있다. 희년이 될 때까지 '기업 무르기'가 이루어지지 않은 경우라 하더라도, 희년이 되면 팔렸던 땅과 자녀는 원래 상태로 회복된다.

이 기업 무르기가 실행된 예가 룻기에 기록되어 있다. 친족 나오미의 집안에 대한 기업 무르기를 해 준 사람이 바로 룻과 혼인을 하게 되는 보아스이다. 룻기에서는 보아스를 '베들레헴의 유력한 자'라고 기록하고 있다. 보아스는 바로 여리고성의 기생이었던 라합의 아들이다. 그리고 그의 아버지는 여리고성에 파견되었던 정탐꾼 중 한 명인 살몬이다. 살몬의 아버지는 시내산에서 출발할 당시 유다 지파를 포함한 세 지파의 지휘관이었던 나손이라는 사람이다. 이러한 내용을 민수기와 마태복음 1장의 예수님의 족보에서 확인할 수 있다.

> 동방 해 돋는 쪽에 진 칠 자는 그 진영별로 유다의 진영의 군기에 속한 자라 유다 자손의 지휘관은 암미나답의 아들 나손이요 (민 2:3)

> 람은 아미나답을 낳고 아미나답은 나손을 낳고 나손은 살몬을 낳고 살몬은 라합에게서 보아스를 낳고 보아스는 룻에게서 오벳을 낳고 오벳은 이새를 낳고 (마 1:4~5)

그러므로 보아스는 유다 지파에서도 아주 명망있는 가문 출신인 셈이다. 보아스는 나오미의 남편인 엘리멜렉의 친족이었다. 고향을 떠나 이방 땅 모압에서 철저히 망하여 돌아온 나오미 집안을, 보아스가 이 희년 규례인 기업 무르기를 통하여 완벽하게 회복시켜 준다. 보아스가 곧 나오미 집안의 '기업 무르는 자'가 된 것이다. '기업 무르는 자'는 '원상으로 회복시켜 놓는 사람'이라는 의미가 있으며 영어로는 'Redeemer'

라고 한다. 이 'Redeemer'의 의미에는 구속자라는 뜻이 포함되어 있다. 노예로 팔린 사람을 위해 돈을 지불하고 그 사람에게 자유를 주고 원래 상태로 회복시킨다는 의미가 구속이기도 하다. 우리는 예수 그리스도가 바로 이 'Redeemer'라는 것을 알고 있다. 아무런 소망이 없던 나오미 집안을 회복시켜 준 보아스는 그들에게 바로 'Redeemer'였으며, 또한 예수 그리스도의 예표인 것이다.

예수님께서 공생애를 시작하실 때에 늘 하시던 대로 나사렛의 회당에 들어가 말씀을 읽으셨다. 이사야서 61장에 기록된 말씀이다.

> 주의 성령이 내게 임하셨으니 이는 가난한 자에게 복음을 전하게 하시려고 내게
> 기름을 부으시고 나를 보내사 포로 된 자에게 자유를, 눈 먼 자에게 다시 보게 함
> 을 전파하며 눌린 자를 자유롭게 하고 주의 은혜의 해를 전파하게 하려 하심이
> 라 하였더라 (눅 4:18~19)

이 말씀을 통해 예수님께서는 이 땅에 오신 사명이 무엇인지를 명확하게 선포하신다. 죄의 포로가 된 사람들, 죄에 눌린 사람들을 십자가 대속으로 자유롭게 하시려고, 또 선악과 사건으로 말미암아 잃어버렸던 그 에덴을 회복하시려고 이 세상에 오신 것이다. 주님이 베푸신 은혜의 해 즉, 희년을 선포하기 위해 오신 것이다. 희년의 규례는 바로 하나님께서 예수 그리스도의 구속 사역과 에덴의 회복을 예표하시기 위하여 정하여 주신 것임을 알 수 있다.

POINT

일반 성도들이 성경을 읽으면서 가장 어려워하는 부분이 레위기라고 한다. 하지만, 예수님의 사역을 제대로 이해하기 위해서는 반드시 레위기에 기록된 내용의 의미를 잘 공부해 두어야 한다.

16. 기생 라합과 예수 그리스도

출애굽을 한 지 40년째 되는 해의 11월, 모세는 모압 평지에서 백성들을 향해 출애굽 여정을 회상하며, 하나님의 율법에 대해 재차 설명했다. 아울러 가나안 땅에 들어가거든 하나님의 말씀에 전적으로 순종하는 삶을 살아가기를 신신당부한다. 이 내용을 기록한 책이 신명기이다. 모압 평지는 요단강의 동편에 있으며, 요단강 건너편 서쪽은 가나안 땅으로 강 건너 바로 맞은편에는 여리고성이 있었다. 이 모압평지는 원래 모압 땅에 속해 있었으나 아모리 족속의 시혼왕이 이를 빼앗았다. 모세가 시혼왕을 죽이고 나서 이 땅은 이스라엘의 차지가 되었다. 이 모압 평지는 현재 요르단에 속해 있다.

모세는 죽기 전에 여호수아에게 안수하여 그를 후계자로 삼았다. 안수를 받은 여호수아에게는 지혜의 영이 임했다. 요단강을 건너 가나안 땅을 정복하는 임무가 여호수아에게 주어졌다.

모세가 눈의 아들 여호수아에게 안수하였으므로 그에게 지혜의
영이 충만하니 이스라엘 자손이 여호와께서 모세에게 명령하신
대로 여호수아의 말을 순종하였더라 (신 34:9)

여리고의 위치

요단강을 서쪽으로 건너면 가나안 땅이 되며 가장 먼저 정복해야 하는 성이 바로 여리고성이다. 요단강 서편, 사해 북쪽에 자리한 여리고성은 온천도 있고 물도 풍부한 곳이다. 비가 적게 오는 지역이었으나 유대 산지 아래쪽 평지에 있었기에, 산지로 스며든 빗물이 여리고 근방에서는 샘이 되어 솟아나오기도 하고, 시냇물이 흘러들어오기도 했다. 교통의 중심지로 많은 사람이 들고나는 요충지이기도 했다.

요단강을 건너기에 앞서, 여호수아는 정탐꾼 두 사람을 여리고성에 들여 보낸다. 이 두 사람 중 한 사람이 유다 지파의 살몬이라는 사람이다. 아마 다른 한 명은 에브라임 지파에서 선발되었을 것으로 추정된다. 39년 전 가데스 바네아에서 가나안 땅을 정탐했을 때, 여호수아와 갈렙을 제외한 열 명의 보고로 백성들이 낙담한 사건이 있었다. 당시 20세 이상의 백성 중 여호수아와 갈

렙을 제외한 사람들은 광야 생활을 하는 가운데 모두 죽었다. 여호수아는 에브라임 지파, 갈렙은 유다 지파 출신이다. 따라서, 정탐꾼 두 사람을 에브라임 지파에서 한 사람, 유다 지파에서 한 사람으로 선발하지 않았을까 하는 생각이 드는 것이다. 유다 지파에서 선발된 사람이 살몬이다.

성벽을 이중으로 쌓아 거의 난공불락에 가까운 여리고성에 들어간 두 명의 정탐꾼은 성벽 위에 위치한 기생 라합의 집에 유숙하게 되는데, 라합은 군사들에게 엉뚱한 정보를 제공하여 정탐꾼을 살려준다. 어찌하여 기생 라합은 정탐꾼들을 살려 줄 생각을 했을까? 라합은 혈통적으로도 이스라엘과는 아무런 관계도 없으며, 정탐꾼을 살려 준다는 것은 자기가 속해 있는 여리고성에 대해서는 반역적인 행동이 아닐 수가 없다. 그 이유를 여호수아서 2장에 기록된 라합의 말에서 어느 정도 엿볼 수 있다.

> (라합이) 말하되 여호와께서 이 땅을 너희에게 주신 줄을 내가 아노라 우리가 너희를 심히 두려워하고 이 땅 주민들이 다 너희 앞에서 간담이 녹나니 이는 너희가 애굽에서 나올 때에 여호와께서 너희 앞에서 홍해 물을 마르게 하신 일과 너희가 요단 저쪽에 있는 아모리 사람의 두 왕 시혼과 옥에게 행한 일 곧 그들을 전멸시킨 일을 우리가 들었음이니라 (수 2:9~10)

여리고성에는 많은 사람이 드나들었다. 여리고성의 주민들은 40년 전 이스라엘 백성들이 출애굽을 할 때 여호와께서 홍해를 가르신 일에 대해 알고 있었다. 그리고 얼마 전에 요단 동편에서 벌어졌던 이스라엘과 아모리 왕 시혼과의 전투, 그리고 바산 왕 옥과의 전투에 대한 내용도 알고 있었다. 이스라엘은 장정만 60만 명이나 된다. 그 당시로는 어마어마한 군대가 아닐 수 없다. 거기에다 그들 뒤에는 홍해를 가르시고 강력한 애굽의 군대를 모두 수장시키신 여호와가 계신다. 고고학자들은 그 당시 여리고의 인구를 약 3,000명 정도로 추정한다. 아무리 여리고성이 난공불락의 성이고 식량 등 만반의 준비를 해놓았다고 해도 성의 주민들은 공포에 떨 수밖에 없었을 것이다.

믿음은 들음에서 난다고 했다. 여호와 하나님에 대한 여러 가지 소문을 들은 라합에게 여호와에 대한 믿음이 자리하게 되고 여호와를 경외하는 마음이 생겼을 것으로 생각된다. 요단강 건너편에 진을 친 이스라엘 백성이 요단강을 건너면, 여리고성이 첫 번째 공격 목표가 될 것이라는 것은 불을 보듯 뻔한 일이었다. 어쩌면 그녀는 자기 가족들을 살려 달라고 하나님께 기도했는지도 모르겠다. 그런데 어느 날 갑자기 이스라엘의 정탐꾼 두 명이 유숙하기 위해 자기 집에 들어온 것이다. 정탐꾼들이 기생 라합의 집에 들어간 일이 결코 우연이 아닐 것이라는 생각이 든다.

결국, 여리고성은 무너졌고 철저히 도륙당했다. 하지만 기생 라합의 집안 사람들은 구원의 붉은 줄을 보고 들어온 정탐꾼들에 의해 보호되었다. 그녀의 가족들은 이스라엘 중에 거주하게 된다. 정탐꾼 두 명 중 한 사람인 살몬이 그녀와 결혼을 했다. 그녀가 낳은 아들이 룻기에 등장하는 베들레헴의 유력자 보아스이다. 마태복음 1장에 기록된 예수 그리스도의 족보를 보면 쉽게 알 수 있다.

> 살몬은 라합에게서 보아스를 낳고 보아스는 룻에게서 오벳을 낳고 오벳은 이새를 낳고 (마 1:5)

살몬은 야곱의 넷째 아들 유다의 6대손이다. 유다에게는 모두 다섯 명의 아들이 있었다. 세 명은 유다가 방황하던 시절 가나안 여인을 통하여 낳았는데 하나님 보시기에 악했던 장남과 차남은 하나님께서 죽이셨다. 베레스와 세라 둘은 며느리 다말을 통하여 낳았다. 앞의 8장에서 언급했듯이, 다말은 두 아들을 믿음으로 잘 양육한 것으로 여겨진다. 유다의 족보는 베레스, 헤스론, 람, 아미나답, 나손, 살몬, 보아스, 오벳, 이새, 그리고 다윗으로 이어지는 다윗의 족보는 예수 그리스도로 이어진다.

앞 장에 이어 이야기가 반복되기는 하지만 정탐꾼 살몬의 아버지 나손은 출애굽 당시 유다 지파의 리더였다. 출애굽 이후 약 1년이 지난 시점에서 이스라엘 백성들은 시내 광야를 떠날 준비를 한다. 각 지파별로 인구 조사를 하고 진영을 편성한다. 가운데에는 성막이 있고, 그 바로 주변에는 레위 지파가 성막을 둘러 장막을 친다. 그리고 그 바깥에 성막을 중심으로 동서남북 네 방향으로 각각 세 지파씩 진을 친다. 각 지파별 리더가 있으며 세 지파를 총괄하는 리더 지파가 결정되었다. 동쪽에는 유다 지파, 서쪽에는 에브라임 지파, 남쪽에는 르우벤 지파, 그리고 북쪽에는 단 지파가 리더 지파가 된다.

> 동방 해 돋는 쪽에 진 칠 자는 그 진영별로 유다의 진영의 군기에 속한 자라 유다
> 자손의 지휘관은 암미나답의 아들 나손이요 (민 2:3)

동쪽에 진을 치는 지파는 유다 지파 그리고 잇사갈 지파와 스불론 지파이다. 이 세 지파를 총괄하는 리더가 나손인데, 라합의 시아버지가 된다. 참고로, 이 나손은 아론의 처남이기도 하고, 아론에 이어 대제사장이 되는 엘르아살의 외삼촌이기도 하다.

> 아론은 암미나답의 딸 나손의 누이 엘리세바를 아내로 맞이하였고 그는 나답과
> 아비후와 엘르아살과 이다말을 낳았으며 (출 6:23)

즉, 나손의 아들 살몬은 가나안 정복 당시의 대제사장 엘르아살과 고종사촌 관계가 되는 것이다. 믿음의 여인 라합이 유다 지파의 지휘관 집안의 정탐꾼 살몬과 결혼을 하여 보아스를 낳게 되고, 다윗과 예수 그리스도의 조상이 된다.

POINT

마태복음 1장에는 아브라함부터 예수 그리스도까지 이르는 족보가 기록되어 있다.

많은 성도가 그냥 무덤덤하게 대충 읽고 넘어가지만

이 족보에 대하여 좀 더 관심을 가지고 면밀히 살펴보면

구약성경이 이 족보의 흐름에 따라 기록되었음을 알게 된다.

17. 세겜, 에발산과 그리심산

성경을 여러 번 읽은 분 중에서도 '세겜'이라는 지명을 잘 기억하지 못하는 분들이 적지 않음을 본다. 성경을 전체적으로 이해하기 위해서는 세겜을 기억해 둘 필요가 있다. 많은 중요한 일들이 세겜을 중심으로 일어났기 때문이다. 성경에 처음 나오는 곳은 창세기 12장이다. 75세 때에 하나님의 말씀을 따라 하란을 떠나 가나안으로 들어온 아브람이 처음 도착한 곳이 바로 세겜이다. 그는 여기에서 하나님과 언약을 맺고 제단을 쌓았다.

> 아브람이 그 땅을 지나 세겜 땅 모레 상수리나무에 이르니 그 때에 가나안 사람
> 이 그 땅에 거주하였더라 여호와께서 아브람에게 나타나 이르시되 내가 이 땅을
> 네 자손에게 주리라 하신지라 자기에게 나타나신 여호와께 그가 그 곳에서 제단

아브람은 점점 더 남방으로 내려가 헤브론과 브엘세바를 중심으로 살게 된다. 이삭을 모리아산에 바칠 때에는 최남단 브엘세바에서 살았고, 사라가 죽게 되자 헤브론에 위치한 막벨라 굴에 장사 지낸다.

이삭의 둘째 아들 야곱이 형 에서를 피해 외삼촌 라반의 집에서 20년 동안 지낸 후에 고향으로 돌아가던 도중, 하나님의 도우심으로 외삼촌 라반, 그리고 형 에서와의 극적인 화해를 하고 나서 잠시 숙곳에서 머물다가 도착한 곳이 세겜 성읍이었다. 야곱의 가족은 수년 동안 이 세겜에 거주했다. 이때 세겜 성읍의 추장이 세겜이었다. 야곱은 성읍 앞에 장막을 쳤고, 장막 쳤던 밭을 세겜의 아버지 하몰의 아들들에게서 산다. 가격은 백 크시타라고 하는데, 지금의 그 가치를 알기는 쉽지 않다.

세겜 땅은 예루살렘으로부터 북쪽으로 약 67km 정도 떨어진 곳에 있다. 북쪽에는 에발산이 있고 남쪽에는 그리심산이 있다. 비교적 물도 풍부하여 농사도 가능하고 목초지도 좋다. 원래 야곱은 형 에서로부터 도망칠 때 하나님과 약속한 대로 조금 더 남쪽에 있는 벧엘로 돌아갔어야 했다. 벧엘은 야곱이 돌베개를 베고 잤던 곳이다. 그런데 벧엘로 가는 도중에 세겜에서 땅까지 사고 주저앉아 버렸다. 우물도 팠던 것 같다. 20년 동안의 피곤한 삶, 그리고 외삼촌과 형으로부터 오는 정신적인 압박감에서 해방된 야곱은 좀 편안한 마음으로 세겜에 주저앉고 싶었는지도 모르겠다. 그러나, 이곳에서 불행한 사건이 발생한다. 외동딸 디나가 세겜의 추장인 세겜에게 강간을 당한 것이다.

이에 대한 복수로 세겜 사람들로 하여금 거짓으로 할례를 받게 하고, 세겜 성읍에 있는 사람들을 몰살하는 엄청난 사건이 일어나게 된다. 이 일에는 둘째 아들 시므온과 셋째 아들 레위가 앞장서고 나머지 형제들은 세겜 성읍을 약탈하는데 가담한다. 자식들의 이러한 모습을 본 야곱은 망연자실했다. 주변에 있던 가나안 사람들이 몰려올 것은 불을 보듯 뻔했다. 야곱은 극도의 공포감에 사로잡혀 하나님께 기도하는데 이때, 하나님께서 야곱에게 벧엘로 올라오라고 말씀하신다. 하나님께서는 주변 가나안 사람들에게 공포감을 심어주어 야곱을 공격하지 못하게 하신다. 야곱은 이전 하나님께 서원한 것을 잊어버리고 편안한 생활을 하다가 혹독한 시련을 겪게 된 것이다. 야곱과 가족들은 하나님의 말씀에 따라 벧엘로 올라가서 하나님께 제단을 쌓는다.

야곱이 헤브론에 살 때, 아들들은 세겜에서 양을 친다. 예루살렘의 남쪽에 있는 헤브론에서 세겜까지는 아주 먼 길이다. 그런데 야곱의 아들들은 세겜까지 가서 양을 친다. 아마도 이곳에는 좋은 목초지가 있었고 이전에 야곱이 사 놓은 땅도 있고 우물도 있었기 때문으로 생각된다. 세겜에서 양을 치던 야곱의 아들들은 세겜 북쪽으로 이동하여 도단이라는 곳에 이르렀

모압평지에서 세겜까지의 경로

다. 그런데 아버지 야곱의 심부름으로 이곳까지 찾아온 요셉을 보자, 요셉의 형들은 요셉을 죽이려 했다. 유다의 제안으로 요셉은 목숨을 잃지는 않았지만 애굽으로 팔려 간다.

모압 평지에서 모세는 이스라엘 백성에게 신명기에 기록된 말씀을 남겼다. 신명기 27장과 28장에는 모세의 특별한 지시가 기록되어 있다. 요단강을 건너 가나안 땅에 들어가거든 세겜 북쪽

그리심산과 에발산
(출처 : 블로그, 이스라엘 이야기 이수정)

에 있는 에발산에 큰 돌을 세우고 석회를 바르고 그 위에 율법을 전부 기록하라는 것이다. 또, 그곳 에발산에 다듬지 않은 돌로 제단을 쌓고 하나님께 번제와 화목제를 드리라고 명령한다. 또한, 유다 지파를 비롯한 여섯 지파는 남쪽에 있는 그리심산에 서고, 르우벤 지파를 비롯한 여섯 지파는 북쪽에 있는 에발산 기슭에 서서, 그 가운데선 레위 지파 사람이 축복을 선포하면 그리심산에 선 지파들이 '아멘'하고, 저주를 선포하면 에발산에 선 지파들이 '아멘'하라고 지시를 한다. 여기에는 장정만이 아니라, 어린이와 여자 그리고 거류민까지도 포함된다.

여호수아는 요단강을 건넌 후, 가장 먼저 여리고성을 점령했고, 이어서 아이성을 점령했다. 그리고는 곧바로 모든 백성들을 세겜으로 불러 모았다. 아마 길갈에 있던 백성들뿐만이 아니라, 요단 동편에 있던 백성들도 모두 모였을 것으로 생각된다. 여리고성과 아이성은 요단강을 건넌 곳에서 세겜으로 가는 길목에 있던 성읍이었다. 여호수아는 모세가 신명기에서 명령한 대로, 에발산에 돌을 세워 율법을 기록하고, 에발산 중턱에 다듬지 않은 돌로 제단을 쌓아 하나님께 번제와 화목제를 드렸다. 이 여호수아의 돌 제단은 지금도 그 자리에 있다.

Adam Zertal 에 의해 발견된 에발산의 여호수아 제단(1982)
(출처 : By Jennifer Wallace, Smithsonian Magazine May 2006)

그리고 모세가 명한 대로, 각각 여섯 지파씩 그리심산과 에발산에 세워 축복과 저주를 선포했다. 한쪽 산기슭에 약 백만 명 이상씩 서서 축복과 저주를 선포했으니, 생각만 해도 장관이었을 것이다. 이 기록이 여호수아서 8장에 기록되어 있다.

> 온 이스라엘과 그 장로들과 관리들과 재판장들과 본토인뿐 아니라 이방인까지
> 여호와의 언약궤를 맨 레위 사람 제사장들 앞에서 궤의 좌우에 서되 절반은 그리
> 심산 앞에, 절반은 에발산 앞에 섰으니 이는 전에 여호와의 종 모세가 이스라엘
> 백성에게 축복하라고 명령한 대로 함이라 (수 8:33)

이후, 가나안 땅을 각 지파에 분배할 당시, 야곱이 사 두었고 죽기 전에 요셉에게 상속한 땅이 있던 세겜 지역은 요셉의 에브라임 지파에게 분배되었다.

다윗왕의 뒤를 이은 솔로몬이 죽게 되자, 그의 아들 르호보암이 세겜으로 내려갔다. 이스라엘의 모든 백성으로부터 왕으로 추대받기 위해서였다. 그런데 왜 모든 백성들이 도읍인 예루살렘에 모이지 않고 세겜에 모인 것일까? 아마도 중요한 국사를

결정하기 위해 모든 백성이 모이는 경우, 장자 지파의 명분을 가지고 있는 에브라임 지파의 성읍인 세겜에서 모이는 전통이 있지 않았나 하는 생각이 든다.

> 유다는 형제보다 뛰어나고 주권자가 유다에게서 났으나 장자의 명분은 요셉에게 있느니라 (대상 5:2)

> 르호보암이 세겜으로 갔으니 이는 온 이스라엘이 그를 왕으로 삼고자 하여 세겜에 이르렀음이더라 (왕상 12:1)

여기에서 르호보암은 이스라엘의 왕으로 추대되지 못한다. 르호보암이 속해 있는 유다 지파와 베냐민 지파를 제외한 열 지파는 르호보암이 아닌, 이전에 솔로몬왕에게 반역을 한 바 있는 여로보암을 왕으로 세운다. 이 여로보암은 에브라임 지파 출신이다. 결국, 유다 지파와 에브라임 지파 간의 파워게임이 대외적으로 드러나게 되었다. 이때부터 이스라엘은 남과 북으로 나뉘게 된다. 예루살렘을 수도로 하는 (남)유다 왕국과 세겜을 수도로 하는 (북)이스라엘이 새롭게 탄생했다. 북이스라엘의 수도는 처음 세겜에서 시작하여 디르사로 옮겼다가, 최종적으로는 아합왕의 아버지인 오므리에 의해 사마리아로 옮겨진다.

이 세겜이 요한복음에 등장한다. 예수님은 일부러 유대인들이 다니지 않는 사마리아 땅으로 가셔서 수가라 하는 동네로 들어가신다. 이곳은 이전에 세겜이라고 불렸던 땅이며 지금의 지명은 나블루스이다.

> 사마리아에 있는 수가라 하는 동네에 이르시니 야곱이 그 아들 요셉에게 준 땅이 가깝고 거기 또 야곱의 우물이 있더라 예수께서 길 가시다가 피곤하여 우물 곁에 그대로 앉으시니 때가 여섯 시쯤 되었더라 (요 4:5~6)

이곳에서 예수님은 물을 길으러 온 여인과 만나 생수와 예배, 그리고 메시아(그리스도)에 대한 대화를 나누신다. 예수님이 메시아라는 것을 깨달은 이 여인은 물동이를 버려두고 그리스도가 오셨다고 동네 사람들에게 알렸고 동네 사람들이 나와 예수님을 영접했다. 이 사마리아 여인과의 대화 내용이 요한복음 4장에 기록되어 있다.

예수님께서 여인과 만났던 이 우물은 지금도 그 자리에 있다. 또한 야곱이 요셉에게 준 땅에 애굽에서 가지고 나온 요셉의 뼈를 장사한 무덤도 그대로 있다. 북쪽 에발산에는 다듬지 않은 돌로 쌓은 여호수아의 제단이 있고 남쪽 그리심산에는 사마리아 사람들이 하나님께 제사를 드렸던 성전의 터가 남아 있다.

POINT

성경을 많이 읽은 성도라 하더라도 세겜이라고 하면 상당히 생소하게 여긴다.
성경을 읽을 때, 장소에 대해서 좀 더 관심을 갖고 읽게 되면,
보다 성경을 입체적으로 이해할 수 있게 된다.

18. 장막 성전과 예루살렘 성전

출애굽 이후 한 달 반이 지나 이스라엘 백성들은 시내산에 도착한다. 모세는 시내산에 올라 하나님으로부터 십계명을 받기도 하고 율법을 받기도 한다. 아울러 성막을 지으라는 말씀도 듣는다. 성막의 크기, 재료, 양식 등에 대해 하나님께서 상세히 설명해 주시며 그 모양이 어떠한지도 보여 주신다. 이 일을 위하여 하나님께서는 특별히 유다 지파의 브살렐과 단 지파의 오홀리압을 세우라고 하시며 두 사람을 비롯하여 성막 준비를 위하여 일하는 사람에게 지혜와 총명을 주셨다. 이렇게 해서 만들어진 성막이 장막 성전이다.

성막(회막)에서 가장 중요하고 거룩한 곳인 지성소는 가로, 세로, 높이가 각각 10규빗(약 4.5m)이며 내부는 금으로 되어 있다. 지성소에는 언약궤가 놓이는데 이 언약궤는 아카시아 나무 계통의 싯딤나무로 만들고, 그 겉은 금으로 입힌다. 그 안에는 두 십계명 돌판, 아론의 싹 난 지팡이, 그리고 만나를 담은 항아리가 들어간다.(히브리서 9장 4절) 언약궤의 뚜껑은 순금으로 만들며, 그 위에 그룹(날개 달린 천사) 둘이 서로 마주 보고 날개를 상대방에게 닿게 한 형상으로 만들어, 뚜껑과 하나가 되게 한다. 이 뚜껑을 속죄소 또는 시은좌라고 하는데 하나님께서 임재하시는 장소이다. 지성소는 성소와 휘장으로 구분되고 성소의 서쪽 편에 위치한다.

지성소의 동편에는 휘장으로 구분된 성소가 있다. 제사장들이 하나님을 섬기는 곳으로 폭과 높이는 지성소와 동일하게 10규빗이고, 길이는 20규빗이다. 성소의 서쪽, 휘장 바로 앞에는 싯딤나무로 만들고 금으로 입힌 향단이 놓인다. 향단의 네 모퉁이에는 뿔이 있으며 여기에서 거룩한 향을 만들어 하나님께 태워 드린다. 이 향은 하나님께 드리는 성도의 기도를 상징한다.

지성소를 바라보고 왼편의 남쪽에는 '메노라'라고 하는 순금 등잔대가 놓이는데 집게 등을 포함하여 금 한 달란트로 만들며 일곱 가지가 있고, 불은 항상 꺼지지 않도록 한다. 등불을 켜는 데 사용되는 기름은 순수한 감람유(올리브유)이다. 올리브 열매의 기름은 통상 네 번에 걸쳐 짜게 되는데, 그중 처음에 짠 것을 성소의 등잔대 기름으로 사용한다. 예수님께서 잡히시기 전에 기도를 하신 곳이 겟세마네 동산이다. '겟세마네'의 의미는 '올리브기름을 짜는 틀'이다. 순금 등대는 세상의 빛이신 예수 그리스도를 상징한다.

지성소를 바라보고 오른쪽 북쪽에는 진설병 상이 놓인다. 이 진설병 상은 싯딤나무로 만들고 금으로 입히며, 상 위에는 12개의 진설병이 놓인다. 12개는 이스라엘의 열두 지파를 나타내고 진설병은 생명의 떡이신 예수 그리스도의 몸을 상징하기도 한다.

성막은 싯딤나무 널판으로 만들고 금으로 싸는데 널판의 길이는 10규빗이고 폭은 1.5규빗이며 성막의 덮개는 네 가지 색실로 짠 휘장, 염소털 휘장, 붉게 물들인 숫양의 가죽 및 해달의 가죽이 사용되었다. 성막의 문은 동쪽으로 나 있으며 휘장으로 만들어져 있다. 하나님께서는 에덴동산의 동편에 그룹들과 불칼을 두어 생명나무의 길을 지키게 하셨는데 생명나무로 나아가기 위해서는 동쪽에서 서쪽으로 들어가야 한다. 그래서, 하나님께서는 성전의 문을 동쪽으로 내라고 지시하신 것이다. 예루살렘의 모리아산에 지어진 솔로몬 성전과 스룹바벨 성전의 문도 감람산을 향하여 동쪽에 위치하고 있었다.

성막의 동쪽에는 놋으로 만든 물두멍이 있는데 제사장이 성소로 들어가기 위해서는 이 물두멍의 물로 손과 발을 씻어야 한다. 이것은 죄 사함의 세례를 의미한다. 물두멍의 동쪽에는 번제단이 있는데 번제단은 싯딤나무로 만들고 놋으로 싼다. 이 번제단에서는 화제 즉, 번제, 소제, 화목제, 속죄제 및 속건제의 제물이 태워지는데 이것은 예수 그리스도의 십자가 고난을 상징한다.

성막과 물두멍, 그리고 번제단이 놓여 있는 곳을 성막 뜰이라고 한다. 성막 뜰은 남북으로 길이 50규빗(약 22.5m), 동서로 길이 100규빗(약 45m)의 크기이다. 기둥을 세우고 세마포 휘장을 쳐서 성막뜰을 완성한다.

출애굽 한 이듬해 1월 1일에 성막이 완성되니 구름이 회막에 덮이고 여호와의 영광이 성막에 충만했다. 이후, 39년의 광야 생활을 거치는 동안 구름이 올라가면 레위 지파의 사람들이 각자 맡은 성막의 물건들을 챙겨서 이동했고, 구름이 멈추면 다시 성막을 세웠다.

이스라엘 백성들은 성막을 중심으로 동서남북으로 각각 세 지파씩 텐트를 쳤다. 요단강을 건너 정복 전쟁을 수행하는 동안, 성막은 이스라엘 진영인 길갈에 있었다. 정복 전쟁이 끝나고 땅의 분배가 이루어지는 동안, 성막은 실로에 세워진다.

이스라엘 자손의 온 회중이 실로에 모여서 거기에 회막을 세웠으며 그 땅은 그들 앞에서 돌아와 정복되었더라 (수 18:1)

이스라엘 팀나에 있는 성막 모형

(출처 : 네이버 블로그 이스라엘 이야기, 이수정)

사사 시대 동안 성막은 실로에 있었다. 이스라엘의 마지막 사사인 사무엘이 어머니 한나의 기도로 태어나고 하나님께 바쳐져 이 성막에서 자랐으며, 어린 사무엘에게 하나님께서 나타나신 곳도 이 성막이다. 성소의 안쪽에는 지성소가 있고 지성소 안에는 언약궤가 있는데 이스라엘 백성들은 블레셋과의 전투를 위해 이 언약궤를 메고 나갔다. 언약궤가 있으면 승리할 것으로 판단했었지만 그들의 기대와는 반대로 전쟁에서 패하고 언약궤는 블레셋에게 빼앗기고 만다. 이때 빼앗긴 언약궤는 다시는 실로의 성막으로 돌아오지 않는다. 언약궤가 없는 이 성막은 나중에 기브온으로 옮겨진다.

빼앗긴 언약궤는 블레셋이 돌려보내지만 실로로 가지 않고 기럇여아림의 아비나답의 집에 있게 된다. 다윗이 왕이 되고 나서 언약궤를 예루살렘으로 옮겨 오게 되고 언약궤를 위해 예루살렘에 별도의 장막을 치고 여기에서 번제와 화목제를 드린다.

다윗은 여호와의 성전 짓기를 갈망했지만, 하나님께서는 다윗이 수많은 전쟁을 치르며 피를 많이 흘렸다는 이유로 이를 허락하지 않으셨다. 결국 다윗의 아들 솔로몬이 왕이 되어 여호와의 성전을 짓게 되는데 하나님께서는 다윗에게 성전에 필요한 설계를 아주 상세하게 가르쳐 주신다. 역대상 28장에는 다윗이 아들 솔로몬에게 설계도의 내용을 설명하는 기록이 있다.

> 다윗이 이르되 여호와의 손이 내게 임하여 이 모든 일의 설계를 그려 나에게 알
>
> 려 주셨느니라 (대상 28:19)

다윗은 성전 건축을 위해 많은 것을 준비해 둔다. 솔로몬은 왕위에 오른 지 4년째 되는 해 2월 2일에 성전 건축을 시작한다. 출애굽을 한 때부터 480년이 되는 해이다. (열왕기상 6장 1절) 여호와의 성전은 아브라함이 이삭을 번제로 바치려고 했던 모리아산에 건축된다. 이곳은 또 다윗이 인구조사를 하다가 하나님의 징계를 받고, 번제를 드리기 위해 값을 지불하고 샀던 여부스 사람 오르난의 타작 마당이기도 하다.

> 솔로몬이 예루살렘 모리아산에 여호와의 전 건축하기를 시작하니 그곳은 전에
>
> 여호와께서 그의 아버지 다윗에게 나타나신 곳이요 여부스 사람 오르난의 타작
>
> 마당에 다윗이 정한 곳이라 (대하 3:1)

솔로몬 성전의 성소와 지성소의 각 변의 길이는 장막 성전의 두 배이다. 장막 성전의 지성소의 가로 세로 높이가 각각 10규빗(약 4.5m)이었으며, 솔로몬 성전의 지성소의 가로 세로 높이는 각각 20규빗(약 9m)이며 모양은 동일하게 정육면체이다. 다윗이 성전을 위해 많은 것을 준비해 두었지만, 성전에 쓸 목재인 백향목과 잣나무는 레바논 산지에서 가져와야 했다. 두로 왕 히람의 도움으로 레바논 산지에서 벌목

된 백향목은 바닷가로 운반되었고, 뗏목으로 엮어져 욥바항까지 바다로 운반되었으며 욥바에서 다시 육로를 통해 예루살렘 산지까지 운반되었다. 성전 건축은 7년 동안 진행되었다. 성전이 완성되어 언약궤를 성전의 지성소로 옮기고 어마어마한 규모의 성전 봉헌식이 거행

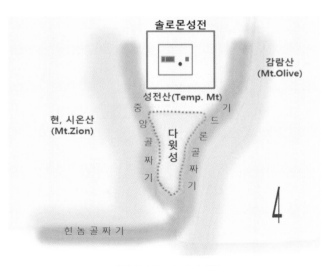

다윗성과 솔로몬성전 위치

되었다. 초막절을 중심으로 14일간 진행했는데, 이때 드려진 번제와 소제와 화목제의 희생 제물로 소가 22,000마리, 양이 120,000마리였다. 솔로몬이 기도를 마칠 때, 하늘에서 불이 내려와 번제물과 제물들을 사르고 여호와의 영광이 성전에 가득했다.

> 이스라엘 모든 자손은 불이 내리는 것과 여호와의 영광이 성전 위에 있는 것을
> 보고 돌을 깐 땅에 엎드려 경배하며 여호와께 감사하여 이르되 선하시도다 그의
> 인자하심이 영원하도다 하니라 (대하 7:3)

이때가 솔로몬이 왕이 된 지 11년, 출애굽으로부터는 487년째 되는 B.C. 959년의 일이다. 솔로몬 이후, 이스라엘은 북이스라엘과 남유다로 분열이 된다. 북이스라엘은 B.C. 722년 앗수르에 의해 멸망하고, 남유다는 B.C. 586년 바벨론의 느부갓네살 왕에 의해 멸망하게 되면서 솔로몬이 지은 성전도 파괴되고 만다. 성전을 완공한 지 373년 만의 일이다.

남유다를 멸망시켰던 바벨론은 B.C. 539년 메대와 바사(페르시아) 연합군에 의하여 멸망을 당한다. 바벨론의 마지막 날에 관한 내용이 다니엘서 5장에 기록되어 있다. 바벨론을 멸망시켰던 바사의 고레스왕이 조서를 내려 포로로 끌려온 유다 백성들을 예루살렘으로 귀환시킨다. 귀환의 목적은 바로 예루살렘 성전의 재건이었다. 고레스왕이 내린 조서의 내용을 비롯하여 유다 백성들의 귀환과 성전 재건에 대한 내용이 에스라서에 기록되어 있다. 고레스가 조서를 내린 때가 B.C. 538년이다. 지도자 스룹바벨과 대제사장 여호수아의 인도로 예루살렘에 도착하여 새롭게 성전 건축을 시작했을 때는 B.C. 536년이다.

성전의 토대를 쌓았지만, 그 규모가 이전의 솔로몬 성전과 비교하면 너무 초라했다. 사마리아 사람들의 심한 방해로 성전 공사는 원만하게 진행되지 못하고 한동안 중단되었다. 하나님께서는 선지자 학개와 스가랴를 보내시어 성전 재건을 독려하셨고 페르시아의 다리오왕의 조서로 B.C. 520년에 성전 공사가 재개되어 B.C. 516년에 봉헌식을 거행한다. 솔로몬 성전이 파괴된 지 70년 만의 일이다. 봉헌식 역시 솔로몬 성전의 봉헌식과 비교하면 초라하기 이를 데 없었다.

> 하나님의 성전 봉헌식을 행할 때에 수소 백 마리와 숫양 이백 마리와 어린 양 사
> 백 마리를 드리고 또 이스라엘 지파의 수를 따라 숫염소 열두 마리로 이스라엘
> 전체를 위하여 속죄제를 드리고 (스 6:17)

새로 건축한 성전을 통상 '스룹바벨 성전' 또는 '제 2성전'이라고 한다. 마태복음 1장에는 이 스룹바벨이 예수 그리스도의 조상이라고 기록하고 있다. 그러나 스룹바벨 성전에는 더 이상 언약궤가 없었다.

페르시아 제국은 B.C. 331년 헬라의 알렉산더 대왕에 의해 멸망한다. 젊은 알렉산더가 죽고, 헬라가 차지했던 광대한 땅은 결국 네 명의 장군이 차지하게 된다. 이스라

엘 땅은 안디옥에 도읍을 정한 셀류커스 왕조와 이집트에 자리를 잡은 프톨레미 왕조 사이에 끼이게 되는 운명에 처하게 되면서 어떤 때는 셀류커스의 지배를 받고, 또 어떤 때에는 프톨레미의 지배를 받는다. 다니엘서 11장에는 이 두 왕조의 화친과 전쟁에 대한 예언이 상세하게 기록되어 있다. 다니엘서에 기록된 북방 왕이 셀류커스의 왕들이고, 남방 왕은 프톨레미의 왕들을 의미한다. 셀류커스의 지배가 더 가혹하게 되면서 이때 많은 유대인이 이집트로 이주를 하게 된다.

가장 혹독했던 시기는 셀류커스의 안티오커스 4세 에피파네스 때이다. B.C. 167년부터 약 3년 동안 성전 모독 사건이 일어난다. 이집트를 침공했던 에피파네스는 로마의 간섭으로 인해 뜻을 이루지 못하고 빈손으로 귀국하던 중, 예루살렘을 점령하고 예루살렘을 헬라화시킨다는 명분으로 성전에 제우스상을 세우고 돼지를 제물로 하여 제사를 드리게 한다. 율법을 철저히 지키지 못하게 하여 유대인들은 안식일을 지킬 수가 없었으며 할례도 행할 수 없었다. 억지로 돼지고기를 먹이기도 했다. 거룩한 생활은 일절 금지되었으며, 이를 어기면 목숨을 잃어야 했으며 성전은 철저히 더럽혀졌다.

마카비 형제들이 일어나 B.C. 164년에 성전을 탈환하여 더럽혀진 성전을 보수하고 정결하게 하여 봉헌했다. 이를 기념하는 절기가 요한복음 10장 22절에 기록된 수전절이다. 또는 '봉헌'이라는 의미로 '하누카'라고도 하며 히브리력 9월 25일부터 8일간 지킨다. 하루에 하나씩 촛불을 켜서 8일째는 모든 촛불이 켜지며, 성탄절과 시기적으로 겹친다.

헬라 제국에 의해 지배를 받던 예루살렘은 B.C. 63년 로마의 폼페이우스 장군에 의해 함락되고 스룹바벨 성전도 많은 손상을 입는다. 이 성전을 재건한 사람이 바로 에돔 사람 헤롯이다. 로마를 등에 업고 유대 지역의 분봉왕이 된 헤롯은 유대인들의 환심을 사기 위해, 폐허가 되다시피 한 성전에 대하여 대대적인 리모델링 건축을 추진한다. 예수님의 공생애 기간에도 성전의 리모델링 공사는 계속 진행되고 있었다.

헤롯 성전 모형

(출처 : 필그림선교교회 나눔게시판 2016.9.18)

요한복음 2장에는 유월절에 예루살렘으로 올라가신 예수님께서 성전 안에서 소와 양과 비둘기 파는 사람들과 돈 바꾸는 사람들이 앉아 있는 것을 보시고 노끈으로 채찍을 만드셔서 짐승들을 내쫓으시고, 돈 바꾸는 사람들의 돈을 쏟으시고 상을 엎으시는 내용이 기록되어 있다.

　　비둘기 파는 사람들에게 이르시되 이것을 여기서 가져가라 내 아버지의 집으로

　　장사하는 집을 만들지 말라 하시니 (요 2:16)

이 모습을 본 유대인들이 예수님께 표적을 구했다. 이에 대해 예수님께서 다음과 같이 말씀하신다.

　　예수께서 대답하여 이르시되 너희가 이 성전을 헐라 내가 사흘 동안에 일으키

　　리라 (요 2:19)

사도 요한은 예수님께서 이렇게 말씀하신 이유가 바로 성전된 자기 육체를 가리켜 말씀하신 것이라고 기록하고 있다. 성전이 바로 예수 그리스도의 육체라는 것이다. 예수 그리스도께서 바로 세상의 빛이고 생명의 떡이시다. 그가 곧 제사장이시고, 그가 곧 번제단에 불살라지는 희생제물인 것이다. 그가 곧 성도들의 기도를 들으시는 분이며, 지성소에 임재하시는 하나님이신 것이다. 예수님께서는 사흘 만에 부활하심으로써 이 말씀을 성취하셨다.

또 하나 중요한 사실은, 성전은 바로 예수 그리스도를 믿는 성도들의 몸이라는 것이다. 사도 바울은 고린도 교회에 보내는 편지에서 믿는 자들의 몸이 바로 성전이라고 한다.

> 너희는 너희가 하나님의 성전인 것과 하나님의 성령이 너희 안에 계시는 것을 알지 못하느냐 누구든지 하나님의 성전을 더럽히면 하나님이 그 사람을 멸하시리라 하나님의 성전은 거룩하니 너희도 그러하니라 (고전 3:16~17)

예수님의 부활 후, 50일째 되는 오순절 날에 마가의 다락방에서 기도하던 제자들에게 성령이 임하셨다. 믿고 세례받는 자들에게 성령이 임하시고 믿는 사람들의 몸이 하나님의 임재가 있는 성전이 되는 것이다. 성령 하나님의 임재 가운데 있는 사람들이 하나님께 영과 진리로 예배하며, 하나님께서는 그러한 예배를 받으신다. 성전이 거룩한 것처럼, 성령의 임재 가운데 거하는 사람들의 몸도 거룩하다고 사도 바울은 증언한다.

예수님께서는 이 성전이 돌 위에 돌 하나도 남지 않고 무너질 것이라고 예언의 말씀을 하셨다. 성전 리모델링을 시작했던 헤롯의 증손자인 헤롯 아그리파 2세에 의해 A.D. 63년에 완성된 이 헤롯 성전은 예수님의 말씀대로 완공된 지 7년 만인 A.D. 70년에 로마의 티투스 장군에 의해 철저히 파괴된다.

대답하여 이르시되 너희가 이 모든 것을 보지 못하느냐 내가 진실로 너희 에게 이

르노니 돌 하나도 돌 위에 남지 않고 다 무너뜨려지리라 (마 24:2)

예루살렘 성전이 있었던 자리에 지금은 이슬람의 바위돔(황금돔)이 자리하고 있다. 예루살렘을 점령했던 사라센 제국의 우마르 1세가 건축한 이 돔 안에는 마호메트가 승천한 곳이라고 하는 바위가 있는데 이 바위가 바로 아브라함이 이삭을 바치려 했던 그 바위이다. 현재 이스라엘 정부는 어떻게 해서라도 이곳에 제 3성전을 짓고자 하며 거의 모든 준비는 마쳐졌다고 한다.

Point

하나님께서는 성전의 구조를 모세에게 가르쳐 주셨고, 다윗에게도 가르쳐 주셨다.
성전은 예수 그리스도의 사역과 성령의 임재를 예표하는 것이므로
이에 대해 더 잘 알기 위해서는 성전의 구조나 역사에 대해서도
관심을 가지고 공부를 해 두면 좋다.

19. 이스라엘의 주요 세 지파

　'이스라엘'은 하나님께서 얍복강 가에서 야곱에게 준 새로운 이름이다. 야곱은 형에서의 노여움을 피해서 하란에 있는 외삼촌 라반의 집으로 도망을 갔었다. 그곳에서 20년의 세월을 보내면서 외삼촌 라반의 두 딸, 레아와 라헬과 결혼을 하게 된다. 레아와 라헬, 그리고 그녀들의 몸종이었던 실바와 빌하로부터 아들 열둘과 딸 디나를 포함해 모두 13명의 자녀를 얻게 된다. 이렇게 얻어진 12명의 아들들이 이스라엘의 12지파의 조상이 된다.

　12지파 중에서 특별한 역할을 감당했던 세 지파가 있다. 셋째인 레위 지파, 넷째인 유다 지파, 그리고 열한째인 요셉 지파이다. 요셉 지파는 에브라임 지파와 므낫세 지파로 나뉘는데 이 중, 에브라임이 동생임에도 불구하고 야곱의 축복에 따라 형 므낫세보다 앞선다. 이스라엘의 역사를 살펴보면 레위 지파, 유다 지파 및 에브라임 지파가 이스라엘을 전체적으로 이끌어 감을 알 수 있다.

레위 지파의 인물들

야곱의 셋째 아들 레위는 별로 내세울만한 게 없다. 여동생 디나에게 성범죄를 저질렀던 세겜의 추장은 물론 세겜의 모든 남자들을 바로 위의 형 시므온과 함께 칼로 죽인 악역을 했던 인물일 뿐이다. 그런데 하나님께서는 이 레위의 자손 중에서 모세를 출애굽의 리더로 삼으셨다. 모세는 레위의 3대손으로 40년간 이스라엘 백성들을 이끌고 출애굽을 하는 아주 큰 사명을 감당했다. 모세에게는 두 아들이 있었지만, 그 후손들에 대해서는 성경에 두드러진 족보가 나타나지 않는다. 모세의 형 아론이 제사장 가문의 조상이 된다. 우리는 하나님께서 왜 아론을 택하여 초대 대제사장으로 삼으셨는지 그 이유를 알 수가 없다. 하나님께서는 아론의 후손만이 제사장이 될 수 있다고 하셨고 아론의 후손들은 대대로 성전에서 하나님을 섬기는 제사장의 사명을 감당했다. 그중에는 대제사장이 된 사람들도 있고 예레미야나 에스겔, 세례 요한과 같이 선지자로, 또 에스라와 같이 율법에 탁월한 제사장 겸 학사도 있었다.

아론이 출애굽하고 나서 40년째 되는 해에 죽고, 그의 셋째 아들 엘르아살이 아론의 뒤를 이어 대제사장이 되어 여호수아와 함께 가나안 정복 전쟁을 수행해 낸다. 엘르아살의 뒤를 이어 대제사장이 된 사람이 그의 아들 비느하스이다.

출애굽의 마지막 여정 중에 브올에서 발람의 꾀에 넘어가 많은 이스라엘 백성들이 우상의 음식을 먹고 음란에 빠진 사건이 있었다. 하나님께서 염병으로 백성들을 징계하시는 중에도 음행을 멈추지 않는 한 쌍의 남녀를 비느하스가 한꺼번에 창으로 찔러 죽였다. 비느하스의 거룩한 분노를 보신 하나님께서는 진노를 멈추셨고 그를 축복하신다. 그의 후손들은 대를 이어 성전에서 하나님을 섬기는 일을 한다.

이스라엘이 가나안 땅을 차지하고 나서 시간이 흘러 출애굽 세대들이 모두 숨을 거둔다. 그다음의 시대를 사사 시대라 한다. 사사 시대가 끝날 즈음에 가장 위대한 사사이자 마지막 사사가 등장하는데 바로 어머니 한나의 기도로 태어난 사무엘이다. 사무엘상 1장 1절에는 그의 아버지 엘가나가 에브라임 사람이라고 나온다. 하지만, 역대상 6장에 보면 엘가나가 레위 지파에 속한 사람임을 알 수 있다. 즉, 엘가나는 에브라임 지파 사람들의 땅에 거주한 레위인이며, 따라서 사무엘은 레위 지파 출신인 것이다. 사무엘은 어릴 때부터 하나님께 드려진 나실인이었다. 그는 마지막 사사가 되어 왕과 같은 지도력으로 이스라엘을 다스렸다. 왕을 달라고 하는 이스라엘 백성들의 요구에 의해 원치 않았지만, 하나님의 지시로 사울에게 기름을 붓는다. 하나님께서 사울을 버리신 후에는 다윗에게 기름을 붓기도 한다. 왕과 제사장과 선지자의 역할을 한 그는 메시아의 사명을 감당했으니 바로 예수 그리스도의 예표가 된다 하겠다.

가나안 땅 정복 이후, 레위 지파의 사람들은 전국으로 퍼졌다. 다른 지파들에게는 땅이 분배되었지만, 레위 지파 사람들에게는 별도의 지역이 분배되지 않고 이스라엘 전체에 48개 성읍과 목초지가 분배되었다. 이들에게는 백성에게 율법을 가르칠 책임이 주어졌다. 이스라엘이 남과 북으로 분단되고 나서, 북이스라엘의 여로보암은 뻳엘과 단에 금송아지를 만들고 레위 지파가 아닌 사람들을 임의로 제사장으로 세웠다. 그리하여 북쪽에 있던 많은 레위 지파 사람들이 남유다 쪽으로 내려오게 된다.

남유다가 바벨론에 의해 망해갈 즈음에 선지자로 부름을 받은 사람이 예레미야이다. 예레미야서는 이렇게 시작된다.

베냐민 땅 아나돗의 제사장들 중 힐기야의 아들 예레미야의 말이라 (렘 1:1)

예레미야는 제사장의 아들이다. 당연히 레위 지파 출신이다. 그는 남유다에서 여호야김왕의 때부터 예언하기를 시작하여 남유다가 바벨론의 느부갓네살왕에 의해 멸망당하는 B.C.586년까지 약 40년간 하나님의 말씀을 예루살렘과 왕에게 선포하는 사명을 감당했다. 그는 자기는 어린아이라 말을 할 줄 모른다고 했지만, 하나님께서는 그를 선지자로 지명하여 부르셨다. 유다 백성들에게 우상숭배에서 떠나 하나님께로 돌아올 것을 선포했다. 애굽을 의지하지 말라고도 했고 바벨론을 70년간 섬길 것이라고도 예언했다. 또한 그는 거짓 선지자들과 싸우기도 하고 감옥에 갇히기도 하고 진창 구덩이에 던져지기도 했다. 그의 모든 노력에도 불구하고 왕을 비롯한 백성들은 회개하지 않았고 결국 예루살렘은 함락되고 성전은 파괴된다. 성전의 모든 기물은 바벨론으로 옮겨지고 시드기야왕을 포함하여 많은 사람이 포로가 되어 바벨론으로 끌려가게 된다.

예레미야가 예루살렘에서 하나님의 말씀을 선포하고 있을 때, 에스겔은 포로가 되어 바벨론으로 끌려간다. B.C. 597년에 있었던 2차 포로 때의 일이다. 이에 앞서 1차 포로는 B.C. 605년에 있었는데 1차 포로에 포함된 사람이 바로 다니엘과 세 친구이다. 에스겔이 포로가 된 지 5년째 되고 그의 나이 30세가 되어 제사장의 임무를 수행할 때가 되었을 때, 하나님께서 권능으로 나타나셔서 그를 선지자로 부르셨다. 하나님께서는 에스겔을 특별히 '인자'라고 부르셨다. 하나님께서 바벨론에 있던 그의 머리털을 잡아 환상 가운데에 예루살렘 성전에까지 데려가셔서 귀족들이 성전 안에서 우상을 섬기는 모습을 보게 하시면서 에스겔에게 예루살렘이 멸망할 수밖에 없는 이유를 이런저런 모습으로 설명해 주신다. 에스겔은 바벨론에서 예루살렘이 멸망했다는 소식을 접하게 된다. 하나님께서는 그에게 앞으로 있을 이스라엘의 회복에 대해서, 곡과 마곡 전쟁에 대해서, 성전의 회복에 대해서 예언하게 하신다. 에스겔 역시 제사장 가문의 사람으로 레위 지파에 속한다.

B.C. 539년 바벨론이 멸망한 후, 페르시아의 고레스왕의 조서에 따라 이스라엘 백성들은 성전을 다시 세우기 위해 예루살렘으로 돌아온다. 이때 스룹바벨과 함께 돌아온 대제사장이 여호수아이다. 여호수아는 스룹바벨과 함께 어려운 환경 가운데서도 성전 건축의 임무를 수행한다. 이 스룹바벨 성전의 건축에 관한 내용을 기록한 사

람인 에스라 역시 제사장이다. 제사장 겸 학사인 에스라는 나라에서 그에게 필요한 모든 것을 공급할 정도로 페르시아 내에서도 상당히 영향력이 있던 사람이다. B.C. 516년에 성전이 완성되고 나서 한참 지난 B.C. 457년, 예루살렘을 방문하여 유다 백성들에게 율법을 가르친다. 이때 페르시아의 아닥사스다왕은 에스라에게 유다 지역 일대를 율법으로 다스릴 수 있는 권한을 위임한다. 에스라는 아담으로부터 시작하는 족보와 유다 가문의 역대 왕에 대한 기록인 역대기를 기록하기도 했다.

신구약 중간기를 넘어 메시아의 길을 예비하기 위해 세례 요한이 요단강에 나타났다. 세례 요한의 아버지 사가랴는 제사장이었고 어머니 엘리사벳 역시 아론의 후손으로 부계와 모계가 다 아론의 후손이다. 예수님보다 6개월 먼저 태어난 세례 요한은 하나님의 나라가 가까이 왔으니 회개하라고 외쳤다. 많은 사람이 세례 요한에게 나아와 죄를 회개하고 세례를 받았다. 예수님도 요단강으로 오셔서 세례 요한에게 세례를 받으셨다. 예수님께서 세례를 받으신 곳은 여호수아의 인도로 이스라엘 백성들이 요단강을 건넜던 곳이다. 세례 요한은 헤롯 안디바가 동생의 아내 헤로디아를 아내로 삼은 불법에 대해 책망을 하다가 그 일로 옥에 갇히고 목이 베어져 죽게 된다.

유다 지파의 인물들

유다 지파의 인물들은 이스라엘의 역사 가운데 가장 중심적인 역할을 맡게 된다. 유다는 야곱의 넷째 아들로, 동생 요셉을 미디안 장사꾼들에게 팔고 나서 방황의 길을 걸었던 인물이다. 앞의 8장에서 언급했듯이 가나안 여인과 결혼도 하고 세 명의 아들을 낳기도 했지만, 유다의 계보는 며느리 다말이 낳은 베레스를 통해서 이어진다. 요셉의 애굽 총리 시절, 애굽에서 종이 될 뻔했던 막냇동생 베냐민을 대신하여 자기가 종이 되겠다고 애원하는 유다의 희생적인 모습으로 인하여, 유다는 예수님의 예표적 인물이라고 여겨지기도 한다. 야곱은 죽기 전에 열두 아들에 대한 축복의 유언을 남겼는데, 유다에게는 규가 떠나지 않을 것이라는 유언을 남긴다. 즉, 왕권이 유다 지파에게 주어진다는 의미이다.

모세가 12명의 정탐꾼을 가나안 땅에 보냈을 때. 다른 열 명과는 다르게 믿음을 보인 두 명의 정탐꾼은 여호수아와 갈렙이었다. 여호수아는 에브라임 지파였고 갈렙은 유다 지파였다. 갈렙의 믿음으로 인하여 유다 지파가 나름 이스라엘 내에서 확고한 위치를 차지한 것이 아닌가 하는 생각도 든다.

출애굽 당시, 유다 지파의 최고 지휘관은 나손이라는 사람이었다. 나손의 아들 살몬은 요단강을 건너기 전, 여리고성 정탐을 했던 두 사람 중 한 사람이다. 앞의 16장에서도 언급했듯이, 이 살몬은 여리고성에서 자기들을 감추어 주었던 기생 라합과 결혼하여 보아스를 낳았다. 보아스는 룻과 결혼하여 오벳을 낳았고, 오벳은 이새를, 이새는 다윗을 낳았다. 다윗의 아들 솔로몬 이후, 이스라엘은 남과 북으로 분열하게 되고 남왕국 유다는 B.C. 586년 바벨론에 의해 멸망할 때까지, 북이스라엘의 아합왕과 이세벨의 딸 아달랴가 정권을 잡았던 7년을 제외하고는, 전체적으로 유다 지파의 왕들에 의해 다스려지게 된다.

페르시아의 고레스왕의 조서에 따라 바벨론에서 포로생활을 하던 유대인들은 성전 재건을 위해 예루살렘으로 돌아오는데 이들을 이끌고 돌아와 예루살렘의 성전을 재건한 사람이 스룹바벨이다. 이 스룹바벨 역시 다윗의 후손으로 바벨론으로 끌려가 거기서 오랜 옥살이를 했던 여호야긴왕의 손자이다. 이 계보에서 예수 그리스도가 탄생하게 된다. 이 계보는 마태복음 1장에 기록되어 있다. 남유다의 왕들에 대해서는 별도로 23장에서 다루기로 한다.

에브라임 지파의 인물들

이스라엘의 핵심 지파 중 하나가 요셉 지파인데 요셉지파는 에브라임 지파와 므낫세 지파로 나뉜다. 통상 열두 지파를 셀 때, 레위 지파가 포함되는 경우에는 요셉 지파로 칭하여 열두 지파가 되고, 레위 지파가 빠지는 경우에는 에브라임 지파와 므낫세 지파가 포함되어 열두 지파가 된다. 야곱이 요셉을 장자로 인정하여 두 몫을 주었기 때문이다. 요셉은 아버지 야곱의 사랑을 가장 많이 받은 아들이었고 믿음도 좋았으며 요셉으로 인해 이스라엘 열두 지파가 가뭄에서 구원을 받았다. 가족들을 구원한 요셉 역시 예수 그리스도를 예표하는 인물이다.

야곱이 죽기 전, 요셉의 두 아들을 축복했다. 이때, 둘째인 에브라임에게 형을 우선한 축복을 한다. 여호수아는 에브라임의 9대손이 된다. 그는 지도자 모세의 수종을 들며 모세가 이스라엘 백성들을 인도해 나가는 데 조력자의 역할을 했다. 가데스 바네아에서 정탐꾼으로 선발되어 갈렙과 함께 하나님에 대한 믿음을 보여주기도 했다. 하나님께서는 그를 모세의 후계자로 지명하시고 하나님의 영을 그에게 부어주셨다. 모세가 죽고, 여호수아는 이스라엘 백성들을 이끌고 요단강을 건너 수년에 걸친 가나안 정복 전쟁을 수행했다. 이스라엘의 지도자로서 이스라엘 각 지파에게 땅을 분배하는 사명도 감당했다. 여호수아와 예수는 '하나님은 구원이시다'라는 의미의 같은 이름이다. 여호수아 역시 예수 그리스도를 예표하는 인물이다.

솔로몬 사후 B.C. 930년에 이스라엘이 남과 북으로 분열될 때에 북왕국 이스라엘의 왕이 된 인물이 여로보암이다. 이 여로보암이 에브라임 지파의 인물 즉, 요셉의 후손인 것이다. 그는 원래 솔로몬의 신하였는데 솔로몬은 유능한 그에게 여러 일들을 맡겼었다. 그러던 어느 날 그는 아히야라고 하는 선지자를 만난다. 아히야는 자기 옷을 열두 조각으로 찢어 열 조각을 여로보암에게 주었다. 하나님께서 나라를 나누어 열 지파를 여로보암에게 주신다는 것이었다. 여로보암은 이 말을 믿고 솔로몬에게 반역을 일으키지만 실패로 돌아가고, 솔로몬을 피해 애굽으로 도망가 거기에서 망명 생활을 하게 된다. 솔로몬이 죽고 그의 아들 르호보암이 이스라엘의 왕이 되고자 하여 이스라엘의 모든 백성이 모인 세겜으로 갔는데, 여기에서 르호보암은 백성들에게 거부를 당하고 유다와 베냐민을 제외한 열 지파가 여로보암을 왕으로 옹립한다. 이렇게 세워진 나라가 북왕국 이스라엘이다.

여로보암은 왕이 되고서 북이스라엘 백성들이 제사를 위해 예루살렘으로 올라가지 못하도록 벧엘과 단에 금송아지 제단을 쌓는다. 결국 이 일이 이스라엘 백성들로 하여금 우상숭배의 길로 들어서게 한다. 북이스라엘이 멸망할 때까지 왕과 백성들은 이 여로보암의 죄에서 떠나지 못한다. 여로보암의 아들 나답이 왕이 되었을 때, 잇사갈 지파인 바아사의 모반으로 여로보암의 가계는 끊어지고 만다. B.C. 722년 앗수르에 의해 멸망하기까지 북이스라엘에서 일어나는 모든 왕들은 여호와께 악을 행한다. 이러한 내용이 열왕기서에 기록되어 있다. 성경에서는 북이스라엘을 말할 때, 그냥 '에브라임'이라고도 한다.

> 인자야 너는 막대기 하나를 가져다가 그 위에 유다와 그 짝 이스라엘 자손이라
>
> 쓰고 또 다른 막대기 하나를 가지고 그 위에 에브라임의 막대기 곧 요셉과 그 짝
>
> 이스라엘 온 족속이라 쓰고 (겔 37:16)

예수님께는 열두 제자가 있었다. 이 열둘 중에서도 예수님께서 변화산이나 겟세마네 동산 등 중요한 곳에 가실 때 함께 했던 제자 셋이 있다. 베드로와 야고보, 그리고 요한이었다. 이스라엘을 대표한 세 지파와 동일한 형태의 구성인 듯 보인다.

Point

19장에서는 이스라엘의 주요 세 지파와 인물들을 알아보았다.
성경을 읽을 때, 많은 성도가 족보나 사람 이름이 나오면 대충 읽고 넘어가기 쉽다.
이러한 족보나 사람 이름에 대해서도 관심을 갖고 읽게 되면 성경이 더 쉽게 이해가 된다.

20. 갈렙과 헤브론

출애굽 이후 40년의 광야 생활이 마감되는 시점에 여호수아의 인도함으로 요단강을 건넌 이스라엘 백성들은 요단강 가까이 길갈에 진을 치고 정복 전쟁을 수행한다. 정복 전쟁이 어느 정도 진행되고 나서 여호수아의 주도로 가나안 땅에 대한 분배가 이루어진다. 이때, 갈렙이 여호수아 앞에 나아온다. 갈렙의 나이 85세 때의 일이며, 이스라엘 백성 중에서 65세 이상은 여호수아와 갈렙 밖에 없었다. 하나님의 말씀대로 가데스 바네아 사건 당시 20세 이상은 모두 광야에서 죽었기 때문이다. 여호수아와 갈렙은 이스라엘의 두 기둥이었다. 갈렙은 땅을 분배하는 여호수아에게 나아와 신명기 1장에 기록된 모세의 약속을 상기시킨다.

오직 여분네의 아들 갈렙은 온전히 여호와께 순종하였은즉 그는 그것을 볼 것이

요 그가 밟은 땅을 내가 그와 그의 자손에게 주리라 하시고 (신 1:36)

갈렙은 여호수아에게 이 모세의 약속을 상기시키며, 그 땅에 아무리 덩치가 크고 강력한 아낙 자손들이 있고 성읍이 견고하다 할지라도 여호와께서 함께하시면 여호와의 말씀대로 반드시 그들을 쫓아내겠다고 장담한다. 갈렙은 이미 정복된 땅을 달라고 한 것이 아니다. 그 땅에는 아직 견고한 성읍이 있었고, 거기에는 덩치가 크고 강력한 아낙 자손들 즉, 거인족들이 살고 있었다.

그 날에 여호와께서 말씀하신 이 산지를 지금 내게 주소서 당신도 그 날에 들으셨거니와 그 곳에는 아낙 사람이 있고 그 성읍들은 크고 견고할지라도 여호와께서 나와 함께 하시면 내가 여호와께서 말씀하신 대로 그들을 쫓아내리이다 하니 (수 14:12)

"이 산지를 내게 주소서"라고 갈렙이 요구한 산지가 바로 헤브론이다. 여호수아는 여분네의 아들 갈렙을 위해 축복하고 헤브론을 그에게 주어 기업을 삼게 했다. 결국 갈렙은 맹세대로 강력했던 아낙 자손들을 물리치고 헤브론을 차지한다. 그런데 왜 갈렙은 다른 곳을 놓아두고 이 헤브론 산지를 달라고 했던 것일까?

그 당시의 입장에서 보면, 헤브론은 지금의 예루살렘과 같은 아주 중요한 성지였다. 이때 아직 예루살렘이 이스라엘 땅으로 편입되지 않았었다. 헤브론은 아브라함이 가나안 땅에 들어와 세겜과 벧엘을 거쳐 처음 정착한 곳이다. 가뭄이 들어 애굽으로 내려갔던 아브라함은 벧엘 근처에서 조카 롯과 헤어지고 점점 남방으로 이동하여 다시 정착한 곳 또한 헤브론이다. 엘람 왕 그돌라오멜의 연합군에게 조카 롯이 잡혀갈 때, 그돌라오멜의 연합군을 격파하고 롯을 구해 오기도 했는데, 이때도 아브라함은 헤브론에 살고 있었다. 또, 소돔과 고모라가 멸망할 당시에도 헤브론에 살고 있었는데, 이때가 아브라함의 나이 99세 때의 일이다. 100세에 이삭을 낳을 때는 블레셋 땅인 그랄로 옮겼었고, 모리아산에서 이삭을 번제로 드릴 때는 최남단 브엘세바에 살기도 했다.

　사라가 127세의 나이로 죽자, 아브라함은 헷 족속인 에브론에게 은 400세겔을 지불하고 헤브론의 막벨라 굴과 인근의 밭을 사서 아내 사라를 장사한다. 이후 시간이 흘러 아브라함이 175세의 일기로 세상을 떠나자, 그의 아들들인 이스마엘과 이삭이 아브라함을 이 헤브론의 막벨라 굴에 장사한다. 이삭 역시 나이가 들어 180세에 죽게 되자, 그의 아들 에서와 야곱이 이삭을 헤브론의 막벨라 굴에 장사한다. 야곱은 애굽 땅에서 죽기 전에, 자기가 죽거든 헤브론의 막벨라 굴에 장사할 것을 유언으로 남긴다.

헤브론의 위치

　헤브론의 막벨라 굴에는 아브라함과 사라, 이삭과 리브가, 그리고 야곱과 레아가 장사 되었다. 야곱이 가장 사랑했던 아내인 라헬은 막내 베냐민을 낳다가 죽어 베들레헴에 장사 되었다. 갈렙이 헤브론 산지를 달라고 한 이유가 바로 조상들의 묘가 거기에 있었기 때문이 아닐까? 그 당시 가나안 땅 안에서 성지는 헤브론과 세겜이었다. 헤브론은 아브라함이 헷 자손에게 돈을 주고 사 놓았던 조상들의 묘실인 막벨라 굴이 있었고, 세겜에는 야곱이 하몰의 아들들에게 돈을 주고 산 땅이 있었다. 그런데 이 세겜의 땅은 이미 야곱이 죽기 전

믿음의 조상들의 묘실
(출처 : 다음 블로그, 배성수성지사랑)

에 요셉에게 상속을 했기 때문에 요셉 지파의 땅이 되어 있었다.

헤브론은 유다 지파의 중심지가 된다. 일종의 도성과 같은 곳이다. 사울에게 쫓기던 다윗이 유다의 왕이 된 곳이 바로 이 헤브론이다. 이스라엘의 초대 왕 사울의 집안이 몰락하고 나서, 이스라엘 백성들은 유다의 왕인 다윗을 이스라엘 전체의 왕으로 옹립한다. 이때의 도읍이 또한 헤브론이었다. 당시 모리아산에는 여부스 사람들이 살고 있었다. 다윗이 이스라엘 전체의 왕이 되고 나서야 '시온성'이라 불렸던 이 성을 함락시키고 이곳에 성을 새로 개축하고 도성으로 삼는다. 성의 이름을 '다윗성'이라 불렀으며 이 성이 바로 예루살렘이 된다. 후에 다윗의 아들 압살롬이 아버지 다윗에 반역하여 이스라엘의 왕이 되었음을 선포할 때, 그가 반역을 일으킨 곳이 또한 헤브론이기도 하다.

지금도 헤브론에는 아브라함과 사라, 이삭과 리브가, 그리고 야곱과 레아의 묘가 그대로 있다. 묘 전체가 하나의 건물 안에 자리하고 있다. 이곳은 이스라엘 사람들뿐만이 아니라 아랍 사람들에게도 성지이다. 아브라함이 이스마엘의 후손인 아랍 사람들에게도 조상이 되기 때문이다. 현재 헤브론은 아랍인 거주지역 내에 있으며 경비

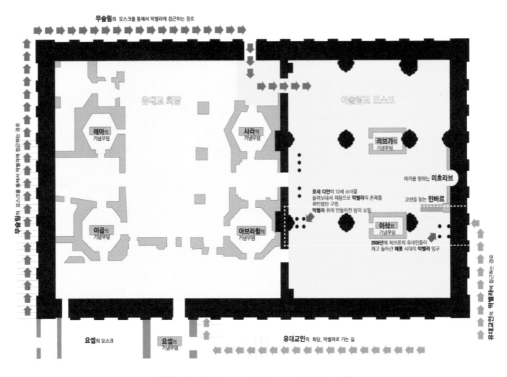

무덤의 배치도 (출처 : 다음 블로그, 배성수성지사랑)

아브라함의 묘   이삭의 묘   야곱의 묘

사라의 묘   리브가의 묘   레아의 묘

는 이스라엘 군인들이 하고 있다.

이 묘소에는 들어가는 문이 두 군데 있는데 하나는 이스라엘 사람들이 이용하고 또 하나는 아랍 사람들이 이용하여 서로 만나거나 부딪히지 않게 되어 있다. 진짜 묘는 지하에 있으며 1층에 이와 똑같은 가묘를 만들어 두어 사람들이 보게 한 것이다.

Point

아브라함, 이삭, 야곱에 관한 창세기의 이야기는 지금부터 약 4,000년 전으로 거슬러 올라간다. 놀랍게도 창세기에 기록된 헤브론의 막벨라 굴이 지금까지도 보존되어 4,000년 전의 과거와 현재를 이어주고 있다.

제3부

왕국의 성립과 멸망 그리고
회복의 약속

21. 예루살렘의 어제와 오늘

창세기에는 예루살렘과 관련된 내용이 두 군데 있다. 하나는 창세기 14장에 기록되어 있는 멜기세덱과 아브람의 만남에서이고, 또 다른 하나는 창세기 22장에 기록되어 있는 이삭의 번제 사건이다.

아브라함이 가나안 땅에 들어와 있을 때, 엘람 왕 그돌라오멜이 이끄는 메소포타미아 연합군과 가나안 지역 연합군 간의 전투가 지금의 사해가 있는 싯딤 골짜기에서 일어난다. 가나안 왕들이 패배했고, 당시 소돔에 살던 아브라함의 조카 롯도 잡혀간다. 이 소식을 들은 아브라함은 집에서 길리운 사병 318명을 이끌고 뒤를 쫓아가 다메섹 근처에서 이들을 격파하고, 빼앗긴 재물과 함께 잡혀간 사람들을 데리고 돌아온다. 돌아오는 길에 만난 사람이 살렘 왕 멜기세덱이다. 성경은 이 멜기세덱을 지극히 높으신 하나님의 제사장이라고 기록한다.

살렘 왕 멜기세덱이 떡과 포도주를 가지고 나왔으니 그는 지극히 높으신 하나님

의 제사장이었더라 (창 14:18)

멜기세덱의 이름은 '의의 왕'이라는 의미를 갖고 있고 그를 살렘의 왕이라고도 한다. 즉, 멜기세덱은 의의 왕이요 평화의 왕이다. 그가 아브라함을 맞을 때, 떡과 포도주를 가지고 나왔다. 예수님의 성만찬을 생각나게 한다. 그리고 그는 아브라함을 축복했고, 아브라함은 그에게 십일조를 드렸다. 히브리서 7장에는 이 멜기세덱에 대해서 여러 내용이 기록되어 있다. 제사장 되신 예수 그리스도께서는 아론의 반차가 아닌 멜기세덱의 반차(서열)를 따르는 대제사장이 된다는 내용인데, 히브리서의 저자는 이 내용을 시편 110편에서 가져와 인용했다.

여호와는 맹세하고 변하지 아니하시리라 이르시기를 너는 멜기세덱의 서열을 따

라 영원한 제사장이라 하셨도다 (시 110:4)

멜기세덱이 아브라함을 맞이한 장소가 사웨 골짜기 곧 왕의 골짜기라고 기록되어 있다. 이곳이 바로 예루살렘 동편의 기드론 골짜기이다. 예루살렘과 동쪽 감람산 사이에 있는 골짜기가 바로 기드론 골짜기이고, 구약 시대에는 왕의 골짜기라고 했다. 이 골짜기에서 감람산으로 올라가는 기슭에 예수님께서 십자가에 달리시기 전날 밤 땀방울이 핏방울이 되도록 기도하셨던 겟세마네 동산이 있다. 아브라함을 만날 때 멜기세덱이 가지고 나온 떡과 포도주는 예수 그리스도의 예루살렘에서의 십자가 사건과 성만찬의 제정을 예표한다고 볼 수 있겠다.

수십 년의 시간이 흐른 뒤, 하나님께서 아브라함에게 100살에 낳은 독자 이삭을 번제로 바치라고 하시면서 아들을 번제로 드릴 장소를 지정해 주시는데 모리아 땅의 한 산이 바로 번제를 드릴 장소였다. 남방 지역의 브엘세바에 살던 아브라함은 아들을

데리고 사흘 길을 걸어 모리아 땅으로 간다. 이 모리아 땅이 바로 예루살렘이다. 그로부터 약 1,000년 가까운 세월이 지나, 아브라함이 아들 이삭을 바치려 했던 그 모리아산에 솔로몬 성전이 세워진다.

여호수아의 인도하에 가나안 땅에 들어간 이스라엘은 정복 전쟁을 거쳐 많은 땅을 얻었지만, 모든 땅을 다 정복하지는 못했다. 강력한 적이 버티고 있어 정복하기 어려운 곳도 있었기 때문이다. 예루살렘 지역은 원래 베냐민 지파에 분배된 땅이었는데(여호수아 18장 28절) 당시 시온산으로 불리고 있었던 이곳에 여부스 족속이 성을 쌓고 살고 있었다. 시온산의 동쪽에는 기드론 골짜기, 서쪽에는 중앙 골짜기가 있다. 이 시온산성은 공격하기는 어렵고 방어하기는 아주 수월한 요새와 같은 성이었다. 이 성이 이스라엘에게 함락된 것은 다윗왕 때의 일이다.

다윗성 모형
(출처 : 위키백과)

앞 장에서도 이야기했듯이, 당시 이스라엘의 도성은 헤브론에 있었다. 다윗의 부하들이 물 긷는 길을 이용하여 이 성을 빼앗았다는 내용이 사무엘하 5장에 기록되어 있다. 점령 이후, 성의 이름이 다윗성 또는 예루살렘성으로 바뀌었다. 다윗은 성을 개축하고 왕궁을 지었으며 이스라엘의 도성을 헤브론에서 예루살렘으로 옮겼다. 규모는 작았지만, 본격적인 예루살렘의 시대가 시작된 것이다. 다윗이 유다의 왕이 된 지 7년이 지난 후의 일이며 B.C. 1003년의 일이다.

다윗이 죽고 그의 뒤를 이은 솔로몬이 이 다윗성의 북쪽 언덕에 성전을 짓는다. 이것이 솔로몬 성전이다. 다윗의 아들 솔로몬이 죽자, 이스라엘은 남왕국과 북왕국으로 분열하고 만다. 남왕국의 국호는 '유다'가 되었으며 유다 지파와 베냐민 지파로 구성되었고 북왕국은 다른 열 지파로 구성되어 그냥 '이스라엘'이라 불렀다. 시간이 흐르면서 흩어져 있던 레위 지파가 남유다로 합류하게 되었고 일부 다른 지파 사람들도 종교의 자유를 찾아 남유다로 합류하게 된다. 원래 베냐민 지파의 지역에 있었던 예루살렘은 그대로 남유다의 도성으로 남는다.

히스기야왕이 다스리던 때에 예루살렘에 큰 위기가 닥친다. 북이스라엘을 멸망시킨 앗수르의 침공이 임박한 것이다. 앗수르의 예루살렘 침공에 대한 내용은 열왕기하 18장과 19장, 역대하 32장, 그리고 이사야서 36장과 37장에 기록되어 있다. 앗수르 군대가 예루살렘성을 포위할 것에 대비하여, 히스기야왕은 성의 동쪽 밖에 있는 기혼 샘으로부터 성의 안쪽으로 수로를 만든다. 이 수로는 암벽을 양쪽에서 파 들어가 터널의 가운데서 만나는 방법으로 만들어졌다. 기혼 샘에서 성안으로 흘러들어온 물은 실로암 연못에 고이게 되어 있다. 이것을 '히스기야 터널'이라고 하며 터널의 길이는 530m가 된다. 요한복음 9장에는, 예수님께서 나면서부터 맹인 된 사람에게 땅에 침을 뱉어 진흙을 이겨 그의 눈에 바르시고 실로암 못에 가서 씻으라고 하셨고, 그 맹인이 실로암 못에서 씻으니 보게 되었다는 내용이 기록되어 있다. 지금도 이 수로에는 물이 계속 흐르고 있다.

> 이 히스기야가 또 기혼의 윗샘물을 막아 그 아래로부터 다윗 성 서쪽으로 곧게 끌
> 어들였으니 히스기야가 그의 모든 일에 형통하였더라 (대하 32:30)

북이스라엘을 멸망시킨 강력하고 포악한 제국인 앗수르의 왕 산헤립의 군대가 남유다로 쳐들어왔다. 산헤립은 신하를 예루살렘으로 보내어 여호와를 믿지 말고 항복하도록 협박을 가한다. 산헤립이 이미 주변의 많은 나라의 성들을 함락하고 유다의 성읍들을 황폐화한 후였다. 히스기야왕은 하나님 앞에 산헤립이 보낸 편지를 펼쳐놓고 간절히 부르짖어 기도했으며 하나님께서는 사자를 보내시어 앗수르 군대 185,000명을 하룻밤 사이에 송장으로 만드시며 히스기야의 기도에 응답하신다. 성

경은 이 엄청난 일을 담담하게 기록한다.

> 이 밤에 여호와의 사자가 나와서 앗수르 진영에서 군사 십팔만 오천 명을 친지라
>
> 아침에 일찍이 일어나 보니 다 송장이 되었더라 (왕하 19:35)

산헤립 왕은 살아서 니느웨로 돌아갔지만 그도 결국 그의 아들들의 손에 암살을 당하고 만다.

남유다의 도성인 예루살렘성은 B.C. 586년 바벨론의 느부갓네살왕의 군대에 함락되어 성전과 더불어 파괴되고 만다. 유다의 멸망, 그리고 예루살렘성과 성전의 파괴에 관한 내용이 열왕기하 25장과 역대하 36장에 기록되어 있다. 유다의 마지막 왕은 시드기야였다. 시드기야가 바벨론으로 잡혀간 조카 여호야긴(여고냐)의 뒤를 이어 왕이 된 지 9년째 되던 해에 바벨론의 느부갓네살왕이 예루살렘성을 포위하고, 그 포위는 시드기야왕 제 9년 10월 10일부터 제 11년 4월 9일까지 1년 6개월 동안 계속되었다.

> 시드기야 제구년 열째 달 십일에 바벨론의 왕 느부갓네살이 그의 모든 군대를 거느리고 예루살렘을 치러 올라와서 그 성에 대하여 진을 치고 주위에 토성을 쌓으매 그 성이 시드기야 왕 제십일년까지 포위되었더라 그 해 넷째 달 구일에 성 중에 기근이 심하여 그 땅 백성의 양식이 떨어졌더라 (왕하 25:1~3)

성안의 식량은 다 떨어지고 시드기야왕은 도망가다 사로잡혀 느부갓네살왕 앞에 끌려간다. 시드기야왕의 신하들과 아들들이 그의 눈앞에서 칼로 죽임을 당하고 그는 눈이 뽑혀 바벨론으로 끌려가 그곳에서 죽는다. 성전과 성은 철저히 파괴되는데, 예레미야 선지자가 하나님의 말씀을 반복하여 전했음에도 불구하고 회개하지 않은 유

다는 그렇게 멸망하고 만다.

바벨론을 멸망시킨 고레스왕의 조서로 포로로 끌려갔던 유대인들이 돌아와 우여곡절 끝에 성전을 건축하여 B.C. 516년에 봉헌하지만, 성벽은 한동안 중건되지 못한다. 무너졌던 예루살렘 성벽이 중건된 것은 B.C. 444년의 일이다. 페르시아 왕궁의 술 관원이었던 느헤미야는 아닥사스다왕에게 사정을 설명하고, 왕의 허락과 지원을 받아 예루살렘에 도착하여 이방 족속들의 방해에도 불구하고 52일 만에 무너진 성벽을 중건하는 역사를 이룬다. 이 내용이 느헤미야서에 기록되어 있다.

> 성벽 역사가 오십이 일 만인 엘룰월 이십오일에 끝나매 우리의 모든 대적과 이방
>
> 족속들이 이를 듣고 다 두려워하여 크게 낙담하였으니 그들이 우리 하나님께서
>
> 이 역사를 이루신 것을 앎이니라 (느 6:15~16)

이 성은 예수님 시대에도 존재하고 있었다. 예수님께서는 예루살렘 남쪽 지역인 베들레헴에서 탄생하셨다. 공생애의 상당 시간을 갈릴리 지역에서 보내시면서 갈릴리 호수 주변에서 많은 이적을 보이시기도 하시고 말씀도 선포하셨다. 다른 유대인들과 마찬가지로 유대인의 3대 명절인 유월절(무교절), 오순절, 초막절이 되면 예루살렘으로 올라가셨다. 그때마다 또한 이적을 보이시고 말씀도 선포하셨다. 바리새인과 같은 유대인들을 책망하시기도 하시고 성전에서 장사하는 자들을 쫓아내기도 하셨다. 때가 차므로, 십자가를 지시기 위해 나귀 새끼를 타시고 예루살렘으로 들어가셨고 거기서 죽으시고 부활하신다.

예루살렘성은 예수님의 예언대로 A.D. 70년 로마의 티투스 장군에 의해 성전과 함께 철저히 파괴된다. 예루살렘성에 있던 사람 중, 약 110만 명이 죽고 약 9만 7천 명이 로마로 끌려가 상당수가 콜로세움 건설 공사에 동원되기도 했다. 유대인들이 전 세계로 흩어지는 본격적인 디아스포라가 시작되었으며, 예루살렘을 이방인이 지배하

는 '이방인의 때'가 시작된 것이다. 예루살렘의 멸망과 함께 제사장 제도도 무너지고 사두개파도 사라지게 된다. 예루살렘 멸망 당시 기독교인들은 예수님의 예언을 상기하며 모두 예루살렘에서 빠져나와 산으로 피했다고 한다.

> 너희가 예루살렘이 군대들에게 에워싸이는 것을 보거든 그 멸망이 가까운 줄을 알라 그 때에 유대에 있는 자들은 산으로 도망갈 것이며 성내에 있는 자들은 나 갈 것이며 촌에 있는 자들은 그리로 들어가지 말지어다 (눅 21:20~21)

동로마(비잔틴) 제국에 의해 지배당하던 예루살렘은 A.D. 632년 이슬람의 사라센 제국을 일으킨 우마르 1세에 의해 정복을 당한다. 그는 로마에 의해 파괴된 성전의 자리에 지금도 버티고 서있는 바위돔(황금돔)을 지었다. 이후, 예루살렘은 천년 이상 이슬람 세력의 지배를 받는다. 이슬람에 의해 지배당하던 예루살렘이 일시적으로 십자군에 의해 탈환되기도 한다. 제1차 십자군 당시 A.D. 1099년 예루살렘은 기독교 진영으로 넘어오기도 하지만 얼마 되지 않아 A.D. 1187년 쿠르드족 출신인 살라딘에게 빼앗겨 다시 이슬람 진영으로 넘어가게 된다. 이슬람의 지배는 오스만 투르크의 지배까지 이어진다. 1차 세계대전이 연합국의 승리로 끝나면서 오스만 투르크에 의해 지배되던 예루살렘은 영국의 지배하에 놓인다. 1917년 영국의 외무부 장관이었던 벨푸어 경에 의하여 팔레스타인 땅에 이스라엘 국가를 세울 수 있다는 벨푸어 선언이 발표된다. 이때부터 전 세계에 흩어져 살던 유대인들이 하나둘 이스라엘 땅으로 돌아오기 시작한다. 2차 세계대전이 끝나고 나서 만들어진 유엔의 승인 아래, 1948년 5월 14일에 독립국 '이스라엘'이 탄생하게 된다. B.C. 586년 남유다가 바벨론에 의해 멸망한 지 2,533년 만의 일이며, A.D. 70년 예루살렘이 로마에 의해 멸망한 지 1,878년 만의 일이다.

독립국가는 되었지만, 예루살렘은 온전히 이스라엘로 돌아오지 않았다. 예루살렘이 이스라엘의 품으로 돌아온 것은 1967년에 있었던 6일 전쟁 때의 일이다. 예루살렘을 찾기 위해 이스라엘의 군인들은 요르단 군인들과 격렬한 시가전을 치러야 했다. 이때, 예루살렘이 이스라엘 품으로 돌아오기는 했지만, 아직도 완전히 되찾지 못한 곳이 있는데 성전산이 바로 그곳이다. 이 성전산에 있는 바위돔(황금돔)은 아직 요르단에서 관리를 하고 있다.

유엔의 대부분의 나라는 아직도 예루살렘을 이스라엘의 수도로 인정하지 않지만 지난 2017년 11월 29일 미국의 트럼프 대통령이 예루살렘을 이스라엘의 수도로 공식 인정했다. 그리고 이스라엘 건국 70주년 기념일에 맞추어, 이듬해인 2018년 5월 14일에 텔아비브에 있던 이

이스라엘이 발행한 기념주화(2018)
(출처 : 블로그, 예레미야)

스라엘 주재 미국 대사관을 예루살렘으로 이전했다. 아랍 국가들을 비롯한 많은 나라가 이를 반대했지만, 이스라엘은 이러한 미국의 결정을 대대적으로 환영했다. 성전 재건을 위해 바벨론에서 포로생활을 하던 유대인들을 예루살렘으로 돌려보냈던 고레스왕과 견주면서, 또 제3 성전의 건축을 기대하며 고레스왕과 트럼프 대통령 두 사람의 얼굴이 함께 새겨진 기념주화를 발행하기도 했다.

POINT

성경은 그저 과거의 이야기만이 아니다. 성경의 역사와 이야기는 지금도 현재진행형이다.
성경의 내용을 좀 더 깊게 알고 하나님의 경륜을 이해하기 위해서는
세계의 역사에 관해서도 관심을 기울여야 한다.

22. 북이스라엘의 왕들

가나안 땅을 정복한 이스라엘 백성들에게 하나님께서는 왕을 허락하지 않으셨다. 하나님께서 바로 이스라엘 백성들의 왕이셨기 때문이다. 이스라엘에는 왕을 위한 궁성도 없었고 왕과 영토를 지키는 군사도 없었다. 하나님께서 백성들을 보호하시기 때문이다. 그들은 하나님께 순종하기만 하면 되었다. 그런데 사무엘이 사사로 사역하던 시절, 이스라엘 백성들이 사무엘에게 왕을 세워 달라고 요구했고, 사무엘은 이일을 기뻐하지 않아 하나님께 기도를 드렸는데 하나님께서는 그들의 요구를 들어주라고 하신다.

> 여호와께서 사무엘에게 이르시되 백성이 네게 한 말을 다 들으라 이는 그들이 너를 버림이 아니요 나를 버려 자기들의 왕이 되지 못하게 함이니라 (삼상 8:7)

그렇게 해서 세워진 왕이 베냐민 지파의 사울이며 사울은 40년 동안 이스라엘을 다스렸다. 사울의 뒤를 이어서 유다 지파의 다윗이 B.C. 1010년에 왕이 되어 또 40년을 다스렸다. 다윗이 죽고, 그의 아들 솔로몬이 왕이 되어 또 40년을 다스렸다. 사울에서 솔로몬까지 이어지는 120년 동안 이스라엘은 다윗이 유다지파의 왕이었던 시기를 제외하고는 통일 왕국을 유지했다. 솔로몬이 B.C. 930년에 죽고, 그의 아들 르호보암으로 왕위가 넘어가는 과정에서 이스라엘은 남왕국 유다와 북왕국 이스라엘로 분열이 된다. 유다 지파와 베냐민 지파를 제외한 열 지파는 나라 이름을 그대로 이스라엘이라 했는데, 이전의 통일 왕국 시절의 이스라엘과 구분하기 위하여 '북이스라엘' 또는 '북왕국 이스라엘'이라고 부르기도 한다.

북이스라엘은 B.C. 930년부터 앗수르에 의해 멸망당하는 B.C. 722년까지 208년간 유지된다. 다윗의 자손들인 유다 지파의 왕들로 이어지는 남유다와는 달리, 여로보암으로부터 시작된 북이스라엘은 왕의 가문이 바뀌는 일이 자주 일어난다. 북이스라엘의 대표적인 세 왕조는 여로보암 왕조, 오므리 왕조, 그리고 예후 왕조이다.

여로보암 왕조

에브라임 지파의 여로보암은 하나님께서 선지자 아히야를 통해 말씀하신 대로 열 지파를 얻어 북이스라엘의 왕이 되고 세겜을 도성으로 정했다. 그런데 여로보암에게는 걱정이 있었다. 나라가 둘로 나뉜 뒤에도 여전히 북이스라엘의 백성들은 절기 때가 되면 남유다 땅에 위치한 예루살렘으로 올라가곤 했다. 여로보암은 백성들이 자기를 배반하지 않을까 하는 생각으로 노심초사했다. 그래서 그가 고안해 낸 것이 바로 새로운 예배처를 만드는 것이었다.

여로보암은 금송아지 둘을 만들어, 하나는 북이스라엘의 남쪽 경계 근방에 위치한 벧엘에 두고 다른 하나는 북쪽 경계의 단에 두었다. 그리고 이들을 애굽에서 이스라엘을 인도하여 내신 하나님이라 했다. 그는 또 산당을 짓고 레위 지파 출신이 아닌 보통 사람을 제사장으로 세운다. 또한 절기도 자기 마음대로 8월 15일로 정하고 자기도 벧엘에 가서 분향하기도 했다. 이 일은 하나님께 큰 죄가 되는 일이었다.

> 하나는 벧엘에 두고 하나는 단에 둔지라 이 일이 죄가 되었으니 이는 백성들이
> 단까지 가서 그 하나에게 경배함이더라 (왕상 12:29~30)

이로 인해 이스라엘 백성들은 우상숭배의 죄에 빠져든다. 하나님께서는 선지자들을 보내 여로보암에게 돌아올 것을 종용했지만, 여로보암은 돌이키지 않는다. 이러한 우상숭배는 북이스라엘이 멸망하는 B.C. 722년까지 지속된다. 여로보암은 22년간 북이스라엘을 다스리고 그의 아들 나답이 뒤를 잇지만, 나답도 여로보암과 같이 하나님 보시기에 악을 행했다. 나답이 북이스라엘의 왕이 된 지 2년 만에 잇사갈 지파 바아사의 모반으로 죽는다. 바아사는 여로보암 집안의 모든 사람을 죽이는데 이로써 여로보암 왕조는 24년만에 종말을 고하게 된다.

> 이는 여로보암이 범죄하고 또 이스라엘에게 범하게 한 죄로 말미암음이며 또 그
> 가 이스라엘의 하나님 여호와를 노엽게 한 일 때문이었더라 (왕상 15:30)

바아사는 세겜에서 디르사로 도성을 옮기고 24년간 이스라엘을 다스리다 그의 아들 엘라가 그 뒤를 잇는다. 하지만 그들 역시 여로보암의 죄에서 떠나지 않았기에 신하인 시므리가 엘라를 죽이고 바아사 집안의 모든 사람을 죽인다. 왕이 된 지 7일 만에 시므리가 백성들에게 죽고 오므리가 왕이 된다. 이때부터 오므리 왕조가 시작된다.

오므리 왕조

　오므리는 세겜 서쪽에 위치한 산지를 세멜이라는 사람에게서 사서 여기에 성읍을 건설한다. 북이스라엘의 도성은 디르사에서 사마리아로 옮겨지는데 사마리아라는 이름은 원주인이었던 세멜의 이름에서 유래된다. 이 오므리 역시 여로보암의 죄에서 벗어나지 않는다. 오므리의 뒤를 이어 그의 아들 아합이 북이스라엘의 왕에 오르는데 그는 북이스라엘의 왕 중에서 가장 악한 왕으로 기록된 인물이다. 그는 여로보암의 죄에 더하여 시돈의 공주 이세벨을 아내로 삼는다. 시돈은 가나안의 장자이고 시돈과 두로 사람들은 그의 후손들이다. 이세벨은 시집올 때 바알과 아세라를 이스라엘로 들여와 이스라엘을 심한 우상숭배 가운데 빠지게 했다. 아합은 사마리아에 바알을 위해 신전을 짓고 거기에 바알을 위한 제단을 쌓았고, 더불어 아세라상을 만들어 세웠다. 이스라엘의 모든 왕보다 심히 하나님을 노하게 했다.

　아합의 아내 이세벨은 여호와를 섬기는 선지자까지 죽인다. 이 당시 활동한 선지자가 바로 엘리야이다. 엘리야는 갈멜산에서 바알 선지자 450명, 그리고 아세라 선지자 400명, 합계 850명의 우상 숭배자들과 대결을 펼친다. 하늘에서 불이 내려 엘리야의 제단을 태움으로 말미암아 대결은 엘리야의 승리로 끝나고 엘리야는 바알 제사장과 아세라 제사장 모두를 잡아 죽인다.

> 엘리야가 그들에게 이르되 바알의 선지자를 잡되 그들 중 하나도 도망하지 못하게 하라 하매 곧 잡은지라 엘리야가 그들을 기손 시내로 내려다가 거기서 죽이니라 (왕상 18:40)

　하나님 보시기에 악한 아합왕이었지만 남유다와의 관계는 좋았다. 그리하여 아합과 이세벨의 딸 아달랴가 유다 왕 여호람과 결혼을 하기도 한다. 아합은 아람과의 전투 중에 전사하고 그의 아들 아하시아가 이스라엘의 왕이 된다. 아하시아는 2년 만에 아들이 없이 죽게 되고, 그의 형제 여호람(요람)이 이스라엘의 왕이 된다. 이즈음에 선지자 엘리야가 요단강 가에서 회오리바람으로 하늘로 올라가고 엘리사가 그의 뒤를 잇는다. 이스라엘 왕 여호람은 여호와 보시기에 악했으나 그래도 그의 아버지 아합보다는 나았다. 그가 바알의 주상을 깨뜨렸기 때문이다. 아합의 집이 하나님께 크게 범죄했으므로, 엘리사는 사환을 보내어 새로운 왕이 될 예후에게 기름을 붓는다. 북이스라엘의 왕 요람(여호람)은 예후의 활에 맞아 죽고 오므리 왕조는 이렇게 4대 만에 마감이 된다.

예후는 요람을 죽였을 뿐만이 아니라, 요람과 함께 있던 유다 왕 아하시아도 죽인다. 또한, 아합의 아내 이세벨을 처단하고 아합의 아들 70명을 죽여 아합의 집안을 멸절시킨다. 남유다의 황후가 되어 있던 아달랴만이 예후의 칼로부터 살아남는다. 이때부터 예후 왕조가 시작된다.

예후 왕조

예후는 속임수로 바알 선지자들을 모이게 하여 그들을 죽이기도 했고 바알의 주상을 깨뜨리고 바알 신당을 헐어 변소를 만들기도 했다. 하나님께서는 그에게 이스라엘 왕위를 4대까지 잇게 하시겠다고 약속하신다. 북이스라엘의 왕 중에서는 가장 하나님의 명령을 잘 따르기는 했으나, 그 역시 여로보암의 죄에서는 떠나지 않았다. 하나님께서는 이때부터 모세가 아모리 족속들과 싸워 차지했던 요단 동편의 땅들 즉, 므낫세 반 지파, 르우벤 지파 및 갓 지파에게 분배했던 땅을 잘라내기 시작하셨고 이 땅들은 아람의 차지가 되기도 한다.(열왕기하 10장 32~33절)

예후가 28년간 북이스라엘을 다스린 후, 그의 아들 여호아하스가 왕이 되어 17년간 다스린다. 이때 북이스라엘은 아람의 식민지와 같은 처지가 되었다. 여호아하스의 뒤를 이어 그의 아들 요아스가 북이스라엘의 왕이 되는데 요아스 역시 여로보암의 죄에서 떠나지 않았다. 요아스가 왕이 된 지 15년 만에 죽자 그의 아들 여로보암이 그 뒤를 잇는다. 북이스라엘의 초대 왕 여로보암과 동명이인이므로 요아스의 아들 여로보암을 통상 '여로보암 2세'라고 한다.

여로보암 2세는 꽤 오랜 기간인 41년 동안 북이스라엘을 다스린다. 그 역시 여로보암의 죄로부터는 떠나지 않았지만 하나님께서는 북이스라엘을 불쌍히 여기셨다.

> 이스라엘의 하나님 여호와께서 그의 종 가드헤벨 아밋대의 아들 선지자 요나를
> 통하여 하신 말씀과 같이 여로보암이 이스라엘 영토를 회복하되 하맛 어귀에서
> 부터 아라바 바다까지 하였으니 이는 여호와께서 이스라엘의 고난이 심하여 매
> 인 자도 없고 놓인 자도 없고 이스라엘을 도울 자도 없음을 보셨고 (왕하 14:25~26)

여로보암 2세 때에는 잃었던 많은 영토를 하나님의 도우심으로 회복했다. 하지만 나라가 부강해지면서 죄악이 더욱 관영하게 된다. 이 여로보암 2세 때 활동한 선지자가 바로 요나와 호세아, 그리고 아모스이다. 여로보암 2세가 죽고 나서 그의 아들 스가랴가 왕이 되지만, 6개월 만에 반역을 일으킨 살룸에 의해 죽게 됨으로써 예후 왕조는 종말을 고하게 된다.

예후 왕조가 끝난 이후부터 북이스라엘이 앗수르에 의해 멸망할 때까지 북이스라엘에서는 반역에 반역이 거듭되면서 새로운 왕들이 일어선다. 이렇게 일어선 왕들은 살룸, 므나헴과 그의 아들 브가히야, 베가, 그리고 마지막 왕 호세아이다. 북이스라엘의 마지막 왕인 호세아가 앗수르 왕 살만에셀에게 조공을 드리다가 배반하게 되어, 앗수르 왕이 그를 잡아다 옥에 가두고 사마리아성을 3년 동안 포위한다. 호세아가 왕이 된 지 9년 만에 사마리아성은 앗수르에 의해 함락되고 북이스라엘은 멸망한다. 이로 인해 많은 북이스라엘의 사람들이 포로가 되어 메소포타미아 지역으로 끌려가는데 이때가 B.C. 722년의 일이다.

> 호세아 제구년에 앗수르 왕이 사마리아를 점령하고 이스라엘 사람을 사로잡아
> 앗수르로 끌어다가 고산 강 가에 있는 할라와 하볼과 메대 사람의 여러 고을에
> 두었더라 (왕하 17:6)

이뿐만이 아니다. 앗수르는 메소포타미아 지역에 사는 사람들을 데려다가 사마리아로 이주시켜 북이스라엘 사람들을 혼혈 민족으로 만든다. 이때의 앗수르 왕은 사르곤 2세였으며 후에 남유다의 히스기야왕 때에 예루살렘을 포위했던 앗수르 왕이 그의 아들 산헤립이다.

> 앗수르 왕이 바벨론과 구다와 아와와 하맛과 스발와임에서 사람을 옮겨다가 이
> 스라엘 자손을 대신하여 사마리아 여러 성읍에 두매 그들이 사마리아를 차지하
> 고 그 여러 성읍에 거주하니라 (왕하 17:24)

하나님께 범죄했던 북이스라엘은 이렇게 역사 속으로 사라졌다. 북이스라엘의 범죄에 대한 기록이 열왕기하 17장에 기록되어 있다. 사마리아로 이주한 사람들은 하나님을 섬기기도 했지만, 각기 자기 지방에서 섬기던 신들을 가져와 함께 섬기기도 했다. 남유다 사람들은 이들을 더 이상 동족으로 생각하지 않고 이방인으로 간주했으며, 이들 사마리아 사람들과는 상종도 하지 않았다.

예수님께서는 유대인들이 가지 않는 사마리아 지역으로 일부러 가셨다. 수가라 하는 동네의 우물가에서 어느 여인을 만난다. 이 우물은 오래전에 조상인 야곱이 파놓은 '야곱의 우물'이었고 근처에는 요셉의 무덤이 있었다. 이 여인은 메시아를 기다리던 여인이었고 이 동네의 많은 사람 역시 메시아를 기다리던 사람들이었다. 예수님께서는 이곳에서 이틀을 유하시면서 하나님 나라의 복음을 설명해 주셨고 이들은 예수님을 메시아로 받아들였다. 예수님께서는 잃어버린 이스라엘을 추수하러 가신 것

이다. 이는 요한복음 4장에 기록된 내용이며, 이곳이 북이스라엘 초대 왕이었던 여로보암이 도성으로 삼았던 세겜이다.

P_{OINT}

구약의 예언서에는 "이스라엘의 회복"에 대한 많은 예언이 기록되어 있다.
이 이스라엘의 회복은 멸망한 북이스라엘과 남유다가 하나가 되는 메시아 왕국의 도래를 의미한다.
지금의 이스라엘의 모습을 보면 이 일이 점차 이루어지고 있는 듯하다.

23. 남유다의 왕들

에브라임 지파 출신인 여로보암으로부터 시작된 북이스라엘은 왕조가 여러 차례 바뀌기도 하고 많은 반역 사건들이 일어난다. 이에 반해 남유다의 경우는 이세벨의 딸인 아달랴가 왕권을 잡은 7년을 제외하고는 전체적으로 유다 지파 다윗의 자손들로 왕권이 계승된다. 북이스라엘 왕들이 여로보암의 죄를 따라 하나님께 죄악을 범했던 반면에 남유다의 왕들 중에는 아사, 여호사밧, 요담, 히스기야, 요시야와 같이 하나님께서 보시기에 좋았던 왕들도 등장한다.

남유다의 첫째 왕인 솔로몬의 아들 르호보암은 이스라엘의 왕이 되기 위해 세겜으로 내려갔다가 졸지에 열 지파의 배반에 직면하게 되고 유다 지파와 베냐민 지파만이 그에게 남게 되었다. 예루살렘으로 돌아온 르호보암은 군사 18만 명을 모아 북이스라엘을 치려 했지만, 하나님께서는 하나님의 사람 스마야를 보내 이를 만류하셨다. 남과 북의 분열은 솔로몬의 죄악으로 인해 하나님께서 행하신 일이기 때문이었다. 솔로몬 시대에 우상숭배가 만연하게 되어 하나님께서는 솔로몬에게 돌이킬 것을 두 번씩이나 말씀하셨으나 그는 돌이키지 않았다. 그리하여 하나님께서는 솔로몬의 아들의 손에서 나라를 빼앗으시겠다고 말씀하신다.

그러나 네 아버지 다윗을 위하여 네 세대에는 이 일을 행하지 아니하고 네 아들의
손에서 빼앗으려니와 오직 내가 이 나라를 다 빼앗지 아니하고 내 종 다윗과 내가
택한 예루살렘을 위하여 한 지파를 네 아들에게 주리라 하셨더라 (왕상 11:12~13)

솔로몬과 암몬 여인 사이에서 태어난 르호보암은 여호와 보시기에 악을 행했다. 산 위에 산당과 우상과 심지어 아세라상까지 세웠다. 애굽 왕 시삭이 쳐들어와 성전의 보물, 왕궁의 보물과 솔로몬이 만들었던 금방패를 빼앗아 가기도 했다. 르호보암이 왕이 된 지 17년째에 죽고 그의 아들 아비얌이 그의 뒤를 이어 3년간 남유다를 다스린다. 그 역시 아버지 르호보암과 같이 범죄했지만, 하나님께서는 다윗을 보아 남유다를 지켜 주셨다. 르호보암 때와 마찬가지로 아비얌 때에도 북이스라엘과의 전쟁이 계속되었다.

아비얌의 뒤를 이어 아들 아사가 남유다의 왕이 되었다. 그는 예루살렘에서 41년을 다스리는 동안, 조상 다윗과 같이 여호와 앞에 정직하게 행했다고 성경은 기록하고 있다. 모처럼 믿음의 왕이 나온 것이다.

아사가 그의 조상 다윗 같이 여호와 보시기에 정직하게 행하여 남색하는 자를 그
땅에서 쫓아내고 그의 조상들이 지은 모든 우상을 없애고 또 그의 어머니 마아가
가 혐오스러운 아세라 상을 만들었으므로 태후의 위를 폐하고 그 우상을 찍어 기
드론 시냇가에 불살랐으나 (왕상 15:11~13)

아사왕 때에도 북이스라엘과의 전쟁은 계속되었다. 아사왕 때, 북이스라엘에서는 반역이 일어나 여로보암 왕조가 몰락하고 후에 오므리 왕조가 탄생한다. 아사왕 말년에는, 오므리의 아들 아합이 왕이 되어 깊은 우상숭배에 빠지게 되고 선지자 엘리야의 활동이 시작된다.

아사의 뒤를 이어 여호사밧이 남유다의 왕이 되어 예루살렘에서 25년 동안 다스린다. 여호사밧왕 역시 아버지 아사를 따라 여호와 앞에 정직하게 행하는 왕이 된다. 다만 산당은 없애지 않았고 북이스라엘의 악한 왕 아합과는 좋은 관계를 유지하려 했다. 아람이 북이스라엘을 치러 왔을 때, 여호사밧은 아합을 돕기 위하여 이 전쟁에 참전한다. 하지만 이 전쟁터에서 아합은 죽고 여호사밧은 겨우 전장에서 빠져나온다. 하나님께서는 선지자 예후를 보내시어 여호사밧을 꾸짖으신다.

> 하나님의 아들 선견자 예후가 나가서 여호사밧왕을 맞아 이르되 왕이 악한 자를 돕고 여호와를 미워하는 자들을 사랑하는 것이 옳으니이까 그러므로 여호와께로부터 진노하심이 왕에게 임하리이다 (대하 19:2)

이후에 여호사밧은 많은 사람을 여호와 앞으로 돌아오게 하는 일에 힘을 기울였다. 모압과 암몬이 남유다를 공격하려 했을 때, 하나님께 기도를 올리니 하나님께서 그의 적군들을 물리쳐 주셨고 그 땅에 평강을 주셨다.(역대하 20장)

> 이방 모든 나라가 여호와께서 이스라엘의 적군을 치셨다 함을 듣고 하나님을 두려워하므로 여호사밧의 나라가 태평하였으니 이는 그의 하나님이 사방에서 그들에게 평강을 주셨음이더라 (대하 20:29~30)

여호사밧이 죽고 그의 아들 여호람이 남유다의 왕이 되어 8년간을 다스린다. 왕의 자리가 견고해지자 자기 형제들을 모두 죽이는 악행을 저지른다. 또한, 여호람왕은 북이스라엘의 아달랴와 결혼을 하는데, 이 아달랴는 아합왕과 이세벨의 딸이다. 여호람은 장인인 아합처럼 악한 길을 걷게 된다. 선지자 엘리야가 그에게 글을 보내어 형제들을 죽인 데 대한 징계를 받을 것이라 했다. 엘리야의 글에 쓰인 대로 블레셋과 아라비아 사람들이 쳐들어와 막내아들 아하시야를 제외한 모든 아들을 죽인다. 그리고 여호람은 창자가 빠져 죽게 된다.(역대하 21장)

여호람이 죽고 그의 막내아들 아하시야가 남유다의 왕이 된다. 모든 형제를 아라비아 사람들이 죽였기에 아하시야 외에는 다른 아들이 남지 않았기 때문이다. 아하시야의 어머니가 바로 이세벨의 딸 아달랴이다. 아하시야는 어머니 이세벨의 말을 따라 하나님 보시기에 악한 길을 걸었다. 아하시야는 북이스라엘의 아합의 아들 요람왕에게 병문안하러 갔다가, 마침 그때 반역을 일으킨 예후의 칼에 신하들과 함께 죽고 만다. 왕이 된 지 1년 만의 일이다. 아들 아하시야가 죽었다는 소식을 들은 그의 어머니 아달랴는 유다의 모든 왕족의 씨를 멸절시키고 왕권을 탈취한다. 이때, 아하시야왕의 어린 아들 요아스만이 겨우 살아남는다.

아달랴는 7년간 남유다를 다스리는데 이 기간이 유다 지파가 아닌 사람이 유다를 다스린 유일한 시기이다. 아달랴의 남유다 통치는 제사장 여호야다가 어린 요아스를 왕으로 옹립함으로써 끝이 나고 아달랴는 왕궁 문 앞에서 칼로 죽임을 당한다. 제사장 여호야다는 자기와 모든 백성과 왕 사이에 언약을 세워 다시금 하나님의 백성이 됨을 확인한다. 이때 모든 백성이 바알의 산당으로 가서 산당을 허물고 제단들과 신상들을 부순다. 바알의 제사장들도 모두 죽임을 당한다.

요아스는 7세에 남유다의 왕이 되어 40년을 예루살렘에서 다스린다. 왕이 어렸기에 제사장 여호야다가 그를 보좌한다. 제사장 여호야다가 사는 동안 요아스는 여호와 보시기에 정직하게 행하지만 여호야다가 죽고 나서, 유다의 방백들이 왕의 마음을 돌이켜 여호야다를 배반하고 여호와 보시기에 악한 길을 걷게 한다. 선지자들과 제사장 여호야다의 아들 스가랴가 하나님의 영에 감동하여 요아스왕에게 경고의 말을 전하지만 왕의 명령으로 사람들이 이 스가랴를 돌로 쳐 죽이고 만다. 하나님께서 적은 아람의 군대를 유다로 보내 유다를 치게 하셨고 요아스는 부상을 입는다. 결국 요아스는 반역자들의 칼에 죽게 된다.

요아스의 아들 아마샤가 25세에 유다의 왕이 되어 29년을 다스린다. 여호와 보시기에 정직하기는 했으나 산당은 그대로 두었다. 하나님의 도우심으로 에돔을 크게 이긴 아마샤는 오히려 에돔의 신에게 경배하며 분향했다. 이 일로 인해 하나님은 그를 멸하시기로 작정하셨다. 이미 교만해진 그는 북이스라엘에게 싸움을 걸지만 크게 패하고 만다. 결국 반역자들이 그를 북이스라엘의 라기스까지 쫓아가 살해한다.

아마샤의 뒤를 이어 그의 아들 웃시야가 16세에 남유다의 왕이 되어 52년간 다스린다. 하나님 앞에 아주 정직하게 행하였으므로 하나님께서는 그의 나라를 강성하게 해주셨다. 블레셋을 굴복시키기도 하고 많은 군사를 거느리기도 했다. 하지만 그의 말년에 마음이 교만하여져서 오직 제사장만이 할 수 있는 성전의 분향을 하려고 하다가 하나님이 그를 치심으로 나병 환자가 된다. 그가 살아있는 동안에는 그의 아들 요담이 나라를 다스렸다. 요담은 25세에 왕위에 올라 16년간 유다를 다스린다. 여호와 보시기에 비교적 정직하게 행했으며 암몬을 이겨 암몬으로부터 공물을 받기도 했다.

요담이 죽자, 그의 아들 아하스가 20세에 왕위에 오른다. 아하스는 여호와 보시기에 악을 행했으며 아합의 길을 따라 바알의 신상을 세우고, 힌놈의 아들 골짜기에서 분향하고 자녀들을 우상에게 바치기도 했다. 하나님께서는 아람 왕을 통해 유다를 쳐서 많은 사람을 잡아가게 하셨다. 심지어는 북이스라엘도 쳐내려와 많은 포로를 잡아가기도 했다. 에돔 사람들이 유다를 치러 왔을 때, 적국인 앗수르에 도움을 청하기까지 하는데 앗수르는 도와주기는커녕, 오히려 유다를 치고 많은 재물을 노략질해 간다. 이렇게 아하스는 하나님을 격노케 한 왕이었다. 유다를 죄악 가운데 빠지게 했으므로 그가 죽었을 때, 왕의 묘실에 들지 못했다.

히스기야가 아하스의 뒤를 이어 왕위에 오를 때가 25세였다. 29년 동안 유다를 다스리며 그는 다윗을 따라 여호와 보시기에 정직하게 행했다. 왕이 된 첫해 첫 달에 그의 부친인 아하스가 더럽혔던 여호와의 성전을 정결케 하는 일을 한다. 아울러 성전에서 온전한 제사가 드려지게 하고 온전한 절기를 지키도록 한다. 유다의 땅과 베냐민의 땅에 있던 산당을 허물고 주상을 깨뜨리며 아세라상을 찍도록 하는 등 여러 개혁을 주도한다. 이를 '히스기야의 종교개혁'이라고 한다.

히스기야 때인 B.C. 722년에 앗수르가 북이스라엘을 멸망시키고, 후에 남유다를 치러 왔다. 그들은 하나님께 망령된 말을 퍼부었고, 히스기야왕에 대해 경멸하는 말을 서슴지 않았다. 히스기야왕은 하나님께 부르짖어 기도했고 하나님께서는 그의 기도를 들으셨다. 아침에 일찍 일어나 보니 앗수르 군대 십팔만오천 명이 송장이 되어 있었다. 앗수르 왕인 산헤립은 니느웨로 돌아갔고 거기서 아들들에 의해 살해당한다. 히스기야왕은 앗수르의 침공에 대비하여 암반을 파서 약 530m의 수로를 만들었는데, 이 수로가 지금도 남아있는 '히스기야 터널'이다. 지금도 이 터널을 따라 성 밖에 있었던 기혼 샘의 물이 성안의 실로암 못까지 흐른다. 히스기야왕은 하나님께 기도를 드려 수명을 15년 더 연장받은 왕이기도 했다. 하지만 말년에 하나님께서 허락하신 유다의 모든 부와 영광을 바벨론 사절단에게 보여주는 우를 범하기도 한다. 이 일로 인해 선지자 이사야가 대노했다.

히스기야의 뒤를 이어 그의 아들 므낫세가 12세에 왕이 되어 유다를 55년 동안 다스린다. 그는 아버지와는 정반대로 여호와 보시기에 아주 악했다. 그는 아버지 히스기야가 헐은 산당을 다시 세우고 아버지가 정결케 한 성전에도 일월성신을 위한 제단을 쌓는다. 힌놈의 아들 골짜기에서 자녀들을 불 가운데 지나가게도 한다. 많은 우상을 세워 백성들로 하여금 하나님께 악을 행하도록 했다. 그는 유다의 어떤 왕보다도 악했다.

> 유다와 예루살렘 주민이 므낫세의 꾀임을 받고 악을 행한 것이 여호와께서 이스
>
> 라엘 자손 앞에서 멸하신 모든 나라보다 더욱 심하였더라 (대하 33:9)

전승에 따르면, 악했던 므낫세는 선지자 이사야를 톱으로 썰어 죽였다고 한다. 하나님께서는 이런 므낫세를 앗수르의 포로가 되어 끌려가도록 하신다. 므낫세는 환난 중에 여호와께 회개 기도를 했고 다시 남유다의 왕권이 회복되어 성전과 예루살렘에 있었던 모든 제단을 없애기도 했다. 하지만 이미 하나님께서는 므낫세의 죄로 말미암아 성전을 버리시기로 작정하셨다.

> 그러나 여호와께서 유다를 향하여 내리신 그 크게 타오르는 진노를 돌이키지 아
>
> 니하셨으니 이는 므낫세가 여호와를 격노하게 한 그 모든 격노 때문이라 여호와
>
> 께서 이르시되 내가 이스라엘을 물리친 것 같이 유다도 내 앞에서 물리치며 내
>
> 가 택한 이 성 예루살렘과 내 이름을 거기에 두리라 한 이 성전을 버리리라 하셨
>
> 더라 (왕하 23:26~27)

므낫세가 죽고 아들 아몬이 왕이 되었으나 아몬 역시 하나님 앞에 악을 행했다. 그가 신하들에 의해서 죽임을 당하고 그의 아들 요시아가 8세에 왕이 되어 31년 동안 남유다를 다스린다.

어린 요시야였지만 증조할아버지인 히스기야처럼 여호와 보시기에 정직하게 행한다. 종교개혁을 단행하여 유다와 예루살렘을 정결케 한다. 우상의 제단을 헐고 아세라상이나 태양상 등 우상의 상들을 찍어 제거한다. 성전을 수리하는 과정에서 율법책이 발견되어 백성들에게 들려주기도 하고, 왕위에 있은 지 18년째 되는 해 1월 14일에는 유월절의 절기를 지킨다.

선지자 사무엘 이후로 이스라엘 가운데서 유월절을 이같이 지키지 못하였고 이스라엘 모든 왕들도 요시야가 제사장들과 레위 사람들과 모인 온 유다와 이스라엘 무리와 예루살렘 주민과 함께 지킨 것처럼은 유월절을 지키지 못하였더라

(대하 35:18)

바로 그해에 요시야왕은 앗수르를 치기 위하여 올라온 애굽의 왕인 '바로 느고'의 군대를 므깃도에서 막겠다고 나섰다가, 애석하게도 애굽 군사가 쏜 화살에 맞아 죽게 된다. 이때부터 남유다의 국운은 멸망을 향해 내리막길을 걷게 된다. 요시야왕 사후에 세 명의 아들과 한 명의 손자가 남유다의 멸망 때까지 왕위를 잇는다. 이때 예루살렘을 중심으로 활동한 선지자가 예레미야이다. 그는 요시야왕 11년째부터 마지막 왕인 시드기야왕 11년에 남유다가 바벨론에 의해 멸망할 때까지 하나님의 말씀을 선포한다.(열왕기하 25장 1~7절)

요시야왕에게는 네 명의 아들이 있었다. 요하난, 여호야김(엘리야김), 여호아하스(살룸), 그리고 시드기야(맛다니야)가 그들이다. 요시야를 이어 첫 번째로 왕이 된 아들은 셋째인 여호아하스인데, 그는 하나님 보시기에 악을 행하였고 왕이 된 지 3개월 만에 애굽으로 끌려가 거기서 죽게 된다.

애굽은 그를 대신하여 둘째 아들인 여호야김을 왕으로 세운다. 그는 25세에 왕이 되어 11년 동안 남유다를 다스린다. 예레미야를 통하여 하나님께서 말씀하신 내용을 기록한 두루마리를 칼로 잘라 불에 태운 장본인이다. 그 역시 여호와 보시기에 악했다. 바벨론의 느부갓네살왕이 와서 그를 쇠사슬로 묶어 바벨론으로 끌고 갔다.

바벨론으로 끌려간 여호야김 대신에 그의 아들 즉, 요시야의 손자인 여호야긴(여고냐, 고니야)이 8세에 왕위에 오른다. 100일 동안의 왕위였지만 하나님 보시기에 악을 행한다. 바벨론의 느부갓네살왕이 사람을 보내어 그를 폐위시키고 그의 삼촌이며 요시야왕의 넷째 아들인 맛다니야의 이름을 시드기야로 고쳐 왕으로 삼는다. 여호야긴은 바벨론으로 포로가 되어 끌려가는데 이 여호야긴은 잡혀간 지 37년이 되는 해인, 바벨론의 에월므로닥왕 원년에 석방되고 왕의 식탁에 앉게 된다.(열왕기하 25장 27~30절) 마태복음 1장 예수님의 족보에 등장하는 '여고냐'가 바로 이 여호야긴이며 예루살렘 성전을 새로 건축하는 스룹바벨이 그의 손자이다.

시드기야는 21세에 왕이 되었으며, 남유다가 멸망할 때까지 11년 동안 유다를 다스린다. 이스라엘 전체의 마지막 왕이 되는 셈이다. 그 역시 하나님 보시기에 악을 행했다. 하나님께서 예레미야 선지자를 통하여 애굽을 의지하지 말 것을 여러 차례 경고했으나, 그는 신하들의 말에 따라 애굽을 의지했고 왕이 된 지 9년째 되는 해 10월 10일에 바벨론의 느부갓네살왕이 예루살렘을 포위한다. 성은 포위된 지 1년 6개월 만인, 11년 4월 9일에 함락되고 시드기야왕은 도망가다가 잡혀 느부갓네살왕 앞에 서게 된다. 그의 눈앞에서 신하들과 그의 아들들이 칼로 죽임을 당하고 그는 두 눈이 뽑힌 채 바벨론으로 끌려가고 거기서 죽는다. 예루살렘성이 파괴되고 솔로몬이 지은 성전도 파괴된다. 이때가 B.C. 586년의 일이다. 이로써 B.C. 1050년 사울왕으로부터 시작된 이스라엘 왕국은 464년 만에 역사 속으로 사라지고 만다.

바벨론에 의해 멸망되는 과정 중에서 20년에 걸쳐 세 번의 바벨론 포로 사건이 발생한다. 1차 포로는 B.C. 605년에 있었으며 다니엘과 세 친구가 끌려간다. 2차 포로는 B.C. 597년에 있었으며 여호야긴왕과 에스겔이 끌려간다. 마지막 3차 포로는 B.C. 586년에 있었으며 이때 시드기야왕이 끌려간다.

POINT

마태복음 1장에는 다윗의 후손으로 남유다 왕들의 계보가 정리되어 있다.
남유다의 왕들 중에 아달랴 및 그녀와 관련된 왕들이 제외되었고,(아하시아, 아달랴, 요아스, 아마샤)
남유다 멸망 즈음에 왕위에 올랐던 요시야왕의 세 아들이 제외되었다.(여호아하스, 여호야김, 시드기야)

24. 선지자들

　　성경에는 많은 선지자가 등장한다. 선지자는 특별한 부르심을 받아 하나님을 대신하여 왕이나 백성들 심지어는 이방 민족에게 하나님의 말씀을 선포하는 일을 감당하는 사람이다. 예언자, 대언자, 또는 선견자라고도 하며 어떤 경우에는 하나님의 사람이라고 표현되기도 한다. 다윗왕 시대의 나단이나 히스기야왕 시대의 이사야처럼 왕의 옆에서 하나님의 말씀을 전한 선지자들도 있고, 엘리야나 예레미야처럼 하나님의 말씀으로 왕의 잘못을 책망했던 선지자들도 있다. 다니엘이나 에스겔과 같이 이방 땅인 바벨론에서 하나님의 말씀을 대언하고 선포한 선지자들도 있다. 엘리야나 엘리사, 나단과 같이 기록을 남기지 않은 선지자들도 있고, 이사야나 예레미야와 같이 기록을 남긴 선지자들도 있다. 여기에서는 기록을 남긴 선지자들을 중심으로 살펴보기로 한다. 선지자들에 대해서 좀 더 잘 이해하기 위해서는 열왕기나 역대기와 같은 역사서에 대한 내용을 더불어 보아야 할 필요가 있다.

대다수의 선지자는 주로 남유다를 중심으로 활동했고 북이스라엘을 중심으로 활동한 선지자로는 요나, 호세아, 아모스 세 사람이 있다. 나훔이나 오바댜와 같이 이방 나라를 향하여 하나님의 말씀을 선포한 선지자들도 있다.

북이스라엘에서 활동한 선지자들

요나, 호세아, 아모스 이 세 사람은 모두 북이스라엘의 여로보암 2세 때 활동했다는 공통점이 있다. 호세아와 아모스는 우상숭배의 죄악 가운데 빠진 북이스라엘로 하여금 하나님께 돌아올 것을 선포했다.

> 웃시야와 요담과 아하스와 히스기야가 이어 유다 왕이 된 시대 곧 요아스의 아들 여로보암(2세)이 이스라엘 왕이 된 시대에 브에리의 아들 호세아에게 임한 여호와의 말씀이라 (호 1:1)

> 유다 왕 웃시야의 시대 곧 이스라엘 왕 요아스의 아들 여로보암(2세)의 시대 지진 전 이년에 드고아 목자 중 아모스가 이스라엘에 대하여 이상으로 받은 말씀이라 (암 1:1)

호세아는 하나님으로부터 음란한 여인 고멜과 결혼하여 자녀를 낳으라는 말씀을 듣고 고멜과 결혼하여 아들 둘과 딸 하나를 낳는다. 하나님께서는 자녀를 낳고 나서 음녀가 된 고멜을 다시 사 오라고도 하신다. 이는 호세아와 고멜의 결혼을 통해 하나님과 북이스라엘과의 혼인 관계를 나타낸 비유와 같은 것이다. 하나님께서는 북이스라엘의 영적 간음에 대하여 심히 책망하시며 하나님께로 돌아올 것을 계속 선포하게 하신다.

하나님께서는 남유다 드고아 출신의 목자인 아모스를 통해서도 북이스라엘의 죄를 책망하시며 하나님께 범죄한 북이스라엘이 멸망할 것임을 예언하게 하신다. 그리고 다섯 가지 재앙을 내리시겠다고 말씀하신다. 첫째가 메뚜기 재앙이고, 둘째가 불 재앙, 셋째가 다림줄 재앙, 넷째가 여름 과일 한 광주리와 같은 재앙이고, 다섯째가 기둥머리를 쳐서 문지방을 부수는 재앙이다. 호세아를 통하여, 또 아모스를 통하여, 하나님께 돌아올 것을 외치게 하셨지만, 이스라엘은 하나님께로 돌아오지 않고 계속 우상숭배의 악한 길을 걸었다.

요나는 원래 여로보암 2세가 영토를 회복하도록 돕는 역할을 했으나, 하나님께서 그를 억지로 적국인 앗수르의 도성 니느웨로 가서 회개를 선포하게 하신다. 원래 니느웨 사람들은 포악하기로 소문난 사람들이었다. 그런데 포악한 니느웨 사람들은 요나의 생각과는 정반대로 요나의 선포를 듣고 왕으로부터 짐승까지 금식했다. 결국, 호세아와 아모스가 회개할 것을 선포했음에도 불구하고 회개하지 않은 북이스라엘은 앗수르에 의해 B.C. 722년에 멸망당하고 만다. 이 일이 마태복음 12장에 예수님께서 말씀하시는 요나의 표적 중 니느웨 사람들의 정죄에 대한 예표이다. 니느웨 사람들의 정죄가 유다에게 임하여 예수님의 회개 선포에도 불구하고 회개하지 않았던 예루살렘은 예수님의 예언대로 A.D. 70년에 로마의 티투스 장군에 의하여 멸망당하고 성전도 파괴되기에 이른다.

남유다에서 활동한 선지자들

많은 선지자가 주로 남유다에서 활동했다. 이사야는 남유다의 웃시야, 요담, 아하스 및 히스기야왕 때를 중심으로 활동한 선지자로 북이스라엘의 멸망을 전후한 시기에 남유다에서 활동했다. 이사야서에는 방대한 분량의 예언의 말씀이 기록되어 있는데 특별히 메시아에 대한 많은 예언의 내용이 있다. 평강의 왕에 대하여, 의로 통치할 왕에 대하여, 메시아의 탄생에 대하여, 메시아의 고난에 대하여, 메시아가 하나님이

심에 대하여, 다양한 예언의 말씀들이 기록되어 있다. 앗수르와 바벨론의 멸망과 주변 나라들의 멸망에 대한 예언의 말씀들도 기록되어 있다.

이사야서에는 약 150년 이상이 지나서 등장할 페르시아(바사)의 고레스왕에 대한 이름과 예언의 말씀이 기록되어 있다. 이 고레스왕의 등장으로 바벨론이 멸망하고, 바벨론에 포로로 끌려갔던 유다 백성들이 예루살렘으로 귀환한다. 예언의 말씀뿐만 아니라, 히스기야왕 때에 있었던 사건들도 기록되어 있다. 또한, 이스라엘의 회복과 새 하늘과 새 땅에 대한 내용도 기록되어 있다.

예레미야는 눈물의 선지자이다. 남유다의 국운이 다해갈 때 하나님께서는 예레미야를 택하여 부르셨다. 하나님의 말씀을 따라 행했던 요시야왕 13년째부터 남유다가 멸망하는 마지막 왕인 시드기야왕 11년까지 약 40년 동안 하나님의 말씀을 선포했다. 예레미야가 태어나기도 전에 하나님께서는 그를 택하여 불렀고 여러 나라의 선지자로 세우셨다고 기록되어 있다.(예레미야 1장 5절)

예레미야는 패역한 유다를 향해 끊임없이 하나님께 돌아오라는 메시지를 전한다. 하지만 왕과 신하들과 백성들은 다 하나님을 떠나 우상을 섬기기에 급급했다. 급변하는 국제 정세 속에서 메대와 함께 앗수르를 멸망시킨 바벨론이 신흥 강국으로 자리매김을 하고 있을 때였다. 남유다의 왕과 신하들은 애굽을 섬기면 바벨론으로부터 안전하리라 생각했지만 그 길이 멸망의 길임을 예레미야는 끊임없이 선포했다. 우상으로부터 돌아서서 하나님께 돌아오라고 했지만 왕과 신하들은 예레미야의 입을 통해 선포되는 하나님의 말씀을 듣지 않았다. 오히려 그를 가두기도 하고, 진창 구덩이에 빠뜨리기도 했다. 그러나 그는 끝까지 주신 사명을 감당했다. 하나님을 떠난 남유다가 바벨론에 넘겨져 바벨론 왕을 70년 동안 섬기게 될 것이라는 하나님의 말씀을 선포하기도 했다. 또, 이스라엘과 유다에 대한 회복의 말씀을 전하기도 한다. 예레미야는 남유다 멸망 후, 애굽으로 끌려가 거기에서도 예언의 말씀을 전한다.

예레미야가 선포한 예언대로 바벨론을 멸망시킨 고레스왕의 조서에 따라 바벨론을 출발한 유다 백성들은 성전 건축을 위해 예루살렘에 도착한다. 바벨론 포로로 끌려갔던 여호야긴왕의 손자인 스룹바벨과 대제사장 여호수아의 인도하에 유다 백성들은 B.C. 516년에 성전 건축공사를 시작한다. 기초는 놓았지만 사마리아 사람들을 비롯한 주변 민족들의 방해로 말미암아 성전 건축은 더 이상 진전을 보지 못하고 백성들은 성전 공사에서 손을 놓게 된다.(에스라 4장) 약 16년 동안 중단되었던 성전 공사의 재개를 위하여 하나님께서 보내신 선지자가 학개와 스가랴이다.

페르시아에서는 고레스왕이 해외 원정 중 전투에서 죽고 그의 큰아들인 캄비세스가 왕이 되지만 캄비세스도 이집트 원정 길에서 돌아오는 도중에 불의의 사고로 죽게 된다. 나라의 왕이 없어진 틈을 이용하여 페르시아의 왕이 된 사람이 학개서와 에스라서에 등장하는 다리오(다리우스 1세)이다. 이 사람은 다니엘을 사자굴에 넣었던 메대 사람 다리오왕과는 다른 사람이다. 다리오왕 2년째에 하나님의 말씀이 학개에게 여러 차례 임하신다. 하나님께서는 선지자 학개를 통하여 성전 건축이 중단된 것에 대한 책망을 하시며, 스룹바벨과 대제사장 여호수아에게 격려의 말씀을 선포하게 하신다.

다리오왕 2년째부터 하나님께서는 또 다른 선지자 스가랴를 통하여 성전이 다시 건축될 것임을 말씀하시고 스룹바벨과 대제사장 여호수아를 격려하는 말씀도 전하신다. 그리고 성전 건축이 사람의 능으로나 힘으로 되는 것이 아닌 오로지 하나님의 영으로 됨을 선포하게 하신다.

> 스룹바벨의 손이 이 성전의 기초를 놓았은즉 그의 손이 또한 그 일을 마치리라 하셨나니 만군의 여호와께서 나를 너희에게 보내신 줄을 네가 알리라 하셨느니라 (슥 4:9)

스가랴서에는 이외에도 메시아에 대한 여러 계시 및 이스라엘의 회복에 대한 묵시의 말씀들이 기록되어 있다. 선지자 학개와 스가랴의 말씀 선포에 힘입어 16년 동안 중단되었던 성전 건축은 재개되었고, 드디어 B.C. 516년에 완공되어 봉헌식이 거행된다. B.C. 586년에 솔로몬 성전이 파괴된 지 70년 만의 일이다.

기타 소선지서를 기록한 선지자들

위에 기록한 선지자들 외에 소선지서를 기록한 요엘, 오바댜, 미가, 나훔, 하박국, 스바냐, 말라기가 있다. 소선지서라 함은 기록된 양이 상대적으로 적다는 의미이다.

요엘은 B.C. 800년경에 유다에서 활동한 선지자이다. 죄악으로 인한 징계가 행해질 '여호와의 날'이 임박했음을 선포한다. 아울러 이스라엘을 괴롭힌 모든 민족을 여호사밧 골짜기에서 심판하게 될 것이라는 것과, 만민에게 하나님의 영을 부어 주실 것임을 예언한다. 이 여호사밧 골짜기는 지금의 기드론 골짜기(왕의 골짜기)를 의미한다.

> 그 후에 내가 내 영을 만민에게 부어 주리니 너희 자녀들이 장래 일을 말할 것이
> 며 너희 늙은이는 꿈을 꾸며 너희 젊은이는 이상을 볼 것이며 (욜 2:28)

오바댜는 이스라엘이 망하는 것을 보고 좋아했던 에돔의 멸망을 선포한 선지자이다. 오바댜는 높은 바위를 배경으로 살아가던 에돔 사람들의 교만함을 책망했으며, 형제인 이스라엘에게 행한 포악으로 말미암아 멸절될 것임을 선포했다.

미가는 남유다의 왕인 요담, 아하스와 히스기야 때 활동한 선지자이다. 미가는 남북을 포함한 이스라엘 백성들의 죄와 통치자들의 죄에 대하여 책망하며 심판이 있을 것임을 선포했다. 아울러 이스라엘의 회복에 대한 말씀을 전하기도 하며 메시아의 베들레헴 탄생을 예언하기도 했다.

베들레헴 에브라다야 너는 유다 족속 중에 작을지라도 이스라엘을 다스릴 자가

네게서 내게로 나올 것이라 그의 근본은 상고에, 영원에 있느니라 (미 5:2)

나훔은 B.C. 722년에 북이스라엘(사마리아)을 멸망시키고 사마리아를 혼혈 민족으로 만들었던 니느웨(앗수르)에 대한 멸망을 예언한 선지자이다. 나훔서는 요나의 회개 선포 이후 약 100년이 지난 후에 기록되었다. 요나의 전도 때에 회개했던 이들은 다시 그 포악함을 드러내었다.

화 있을진저 피의 성이여 그 안에는 거짓이 가득하고 포악이 가득하며 탈취가 떠

나지 아니하는도다 휙휙 하는 채찍 소리, 윙윙 하는 병거 바퀴 소리, 뛰는 말, 달

리는 병거, 충돌하는 기병, 번쩍이는 칼, 번개 같은 창, 죽임 당한 자의 떼, 주검의

큰 무더기, 무수한 시체여 사람이 그 시체에 걸려 넘어지니 (나 3:1~3)

예수님께서 주로 활동하신 가버나움은 '나훔의 도시'라는 의미인데, 나훔이 이곳에서 니느웨의 멸망을 선포했기 때문이라 한다. 나훔의 예언대로 니느웨는 바벨론과 메대의 연합군에 의해 B.C. 612년에 멸망한다. 니느웨는 불에 타고 후에 티그리스강의 홍수로 그 자취를 감춘다. 모래 언덕 아래에 약 2460년간 묻혀있던 니느웨는 영국의 고고학자인 오스틴 헨리 레이어드에 의해 1850년에 발굴되어 엄청난 규모의 성과 유물이 세상 밖으로 나오게 되는데 이라크 제2의 도시인 모술에 있다.

하박국은 하나님께 의문을 제기한다. 이 하박국의 의문에 대한 하나님의 응답을 기록한 책이 하박국서이다. 하박국은 어찌하여 죄악 된 백성 바벨론이, 택함을 받은 유다에 대한 심판의 도구가 될 수 있는가 하는 질문을 한다. 하나님께서는 악인이 비록 성공하고 승리하는 것 같지만 결국에 악인은 멸망하게 될 것이며, 궁극적으로 이 세상을 다스리는 분은 하나님이심을 말씀하신다. '의인은 믿음으로 말미암아 살리라'

라는 말씀은 사도 바울이 로마서를 쓰면서 인용했는데, 이 로마서의 말씀은 종교개혁을 주도한 마틴 루터에게 큰 영감을 주기도 했다.

> 보라 그(악인)의 마음은 교만하며 그 속에서 정직하지 못하나 의인은 그의 믿음으로 말미암아 살리라 (합 2:4)

> 복음에는 하나님의 의가 나타나서 믿음으로 믿음에 이르게 하나니 기록된 바 오직 의인은 믿음으로 말미암아 살리라 함과 같으니라 (롬 1:17)

스바냐는 유다 지파의 왕족에 속하는 선지자로 요시야왕 때에 활동했다. 죄악 가운데 있었던 유다를 비롯하여 주변 나라들을 여호와의 날에 심판하실 것과 남은 자에 대한 보호와 예루살렘의 회복을 선포하기도 했다.

말라기는 B.C. 430년경에 활동한 선지자이다. B.C. 444년 느헤미야의 인도하에 예루살렘 성벽이 복원된 얼마 후의 일이다. 바벨론의 포로에서 돌아온 유다 백성들은 성전을 재건하고 성벽을 다시 쌓았으나, 하나님을 섬기는 일에는 등한시했고 제사장들도 역시 마찬가지였다. 사람들은 온전한 제물로 제사하지 않았으며 온전한 십일조를 드리지 않았고 이방 민족과 통혼하기도 했다. 말라기는 이들을 책망하며 하나님께서는 왕(메시아)의 길을 예비할 엘리야(세례 요한으로 해석됨)를 보내실 것임을 예언한다.

바벨론에서 활동한 선지자들

남유다 멸망 후, 포로 기간 동안 바벨론에서 활동한 선지자로는 다니엘과 에스겔이 있다. 다니엘은 B.C. 605년 1차 포로들과 끌려갔고, 에스겔은 B.C. 597년 2차 포로와 함께 바벨론으로 끌려갔다. 이 두 선지자에 대해서는 별도의 장(29장과 30장)

에서 설명하고자 한다.

25. 고레스왕과 그의 조서

고레스(키루스 또는 사이러스, Kyrus or Cyrus)는 페르시아(바사)를 제국의 반열에 올려놓은 인물로 지금도 이란 사람들은 그에게 대왕이라는 호칭을 사용하며 큰 존경을 표한다. 10월 29일은 고레스 대왕의 날이다. 이날이 되면 수많은 이란 사람들이 이란의 남부 지방에 위치한 파사르가대에 있는 고레스왕의 묘에 모여든다. 이날은 B.C. 539년 바벨론성이 메대와 바사 연합군에 의해 점령되고 나서, 고레스왕이 바벨론성에 들어간 날이다.

바벨론이 멸망하기 바로 전 마지막 날의 상황이 다니엘서 5장에 기록되었다. 바벨론의 벨사살왕은 신하들 천 명과 함께 잔치를 벌였고 술에 취한 왕은 느부갓네살이 예루살렘에서 가져왔던 금잔을 창고에서 가져다가 술을 따라 마시며 우상들을 찬양했다. 이때 흰 벽에 손가락이 나타나 글씨를 쓰는 모습이 벨사살의 눈에 들어왔다. 벨사살은 기겁을 하여 얼굴이 창백해지고 무릎이 서로 부딪쳤다. 이 글씨의 내용을 다니엘이 해석해 준다. '메네 메네 데겔 우바르신'이라고 읽고, '나라의 연수가 세어지니 바벨론의 연수가 다 끝났고, 왕의 왕 됨이 (저울에) 달아지니 왕이 되기에는 모자랐고, 나라가 나누어진다'는 내용이라는 것이다.

이때 이미 바벨론성은 메대와 바사 연합군에 포위되어 있었고 고레스의 군사들은 유프라테스 강물을 다른 곳으로 돌리는 공사를 하고 있었다. 그날 밤에 고레스의 군사들은 물이 빠진 해자를 걸어서 성에 들어왔고 벨사살왕은 그날 밤 살해되었다. 그리고 고레스의 장인인 메대 사람 다리오가 바벨론의 왕이 된다. 이 다리오왕이 다니엘을 사자 굴에 넣었던 바로 그 인물이다. 메대의 다리오가 죽고 나서 이듬해인 B.C. 538년에 고레스가 바벨론의 왕이 된다. 메대와 바사의 왕, 리디아의 왕, 바벨론의 왕이 된 것이다. 바벨론의 왕이 된 원년에 고레스는 바벨론으로 끌려온 유다 백성들에게 예루살렘으로 돌아가 성전을 건축하라는 조서를 내린다. 이 조서의 내용은 역대하 36장, 에스라서 1장과 6장에 기록되어 있다.

그런데 놀라운 것은 '고레스'라는 이름이 그가 태어나기 훨씬 전인 150년도 더 이전에 성경에 기록되었다는 사실이다. 이사야서에 그의 이름이 명확히 기록되어 있다. 이사야는 그를 '기름 부음을 받은 고레스'라고 기록한다. 고레스에 대한 예언과 그 예언이 성취된 결과에 대해 몇 가지 살펴보면 다음과 같다.

그 예언은 이사야서 44장 27절부터 시작되는데, 이 요절의 말씀은 B.C. 539년 메대와 바사 연합군이 바벨론성을 점령하는 과정에 대한 예언의 말씀이기도 하다.

> 깊음에 대하여는 이르기를 마르라 내가 네 강물들을 마르게 하리라 하며
>
> (사 44:27)

메대와 바사 연합군은 바벨론성을 포위했다. 하지만 바벨론성은 높이가 30~50m

가 되고 성 밖에는 깊고 넓은 해자가 있어 도저히 공성전으로 점령할 수 있는 수준을 넘어선다. 해자는 유프라테스 강물로 채워졌다. 고레스왕은 군사들을 동원해 바벨론성 쪽으로 흐르는 유프라테스강 줄기를 다른 곳으로 돌리게 하고. 해자의 물도 마르게 되었다. 메대와 바사 연합군은 걸어서 성으로 들어가고 예루살렘 성전에서 가져온 금잔으로 술을 마시고 우상을 찬양하던 바벨론 벨사살왕은 그날 밤 죽임을 당한다.

> 고레스에 대하여는 이르기를 내 목자라 그가 나의 모든 기쁨을 성취하리라 하며
> 예루살렘에 대하여는 이르기를 중건되리라 하며 성전에 대하여는 네 기초가 놓
> 여지리라 하는 자니라 (사 44:28)

고레스는 어릴 때 양치기 집에서 양을 치는 목동으로 자랐다. 원래 그의 아버지는 바사(페르시아)의 왕 캄비세스이고 어머니는 메대의 공주 만다네이다. 그의 외할아버지인 메대 왕 아스티아게스는 그의 딸 만다네가 오줌을 누어 그 오줌이 메대 전체를 뒤덮는 꿈을 꾼 것을 가지고 고민하다가, 당시 메대의 식민지 중에서도 가장 약소국이었던 페르시아로 시집을 보낸다. 만다네의 자식이 메대를 멸망시킬 것을 두려워했기 때문이다. 페르시아의 캄비세스(1세)에게 시집을 간 만다네가 아들을 낳았는데 이 아들이 고레스이다. 아스티아게스는 신임하는 부하를 보내 손자를 죽이라고 명령한다. 어린 고레스는 어느 양치기의 죽은 아들과 바꿔치기 되어 살아남아서 양치기 즉, 목자로 자란다.

> 여호와께서 그의 기름 부음을 받은 고레스에게 이같이 말씀하시되 내가 그의 오
> 른손을 붙들고 그 앞에 열국을 항복하게 하며 내가 왕들의 허리를 풀어 그 앞에
> 문들을 열고 성문들이 닫히지 못하게 하리라. 내가 너보다 앞서가서 험한 곳을

평탄하게 하며 놋문을 쳐서 부수며 쇠빗장을 꺾고 네게 흑암 중의 보화와 은밀
한 곳에 숨은 재물을 주어 네 이름을 부르는 자가 나 여호와 이스라엘의 하나님
인 줄을 네가 알게 하리라 (사 45:1~3)

고레스는 자라면서 사람들을 통솔하는 데 있어 탁월함을 발휘한다. 그를 본 메대
왕 아스티아게스는 그가 자기의 손자임을 알아본다. 손자를 죽이라고 보냈던 부하
장군에게는 요리된 장군의 아들을 먹게 하는 벌이 가해진다. 고레스가 페르시아의
왕이 되고 나서 페르시아는 점점 강한 나라로 변해간다. 그는 어디를 가든지 누구와
싸우던지 백전백승이었다. 주변의 많은 성이 그의 군대에 함락되었다. B.C. 549년 외
할아버지인 아스티아게스와의 전쟁에서 승리하고 메대를 정복하는데, 이로써 메대
와 바사는 한 나라가 된다. 참고로 메대는 야벳의 아들 마대의 후손들이 세운 나라이
고, 바사는 셈의 아들 엘람의 후손들이 세운 나라이다. 이후 B.C. 546년, 셈의 아들 룻
의 후손들이 세운 서쪽의 부유한 나라 리디아(또는 루디아)와의 전쟁에서 승리하고
리디아를 복속시킨다. 당시 엄청난 부를 자랑했던 리디아의 보화와 재물은 모두 고
레스의 차지가 되었다.
리디아에 이어서 B.C. 539년에는 바벨론도 메대와 바사 연합군에 의해 점령당하면
서 고레스왕의 장인인 메대 사람 다리오가 바벨론 왕이 되었다.

그 날 밤에 갈대아 왕 벨사살이 죽임을 당하였고 메대 사람 다리오가 나라를 얻
었는데 그 때에 다리오는 육십이 세였더라 (단 5:30~31)

이 해는 다니엘이 바벨론에 포로로 끌려간 지 66년째가 되는 해이다. 바벨론에서
는 이미 정계 은퇴를 했었지만, 다리오왕은 바벨론에 대해 모든 것을 알고 있는 다
니엘에게 총리가 되어 줄 것을 요청했던 것 같다. 사자굴 사건 이후 얼마 지나지 않

아 다리오왕이 죽고 고레스가 바벨론의 왕에 오른다. 페르시아의 왕, 메대의 왕, 리디아의 왕, 그리고 바벨론의 왕이 된 것이다. 다니엘은 고레스왕의 원년까지 총리로 있었으며 형통했다.

> 이 다니엘이 다리오 왕의 시대와 바사 사람 고레스 왕의 시대에 형통하였더라
>
> (단 6:28)

영화 <다니엘>에는 다니엘이 고레스왕에게 이사야서에 기록된 고레스왕에 대한 예언 내용을 상세히 설명하는 내용이 나온다. 성경에 기록된 내용은 아니지만 충분히 수긍이 가는 내용이다. 그가 어릴 때 양치기로 살았던 것도, 전장에 나갈 때마다 늘 승리할 수 있었던 것도, 바벨론성을 점령할 때 그에게 유프라테스 강물을 돌리는 지혜를 주셨던 것도 모두가 이스라엘의 하나님 여호와께서 이미 정하신 일이었음을 다니엘이 고레스에게 이야기한다. 고레스는 다니엘의 설명에 수긍했고, 모든 일이 이스라엘의 하나님께서 자기에게 하신 일임을 고백하고 그 내용을 조서에 담는다. B.C. 538년에 조서가 내려졌다. 아래는 조서 내용의 일부이다.

> 바사 왕 고레스는 말하노니 하늘의 하나님 여호와께서 세상 모든 나라를 내게 주셨고 나에게 명령하사 유다 예루살렘에 성전을 건축하라 하셨나니 이스라엘의 하나님은 참 신이시라 너희 중에 그의 백성 된 자는 다 유다 예루살렘으로 올라가서 이스라엘의 하나님 여호와의 성전을 건축하라 그는 예루살렘에 계신 하나님이시라 (스 1:2~3)

이 조서의 내용에 따라 포로로 끌려가 바벨론에 살던 유다 백성들이 스룹바벨의 인도하에 예루살렘으로 돌아오고 B.C. 536년부터 성전 건축공사를 시작한다. 중간

이란 파사르가대의 고레스왕의 묘
(출처 : 네이버 블로그, 비니머비, http://bnbmoh.blog.me/70147625528)

에 16년 동안 공사가 중단되기도 하지만 스룹바벨 성전은 B.C. 516년에 완공되고 봉헌된다. 고레스는 이란 사람들의 영웅일 뿐 아니라 이스라엘 사람에게도 영웅적인 인물이다.

고레스왕은 동쪽 지방 원정길에서 유목민이었던 마사게타이족과의 전투 중 B.C. 530년에 사망한다. 고레스왕의 장남인 캄비세스(2세)가 왕권을 이어받지만, 애굽 원정에서 돌아오는 길에 불의의 사고로 죽게 되면서 고레스의 혈통은 단절된다. 이후에 다리오(다리우스 1세)가 왕권을 확보하고 페르시아의 역사를 이어간다. 이 다리오는 중단된 성전 공사를 재개하도록 에스라 6장에 기록된 조서를 내렸던 인물이며 B.C. 490년에 원정군을 보내 그리스의 아테네와 마라톤 전투를 치렀던 인물이기도 하다.

*P*OINT

구약 성경의 내용을 보다 더 잘 이해하기 위해서는
애굽, 앗수르, 바벨론, 페르시아, 헬라 및 로마로 이어지는
중근동 및 지중해 일대의 제국들의 역사에 대해서도 공부를 해 둘 필요가 있다.

26. 다리오, 아하수에로, 그리고 아닥사스다

    B.C. 586년에 남유다가 바벨론의 느부갓네살왕에 의해 멸망당한 이후 이스라엘은 바벨론, 페르시아(바사), 헬라, 로마로 이어지는 고대 제국들에 의해 지배를 받는 처지가 된다. 구약 성경 중 에스겔서와 다니엘서는 바벨론의 지배하에서 쓰여진 책이고, 에스라서, 느헤미야서, 에스더서, 학개서, 스가랴서, 말라기서는 페르시아(바사)의 지배하에서 쓰여진 책이다. 또한 우리 성경에는 기록이 없는 신구약 중간기 동안에는 주로 헬라 제국의 지배를 받게 되는데, 한편 로마 제국의 지배가 시작되기도 한다. 성경을 좀 더 잘 이해하기 위해서는 고대 제국들의 역사에 대해서도 어느 정도는 알아둘 필요가 있겠다.

    우선적으로 이 장에서는 에스라서, 느헤미야서 및 에스더서에 등장하는 페르시아의 왕들과 그들의 역사에 대하여 살펴보고자 한다. 우선, 다니엘서에는 다음과 같이 초기 페르시아의 왕들에 대한 예언이 기록되어 있다.

> 이제 내가 참된 것을 네게 보이리라 보라 바사에서 또 세 왕들이 일어날 것이요
> 그 후의 넷째는 그들보다 심히 부요할 것이며 그가 그 부요함으로 강하여진 후에
> 는 모든 사람을 충동하여 헬라 왕국을 칠 것이며 (단 11:2)

위의 바사에서 일어날 또 다른 세 왕은 고레스 이후의 왕들로 캄비세스(2세), 바르디야, 그리고 다리오(1세)를 의미한다. 캄비세스는 고레스의 장남이고 바르디야는 고레스의 차남이다. 다리오(1세)는 중단되었던 성전건축을 다시금 재개하도록 한 인물이며, 넷째 왕은 에스더서에 등장하는 아하수에로(크세르크세스, Xerxes) 왕이다.

캄비세스는 고레스왕의 장남으로 선친이 이루지 못한 애굽 정복을 위하여 군사를 모아 출정하여 애굽을 정복한다. 이후, 구스(이디오피아)를 정복하기 위해 남하하는 도중에 자기 동생이 자기가 없는 틈을 타서 페르시아의 왕권을 차지했다는 소식을 접한다. 누군가가 죽은 동생의 이름인 바르디야를 도용해 정권을 찬탈했다고 판단한 캄비세스는 회군하여 페르시아로 돌아오는 도중, 칼집에 칼을 꽂다가 실수로 자기 허벅지를 칼로 찌르게 되고, 이 상처가 심해져서 그만 숨을 거둔다.

왕이 죽자, 일곱 명의 신하들이 모여 새로운 왕을 어떻게 뽑을 것인가에 대한 회의를 했는데 일곱 마리의 말 중에서 아침에 가장 먼저 우는 말의 주인이 왕이 되는 것으로 결정되었다. 이튿날 아침, 다리오(다리우스)의 말이 가장 먼저 울었고 다리오는 다른 여섯 가문의 도움으로 바르디야의 이름을 도용한 정권 찬탈자를 제거하고 페르시아의 왕이 되었다. 다리오가 암말의 몸에서 나는 냄새를 묻혀 자기 말의 코에 갖다 대는 꾀를 내었다는 설도 있다. 고레스와 캄비세스는 메대 혈통과 페르시아 혈통의 혼혈이었다. 고레스왕이 세계의 제국으로 만든 페르시아를 '아케메네스 페르시아'라고 하는데 다리오는 원래 페르시아 왕조를 일으킨 아케메네스의 혈통이었으므

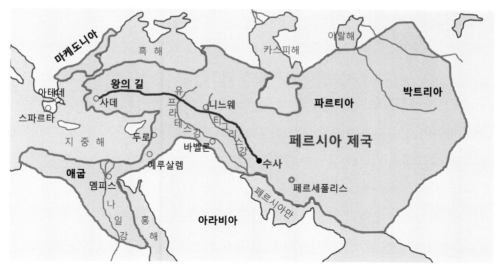

페르시아 제국의 최대 영토

로, 그도 왕가의 혈통을 갖고 있었다. 그러나 다리오의 정통성에 대해 의문을 품는 사람들도 있었고 캄비세스에서부터 다리오로 왕권이 넘어가는 과정을 의심하는 사람들도 많았다. 그런 이유로 다리오 시대에는 다리오의 왕권을 부정하고 왕권에 도전하는 반역 사건이 많았다.

다리오(1세)왕 당시 페르시아는 최대의 영토를 확보했다. 서쪽으로는 그리스의 일부 도시국가들까지 다리오의 통치권 내로 들어왔고 남쪽으로는 애굽, 동쪽으로는 인도의 인더스강 유역까지 통치하는 세계의 대제국이 되었다. 이전 고레스왕이 정복했던 리디아의 도성인 사데(사르디스 또는 사르디아)에서부터 페르시아 도성인 수사까지 신속한 정보전달을 위한 '왕의 길'을 건설하기도 했다. 사데는 요한계시록에 기록된 일곱 교회 중 하나인 사데 교회가 있던 곳으로 지금의 터키 서부에 있다.

다리오왕은 그리스를 완전히 정복하기 위해 두 차례에 걸쳐 원정군을 그리스로 보낸다. 이 중, 두 번째 그리스 침공이 B.C. 490년 아테네 인근의 마라톤 평야에서 이루어진 마라톤 전투이다. 이 전쟁에서 아테네가 승리를 거두는데 이 전쟁을 2차 페르시아 전쟁이라고 한다.

이 다리오왕이 에스라서에 등장한다. 다니엘서 6장에서 다니엘을 사자굴에 넣었던 메대 사람 다리오왕과는 다른 인물이다. 고레스왕의 조서에 따라 스룹바벨의 인도하에 예루살렘으로 귀환한 유다 백성들은 B.C. 536년부터 성전 건축을 시작했으나, 사마리아를 비롯한 주변 민족들의 방해로 성전 건축은 16년 동안 진척이 되지 못했다. 이러한 과정 가운데 등장한 인물이 페르시아의 다리오왕이다.

유다 땅을 관할하던 총독이 유다 장로들의 요청에 따라 성전 건축의 정당성을 알아보기 위하여 당시 왕이 된 지 얼마 되지 않았던 다리오왕에게 편지를 보낸다. 다리오왕은 신하들에게 과거 고레스왕 때에 예루살렘 성전을 지으라는 조서가 있었는지에 대하여 조사하게 한다. 왕실에 보관된 문서들을 조사하던 사람들이 메대 왕국 시절, 도성이 있던 악메다(엑바타나)의 궁성에서 조서가 적힌 두루마리를 찾아낸다.

> 메대도 악메다 궁성에서 한 두루마리를 찾았으니 거기에 기록하였으되 고레스왕 원년에 조서를 내려 이르기를 예루살렘에 있는 하나님의 성전에 대하여 이르노니 이 성전 곧 제사 드리는 처소를 건축하되 지대를 견고히 쌓고 그 성전의 높이는 육십 규빗으로, 너비도 육십 규빗으로 하고 (스 6:2~3)

고레스왕의 조서를 확인한 다리오왕은 더욱더 강화된 조서를 내린다. 총독은 이 일을 방해하지 말 것과 성전 건축과 제사에 필요한 모든 것들을 왕실의 재정으로 충당할 것을 지시하며 이 명령을 변조하는 자에게는 엄한 벌을 내리겠다는 내용도 포함시킨다. 이때가 다리오왕 제 2년째의 일이다. 다리오왕의 조서에 힘입어 성전 건축이 재개되었고 다리오왕 제 6년째인 B.C. 516년에 성전이 완공되어 하나님께 봉헌된다. 성전 건축을 시작한 지 20년 만이고 솔로몬 성전이 파괴된 지 70년 만의 일이다. 스룹바벨 성전을 건축하게 한 사람이 고레스왕이고 성전 건축이 완성되도록 영향력을 행사한 사람이 바로 다리오왕이다.

다리오왕이 죽고 그의 아들 아하수에로(크세르크세스, Xerxes)가 왕위에 오른다. 아하수에로는 다리오왕으로부터 강성한 페르시아를 물려받았다. 그는 다니엘서 11장 2절의 예언대로 페르시아 속국들을 충동하고 군사들을 대규모로 동원하여 헬라(그리스)를 침공하는데 이 전쟁을 '3차 페르시아 전쟁'이라고 한다. 마라톤 전쟁이 있은 지 10년이 지난 B.C. 480년의 일이다.

당시, 아테네와 스파르타를 제외한 다른 도시 국가들은 이미 페르시아의 지배 아래 있었다. 아하수에로왕은 굴복하지 않는 아테네와 스파르타를 치기 위해 수산궁을 출발한다. 다리오왕 때 건설한 '왕의 길'을 따라 사데(사르디스)까지 이동하면서 먼저 주변의 속국들에게 통지하여 군사와 군량 등을 조달하도록 했는데 시간이 흐를수록 왕의 군대는 계속 불어났다. 100만 명에 이르는 대군이었다고도 하고, 30~40만 정도 규모였다고도 하는데 군대는 육군과 해군으로 구성되어 있었다. 사데를 출발한 왕의 육상 군대는 트로이(드로아)에서 제사를 지내고 이어서 헬레스폰투스 해협에 배를 이어 만든 다리 즉, 선교를 놓아 모든 육상 군대가 다리를 건너 마케도니아로 들어간다. 지금까지 역사상 헬레스폰투스(다르다넬스) 해협에 다리를 놓은 사람은 아하수에로왕 외에는 없다. 약 150년이 지나, 헬라의 알렉산더가 페르시아를 치기 위해 반대 방향에서 이곳을 배로 건넌다. 참고로 현재 이곳 다르다넬스 해협에는 한국 기업들이 참여하여 차낙 칼레 대교의 건설이 한창 진행 중이다. 세계 최장의 현수교가 될 이 대교는 2023년 완공 예정으로, 이를 기념하기 위해 두 교각 사이 거리를 2,023m로 정했다고 한다.

차낙칼레 대교 조감도
(출처 : MEDEA SK, 2017.03.09. SK건설)

차낙칼레 대교 건설 위치
(출처 : 구글 맵)

그리스 내에서는 역할 분담이 이루어진다. 육군은 스파르타가 그리고 해군은 아테네가 맡기로 한다. 스파르타의 왕 레오니다스는 정예 병력 300명을 이끌고 테르모필레라는 좁은 길목으로 향한다. 동쪽 절벽 아래는 바다이고 서쪽은 높고 험한 산악이다. 페르시아군은 반드시 이 좁은 길목을 통과해야 한다. 이 좁은 길목에서 페르시아 대군을 맞이한 스파르타의 레오니다스왕을 비롯한 300명의 정예병은 여기서 장렬하게 전멸을 당한다. 이 전투를 '테르모필레 전투'라 하며 이를 영화로 만든 것이 <300>이라는 영화다.

아테네 시민들은 모두 섬으로 피신했고 아테네는 철저히 불태워진다. 좁은 바다인 아테네 앞 살라미스 해협에서 아테네 해군과 페르시아 해군의 피나는 접전이 있었다. 아테네의 승리로 끝난 이 전투가 세계 전쟁사에서도 유명한 '살라미스 해전'이다. 이를 육지에서 바라보던 크세르크세스왕은 육군을 그리스 땅에 남겨두고 수산궁으로 돌아온다. 시간이 흘러 페르시아는 B.C. 331년에 다니엘서의 예언대로 헬라의 알렉산더에 의해 멸망하게 된다. 아하수에로왕의 그리스 침공 당시 해군 전력은 주로 페니키아(두로)가 담당했는데, 두로 역시 에스겔서의 예언대로 알렉산더에 의해 정복되어 철저히 파괴된다.

아하수에로(크세르크세스)가 죽고 그의 아들 아닥사스다(아르타크세르크세스, Artaxerxes)가 왕위에 오르는데 이 아닥사스다왕 때에 에스라와 느헤미야가 각각 예루살렘에 올라온다. 에스라는 아론의 16대손으로 제사장이며 학사였는데 하나님의 말씀에 정통한 사람이었다. 페르시아 왕실에서는 에스라가 원하는 모든 것을 제공해 주었고 그는 에스라서와 역대기를 기록했다. 아닥사스다왕 제 7년 1월에 바벨론을 출발한 에스라는 여러 사람들과 함께 예루살렘으로 올라왔다. 이것을 '2차 포로귀환'이라고 하며 B.C. 457년의 일이다. 에스라는 백성들에게 하나님의 율법을 가르쳤다. 스룹바벨 성전이 완성된 지 약 60년이 지난 시점이었다. 성전은 완성되어 있었지만, 많은 사람이 이방 여인을 아내로 삼는 등, 하나님의 말씀에서 떠난 삶을 사는 상황이었다.

에스라가 아닥사스다왕의 조서를 받고 예루살렘에 올라온 지 13년이 지난 B.C. 444년에 느헤미야가 사람들을 이끌고 성벽 공사를 위해 예루살렘에 올라온다. 이것을 '3차 포로귀환'이라고 하며 이 내용을 기록한 성경이 느헤미야서이다. 페르시아에서 왕의 술 관원이었던 느헤미야는 왕의 허락을 받고 조서를 받아 예루살렘으로 올라와 52일 만에 성벽 공사를 신속히 마무리한다. 그리고 에스라를 통하여 백성들에게 율법을 가르치고 초막절을 지킨다.

> 성벽 역사가 오십이 일 만인 엘룰월 이십오일에 끝나매 우리의 모든 대적과 주위에 있는 이방 족속들이 이를 듣고 다 두려워하여 크게 낙담하였으니 그들이 우리 하나님께서 이 역사를 이루신 것을 앎이니라 (느 6:15~16)

다니엘서 8장에는 숫양과 숫염소 환상에 대한 예언이 기록되어 있다. 강력했던 숫양이 숫염소에게 처절하게 짓밟힌다는 내용이다. 그 의미를 깨닫지 못하던 다니엘에게 가브리엘 천사가 나타나 설명을 해준다. 두 뿔 가진 숫양은 메대와 바사의 왕들이고 숫염소는 헬라 왕을 상징하는데, 다니엘이 이 환상을 본 때는 B.C. 548년경이었다.

> 네가 본 바 두 뿔 가진 숫양은 곧 메대와 바사 왕들이요 털이 많은 숫염소는 곧 헬라 왕이요 그의 두 눈 사이에 있는 큰 뿔은 곧 그 첫째 왕이요 (단 8:20~21)

강성했던 페르시아는 아하수에로(크세르크세스)왕의 그리스 3차 침공 이후에 서서히 국력이 약해진다. 페르시아의 마지막 왕인 다리오 3세가 B.C. 331년에 니느웨 인근 지역인 가우가멜라에서 벌어진 헬라의 알렉산더와의 전투에서 패배하고 도망감으로써 페르시아는 멸망하게 된다. 다니엘서 2장에 기록된 느부갓네살왕의 신상에 대한 꿈대로, 은의 나라가 멸망하고 놋의 나라가 등장한 것이다. 또, 다니엘서 7장에 기록된 짐승에 대한 환상대로, 곰의 나라가 끝나고 날개 넷에 머리 넷이 달린 표범의 나라가 역사 속에 등장한 것이다. 이 나라가 바로 알렉산더가 일으킨 헬라 제국이다.

POINT

다니엘서, 에스더 및 에스라서에 등장하는 페르시아는 통상 아케메네스 페르시아라고 칭한다. 초기에 아케메네스 왕에 의해 세워졌기 때문이다. 헬라 및 파르티아의 지배가 있고 난 뒤에 사산조 페르시아가 일어나서 로마와 쌍벽을 이루기도 했다.

27. 알렉산더와 헬라 제국

흔히 구약의 말라기가 끝나고 신약성경에 세례 요한이 나타날 때까지의 약 400년 간의 시기를 '신구약 중간기'라고 말한다. 역사서의 연대를 살펴보면, 느헤미야서 13장의 내용이 구약성경에 기록된 마지막 역사적 사실이다. 이 일이 B.C. 432년에 있었던 느헤미야의 개혁이다. 우리의 성경에는 느헤미야서가 끝나고 나서부터 예수님 탄생 이전까지의 역사적 사실에 대한 기록이 없다.

하지만 하나님께서는 다니엘을 통해 이 기간에 이루어질 일에 대한 예언을 아주 상세하게 기록해 놓으셨다. 다니엘서는 12장밖에 되지 않는 그리 길지 않은 예언서이지만, 신구약 중간기에 대한 역사를 포함하여 세상 끝날에 대한 묵시까지, 대단히 풍부한 계시의 내용이 기록되어 있다. 다니엘을 통한 예언의 말씀대로 실제 역사가 아주 정확하게 그대로 이루어졌다. 하나님을 믿지 않는 역사학자 중에서는 다니엘서를 역사가 이루어진 후에 쓰여진 것이라고 주장하는 사람들이 있을 정도이다. 예수님께서 오시기 전의 역사인 신구약 중간기의 내용을 잘 알기 위해서는 다니엘서에 기록된 예언의 내용을 잘 공부해 두어야 한다. 그래야 예수님께서 활동하시던 시대의 사회적 배경이나 예수님의 말씀 등에 대하여 보다 잘 이해할 수가 있다.

다니엘서 2장에는 느부갓네살왕이 꾼 꿈에 대해서 다니엘이 이를 해석하는 내용이 기록되어 있다. 느부갓네살왕의 꿈에 큰 신상이 등장한다. 머리는 순금이요, 가슴과 팔은 은, 배와 넓적다리는 놋이요, 종아리는 쇠, 그리고 발은 쇠와 진흙이 섞여 있는 신상이었다. 다니엘은 왕에게 순금은 바로 느부갓네살왕이요, 그 후에 그보다 못한 은과 같은 나라가 일어나고, 또 그 후에 놋과 같은 나라가 일어나며, 또 그 후에는 철과 같은 나라가 일어나서 모든 나라들을 부순다고 해몽해 준다. 또 그 후에 철과 진흙이 섞이지 못하는 것처럼 그와 같이 연합한 나라들이 일어날 것이라 한다. 그런데 나중에 산에서 뜨인 돌이 날아와 이들을 다 부수고 이들은 먼지와 같이 될 것인데, 이 뜨인 돌은 바로 하나님께서 세우시는 영원한 나라라고 설명한다. 이 해석을 들은 왕은 다니엘을 높이고 그 앞에 절을 하기도 한다. 왕이 포로로 끌려온 젊은이에게 절을 하는 엄청난 일이 벌어진 것이다. 은으로 된 나라가 바로 메대와 바사이며 그다음에 나타날 놋의 나라가 헬라 제국이고 철의 나라는 로마이다. 그리고 뜨인 돌은 예수 그리스도의 나라이다.

다니엘서 7장에는 다니엘이 직접 본 환상이 기록되어 있다. 바다에서 짐승 넷이 올라오는데, 첫째로 날개 달린 사자와 같은 짐승이, 둘째로는 갈빗대 세 개를 물은 곰과 같은 짐승이, 셋째로는 날개 넷에 머리 넷 달린 표범과 같은 짐승이, 넷째로는 사납고 무서운 짐승이 올라온다. 그 후에 옛적부터 계신 이와 인자 같은 이의 환상이 나타난다. 이 옛적부터 계신 이가 인자 같은 이에게 권세와 영광과 나라를 준다. 옛적부터 계신 이를 모셔 선 자 중의 하나가 다니엘에게 환상에 대해 해석해 준다. 이 환상은 이전에 느부갓네살이 꿈에서 본 신상과 동일한 내용이다. 네 짐승은 앞으로 일어날 네 나라를 가르킨다. 사자는 바벨론, 곰은 메대와 바사, 표범은 헬라, 그리고 사나운 짐승은 로마를 의미하며 인자 같은 이의 나라는 영원한 나라를 가리킨다.

다니엘서 8장에는 숫양과 숫염소에 대한 환상이 기록되어 있다. 가브리엘 천사가 나타나 숫양은 '메대'와 '바사'이고 숫염소는 '헬라'라고 나라 이름까지 다니엘에게 설명해 준다. 숫염소가 숫양을 땅에 엎드러뜨리고 짓밟았으나 숫양을 그 손에서 벗어나게 할 자가 없다고 설명한다. 숫염소에게는 큰 뿔이 하나 있었는데, 숫염소가 심히 강대하여질 때 이 큰 뿔이 꺾이고 현저한 뿔 넷이 하늘 사방을 향하여 났다고 한다.

> 숫염소가 스스로 심히 강대하여 가더니 강성할 때에 그 큰 뿔이 꺾이고 그 대신
> 에 현저한 뿔 넷이 하늘 사방을 향하여 났더라 (단 8:8)

처음의 큰 뿔은 바로 알렉산더를 가리킨다. 그리고 뿔 넷은 알렉산더가 죽고 나서 제국을 나누어 갖게 되는 카산더, 리시마커스, 셀류커스와 프톨레미 네 나라를 의미한다. 알렉산더에 대한 예언의 말씀은 다니엘서 11장에도 기록되어 있음을 볼 수 있다.

> 장차 한 능력 있는 왕이 일어나서 큰 권세로 다스리며 자기 마음대로 행하리라
> 그러나 그가 강성할 때에 그의 나라가 갈라져 천하 사방에 나누일 것이나 그의
> 자손에게로 돌아가지도 아니할 것이요 또 자기가 주장하던 권세대로도 되지 아
> 니하리니 이는 그 나라가 뽑혀서 그 외의 다른 사람들에게로 돌아갈 것임이라
> (단 11:3~4)

마케도니아의 왕이 되고 반란을 진압한 알렉산더는 B.C. 334년에 군사 5만 명을 이끌고 페르시아 원정길에 오른다. 146년 전에 페르시아의 아하수에로(크세르크세

스)왕이 그리스를 치기 위해 다리를 놓아 건넜던 헬레스폰투스(지금의 다르다넬스) 해협을 반대 방향으로 배로 건넌다. 해협을 건너자마자 그라니코스강 건너편에서 기다리고 있던 페르시아 속주의 군사들과 전투를 벌인다. 이 전투를 '그라니코스 전투'라 한다. 불리한 여건 속에서도 알렉산더의 군대가 승리를 거두고 동쪽으로 진군할 수 있는 발판을 마련한다.

지금의 터키 지역을 가로질러 시리아 지역 이수스까지 진군한 알렉산더의 군대는 페르시아의 다리오 3세가 이끄는 페르시아 정예병들과 맞서게 된다. 페르시아 군대의 병력은 약 10만 명으로 수적으로 우세했지만, 알렉산더는 이 전투에서도 승리를 거머쥔다. 다리오 3세는 도망을 갔고 가족들은 포로로 잡히는데 알렉산더는 이들을 해치지 않고 왕족의 예를 갖추어 대한다. 이 전투를 '이수스 전투'라 하는데 알렉산더의 장창병으로 이루어진 팔랑크스들이 큰 활약을 했다. 팔랑크스는 6m 정도 되는 긴 장창으로 상대방을 제압했는데, 이 장창을 다루기 위해서는 고도의 훈련을 집중적으로 받아야 했다.

이수스 전투에서 승리한 알레산더는 도망친 다리오 3세를 쫓지도 않았고 페르시아로 진격하지도 않았으며 군대를 남쪽으로 진군하게 했다. 그가 지나는 곳의 성들은 성문을 열고 그를 새로운 군주로 환영했는데 유독 두로(티레)와 가자가 알렉산더에 항복하지 않았다. 두로는 원래 지중해의 상권을 장악하던 도시 국가로 아프리카 북부에 카르타고라는 식민지도 개척했다. 이전에 바벨론의 느부갓네살왕에 의해 큰 피해를 본 적이 있었던 두로는 육지에서 약 800m 떨어진 섬에 성을 가지고 있었고 알렉산더에게는 해군이 없었다. 알렉산더는 군사들을 풀어 돌을 준비하여 섬까지 방파제를 쌓게 하여 섬으로의 접근로를 확보했는데 약 7개월이 걸린 큰 공사였다. 결국 성은 함락되었고 1만 명 이상의 사람들이 학살당하고 3만 명의 사람들이 노예로 팔려나갔다. 에스겔서 26~28장에 나오는 두로의 멸망에 대한 예언이 그대로 성취된 것이다. 두로는 지중해 상권을 장악하고 엄청난 수익을 올리고 있었기 때문에 교만하기 이를 데 없었지만 에스겔을 통하여 선포된 말씀대로 두로는 그물 말리는 곳이 되고 말았다. 두로 사람들이 이전에 지금의 북아프리카 튀니지 해변에 세운 항구 도시 국가 카르타고는 훗날 로마와의 3차에 걸친 포에니 전쟁 끝에 패망하게 된다.

> 주 여호와께서 이같이 두로에 대하여 말씀하시되 네가 엎드러지는 소리에 모든 섬이 진동하지 아니하겠느냐 곧 너희 가운데에 상한 자가 부르짖으며 죽임을 당할 때에라 (겔 26:15)

예루살렘은 알렉산더를 환영했다. 알렉산더가 출정하기 전에 꿈에서 자기를 환영하는 어떤 제사장들을 보았었는데, 그와 같은 복장을 한 제사장들이 예루살렘에서 알렉산더를 맞이했다고 한다. 알렉산더는 예루살렘에 대해서는 우호적이었다.

알렉산더는 이집트로 향했다. 이집트 역시 알렉산더를 새로운 군주로 환영했을 뿐만 아니라 그를 신으로 만들어 주었다. 알렉산더는 다시 북상하여 다리오 3세와 니느웨(지금의 모술) 근처인 가우가멜라 평원에서 전투를 벌인다. B.C. 331년에 있었던 이 전투도 알렉산더의 승리로 끝나는데, 이번에도 다리오 3세는 도망을 친다. 이 전투를 '가우가멜라 전투'라 한다. 이제 페르시아는 알렉산더의 수중에 떨어진 것이나 다름없었다. 알렉산더는 바벨론을 거쳐 페르시아의 수도인 수사에 입성하여 드디어 페르시아의 새로운 군주가 된다. 그리고 페르세폴리스에 도착한다. 이 페르세폴리스는 페르시아의 새로운 도성이며 3차 페르시아 전쟁을 일으켜 그리스의 아테네를 불바다로 만들었던 아하수에로(크세르크세스)의 도성이기도 했다. 아테네를 불태웠던 아하수에로(크세르크세스)에 대한 복수였는지, 페르세폴리스에 큰 화재가 발생해 도시 전체가 불태워지고 폐허가 되어 지금에 이른다.

알렉산더는 도망친 다리오 3세를 계속 추격했는데 결국 다리오 3세는 배신한 자기 신하의 손에 죽임을 당한다. 알렉산더는 자기 군주를 살해한 이 신하를 끝까지 추격

알렉산더의 정복 과정 및 최대 영토

하여 잡아 처벌한다. 왕을 죽일 수 있는 사람은 왕밖에 없다는 이유에서이다. 알렉산더의 정복욕은 끝이 없었고 동쪽의 힌두쿠시 산맥을 돌아 인도까지 진출했다. 인도에서도 수많은 전투를 치르며 여러 번 죽을 고비도 넘긴다. 정복 전쟁에 지친 부하들은 계속하여 고향으로 돌아가자고 항의하기에 이른다. 알렉산더는 어쩔 수 없이 군대를 돌려 다시금 수사로 돌아오는데 1만 명이나 되는 알렉산더의 부하들은 여기에서 현지 여자들과 결혼을 한다. 알렉산더도 다리오 3세의 딸인 옥사나와 결혼을 하고 옥사나는 임신하게 된다. 하지만 그로부터 얼마 후인 B.C. 323년, 알렉산더는 33세의 젊은 나이로 바벨론에서 숨을 거둔다. 사망 원인에 대해서는 독살설, 열병설, 과음설 및 말라리아 감염설 등 여러 의견이 존재한다.

알렉산더가 죽기 전, 부하들이 와서 왕이 죽고 나면 누가 이 광대한 나라를 물려받는가에 관하여 물었는데 '힘 있는 자가 가지라'는 대답을 남겼다고 한다. 알렉산더가 죽자 장군들 사이에 전쟁이 벌어졌는데, 그 전쟁은 십여 년간 계속되었고 결국 네 명의 장군들이 나라를 나누어 가졌다. 카산더 장군은 원래 본토였던 그리스 지역을, 리

헬라제국의 분열

시마커스 장군은 마케도니아 동부에서 지금의 터키 서북부를 아우르는 지역을 차지했다. 프톨레미 장군은 군사 5만 명을 이끌고 이집트로 가서 그곳을 통치했다. 셀류커스 장군은 서쪽으로 시리아 지역에서부터 동쪽으로 지금의 아프가니스탄 지역에 이르는 가장 광대한 영토를 손에 쥐게 되었다. 이렇게 알렉산더의 헬라 제국은 넷으로 나뉘게 된다. 다니엘서의 예언처럼 큰 뿔이 꺾이고, 현저한 뿔 넷이 하늘 사방을 향하여 나게 된 것이다. 알렉산더 왕국은 그의 자손에게는 돌아가지도 못하고 혈통적으로 아무 상관도 없는 네 명의 장군들에게 돌아가게 되었다.

이 뿔이 꺾이고 그 대신에 네 뿔이 났은즉 그 나라 가운데서 네 나라가 일어나되

그의 권세만 못하리라 (단 8:22)

이스라엘 땅은 셀류커스 왕국과 프톨레미 왕국 사이에 끼이는 신세가 되었다. 두 나라 사이에는 전쟁이 끊이지 않아 이스라엘 땅은 어떤 때에는 셀류커스의 지배를

받았고 또 어떤 때에는 프톨레미의 지배를 받았다. 두 나라 사이의 계속된 전쟁에 대한 예언이 다니엘서 11장에 상세히 기록되어 있다. 다니엘서는 셀류커스를 북방 왕으로 프톨레미를 남방 왕으로 기록한다.

POINT

세계적인 영웅으로 알려진 알렉산더 대왕의 동방 원정과 죽음, 그리고 제국의 분열이
모든 사건이 일어나기도 전인 약 200년 전에 다니엘서에 명확히 기록되어 있다.
이뿐 아니라 성경의 많은 예언이 성취되었음을 우리는 세계 역사를 통해 확인할 수 있다.

28. 성전 모독 사건과 수전절

　알렉산더에 의해 세워진 헬라 제국은, 이집트에 자리를 잡은 프톨레미 왕국의 클레오파트라 여왕이 B.C. 30년에 자결로 생을 마감할 때까지 약 300년간 존속된다. 헬라 제국에 대한 예언은 다니엘서 2장 느부갓네살왕의 꿈에 나타난 신상 중 놋의 나라로 나타나며, 다니엘서 7장의 다니엘의 환상 중 날개 넷에 머리 넷 달린 표범과 같은 짐승의 모습으로 나타난다. 또한, 다니엘서 8장에 기록된 숫양과 숫염소 환상 가운데 숫염소로 나타나 있다. 숫양이 의미하는 페르시아를 멸망시킨 숫염소가 바로 헬라 제국이다. 특히 헬라 제국의 네 나라 중에서 예루살렘을 중심으로 북쪽에 위치한 왕국이 셀류커스 왕국이며 남쪽에 위치한 왕국이 프톨레미 왕국이다. 이들은 각각 다니엘서 11장에 기록된 북방 왕과 남방 왕에 해당된다. 셀류커스 왕국은 안디옥을 도읍으로 정했고 프톨레미 왕국은 알렉산드리아를 도읍으로 정했다. 이 두 왕국 간의 반복되는 전쟁을 통상 '시리아 전쟁'이라고 한다.

남과 북, 이 두 왕국의 틈새에 끼어 있던 유다 백성들은 중간에서 이루 말할 수 없는 고통을 받게 된다. 이집트에 자리 잡았던 프톨레미 왕국이 유다에는 비교적 우호적이어서 이 기간에 많은 유대인이 이집트로 삶의 터전을 옮기기도 한다. 이집트(프톨레미)에 사는 유대인들은 시간이 지나감에 따라 점점 자기들의 언어인 히브리어를 잃어버리게 된다. 그리하여, 이들을 위하여 최초로 모세오경이 헬라어로 번역되는데 이 번역본을 '셉투아진트' 즉, '70인역'이라 한다. 이후에도 다른 구약성경에 대한 헬라어 번역 작업이 계속되었다. 지금도 동방정교회에서는 이 '셉투아진트'를 정경으로 사용하고 있다.

북방 왕과 남방 왕이 서로 다투고 있던 시기에 새로운 나라가 힘을 키워나간다. 바로 로마이다. 로마는 다니엘서 2장 느부갓네살왕의 신상 꿈에 나타난 쇠의 나라이다. 또한, 다니엘서 7장에 다니엘의 환상 가운데 나타난 무섭고 놀라우며 매우 강하며 쇠로 된 큰 이빨을 가진 짐승으로 묘사된 나라이기도 하다. 이탈리아 반도를 통일한 로마는 당시 지중해의 패권을 차지하고 있던 지금의 북아프리카 튀니지에 위치한 카르타고와 B.C. 264년부터 B.C. 146년까지 약 120년 동안 3차에 걸친 전쟁을 치른다. 이 전쟁을 '포에니 전쟁'이라고 한다. 포에니는 페니키아의 로마식 표현이며 지금의 레바논 지역인 페니키아는 두로와 시돈 지역을 의미한다. 사도행전에서는 베니게라고 표현된다. 카르타고는 두로가 세운 식민지 도시국가였는데, 스페인에도 영토를 확보하고 있었다. 로마는 세 차례의 포에니 전쟁에서 모두 승리하여 카르타고를 멸망시킴으로써 북아프리카와 스페인 일대를 장악하고 중서부 지중해의 패권을 거머쥐게 된다.

특히 B.C. 202년 아프리카 북부의 자마에서 벌어진 2차 포에니 전쟁의 마지막 전투인 '자마 전투'에서 로마는 카르타고의 한니발 장군에게 대승을 거둔다. 이후, 동지중해로 눈길을 돌린 로마는 그리스 일대를 손에 넣고 북방 왕인 셀류커스와도 지금의 터키 지역인 마그네시아 및 해상에서 전투를 벌인다. B.C. 190년의 일이다. 이 전투에서 셀류커스의 안티오커스 3세는 로마에게 패배를 하고 엄청난 배상금을 물어야 했다. 이때부터 셀류커스는 서서히 내리막길을 걷게 된다. 또한, 안티오커스 3세의 셋째 아들이었던 안티오커스 4세 에피파네스는 로마에서 14년간 인질 생활을 하게 된다. 이 안티오커스 4세 에피파네스가 바로 적그리스도를 예표하는 인물이다. 이 인물에 대한 다니엘서의 예언 내용은 다음과 같다.

> 또 스스로 높아져서 군대의 주재를 대적하며 그에게 매일 드리는 제사를 없애 버렸고 그의 성소를 헐었으며 그의 악으로 말미암아 백성이 매일 드리는 제사가 넘긴 바 되었고 그것이 또 진리를 땅에 던지며 자의로 행하여 형통하였더라
> (단 8:11~12)

> 이 네 나라 마지막 때에 반역자들이 가득할 즈음에 한 왕이 일어나리니 그 얼굴은 뻔뻔하며 속임수에 능하며 (단 8:23)

위의 내용 외에도 에피파네스에 대한 여러 예언의 내용이 다니엘서 11장에 기록되어 있다. 로마의 인질에서 풀려난 그는 속임수를 써서 자기 형 셀레우코스 4세의 아들인 조카에게 돌아갈 왕위를 뺏고, 오히려 왕의 후계자인 조카를 로마에 인질로 가게 만든다.

> 또 그의 왕위를 이을 자는 한 비천한 사람이라 나라의 영광을 그에게 주지 아니할 것이나 그가 평안한 때를 타서 속임수로 그 나라를 얻을 것이며 (단 11:21)

에피파네스는 원래 왕권에 대한 정통성이 없는 사람이었다. 그는 여기저기서 재

물을 탈취하여 그 재물을 사람들에게 나누어 줌으로써 환심을 사서 왕권을 뺏고 이를 유지한다. 그리고 군사를 모아 남방 왕 즉, 프톨레미에 침공하여 들어가 전쟁에서 프톨레미를 제압하고, 더 이상 대항하지 못하도록 나라를 둘로 나누어 놓고 고국으로 돌아간다.

> 그가 그의 힘을 떨치며 용기를 다하여 큰 군대를 거느리고 남방 왕을 칠 것이요
> 남방 왕도 심히 크고 강한 군대를 거느리고 맞아 싸울 것이나 능히 당하지 못하
> 리니 이는 그들이 계략을 세워 그를 침이니라 (단 11:25)

이듬해, 둘로 나뉜 프톨레미가 다시 하나가 되려 하자 에피파네스는 다시 군사를 모아 이집트로 내려간다. 그런데 프톨레미를 거의 제압한 상황에서 뜻하지 않은 복병이 나타난다. 로마가 에피파네스의 앞을 가로막은 것이다. 로마에서 인질 생활을 한 경험이 있던 에피파네스는 로마의 막강한 군사력을 알기에 어쩔 수 없이 병력을 철수할 수밖에 없었다. 로마로 인해 아무 소득도 없이 이집트에서 철수하던 그는 안식일 날을 이용해 예루살렘을 공략하여 예루살렘을 함락시킨다.

> 작정된 기한에 그가 다시 나와서 남방에 이를 것이나 이번이 그 전번만 못하리니
> 이는 깃딤의 배들이 이르러 그를 칠 것임이라 그가 낙심하고 돌아가면서 맺은 거
> 룩한 언약에 분노하였고 자기 땅에 돌아가서는 맺은 거룩한 언약을 배반하는 자
> 들을 살필 것이며 (단 11:29~30)

깃딤은 지금의 키프로스이며 사도행전에는 구브로로 기록되어 있다. '70인역'에는 '로마인들'로 번역이 되어 있다. 아마도 '깃딤의 배들'이라고 함은 키프로스에 주둔하고 있던 로마의 배들로 여겨진다.

예루살렘을 점령한 에피파네스는 유다를 완전히 헬라화시키려고 마음을 먹는다. B.C. 167년 에피파네스는 예루살렘 성전(스룹바벨 성전)에 자기의 얼굴을 닮은 제우스상을 세우고 거기에 자기의 생일인 25일을 기념하여 매월 25일에 돼지를 잡아 제사를 지내게 했다. 율법책들을 불사르고 율법 준수를 금지하며 할례도 금지하고 안식일 준수도 금지한다. 이러한 명령을 어기는 자는 사형에 처하고 더 이상 성전에서 제사를 지낼 수도 없게 되었다.

> 군대는 그의 편에 서서 성소 곧 견고한 곳을 더럽히며 매일 드리는 제사를 폐하
>
> 며 멸망하게 하는 가증한 것을 세울 것이며 (단 11:31)

제사장이었던 맛다디아와 다섯 아들들이 들고 일어났다. 다섯 형제 중 셋째인 유다가 선두에 섰다. 사람들이 모여들었고 무력으로 헬라 군사들에게 대항했다. 사람들은 유다를 망치라는 의미의 마카비라는 별명으로 불렀으며, 이 일을 '마카비 혁명'이라고 한다. 마카비 대원들은 헬라 군대와의 힘겨운 싸움 끝에 예루살렘을 탈환했고 곧바로 헬라인들

성전의 메노라(좌) 하누카메노라(우)
(출처 : Wikipedia, Temple Institute, Israel, Wikipedia, Ladislav Faigl, Czech)

에 의해 더럽혀진 성전을 정화하고 새롭게 봉헌을 한다. 이때가 B.C. 164년 9월 25일의 일이다. 이 봉헌은 8일 동안 계속되었다. 이날을 기념한 절기를 '봉헌'이라는 의미의 '하누카'라고 하며 우리 말로는 수전절이라고 한다. 성전의 메노라에는 등잔이 일곱 개이지만 하누카 등대(촛대)에는 등잔이 아홉 개이다. 첫날에 가운데 등잔과 첫 번째 등잔에 불을 붙이고 하루에 하나씩 추가하며 불을 붙여 모두 8일간 기념한다.

같은 해인 B.C. 164년에 안티오커스 4세 에피파네스는 페르시아의 반란을 진압하기 위해 '아스파한'이라는 곳에 가 있다가, 거기서 예루살렘을 빼앗겼다는 소식을 듣게 된다. 그는 예루살렘에서 행한 자기의 일을 후회하지만, 몸이 썩는 고통스러운 병에 걸려 죽는다. 셀류커스는 점점 더 쇠락하여 최종적으로는 B.C. 63년 로마의 폼페이우스 장군에 의해 멸망하게 된다.

신약에 하누카(수전절)에 대한 기록은 유일하게 요한복음에 있다. 예수님께서는 율법 절기에 맞추어 예루살렘에 올라가셨는데, 수전절에 예루살렘에 올라가신 기록이 요한복음 10장에 있다.

> 예루살렘에 수전절이 이르니 때는 겨울이라 예수께서 성전 안 솔로몬 행각에서
> 거니시니 (요 10:22~23)

다니엘서 8장과 11장에 기록된 뻔뻔하고 비천한 북방 왕에 대한 예언은 안티오커스 4세 에피파네스에 의해 그대로 성취되었다. 그런데 이미 성취된 다니엘서의 예언 일부가 예수님의 예언에 다시 등장한다. 이는 세상 끝날에 대한 예수님의 예언 가운데 기록되어 있다.

> 그러므로 너희가 선지자 다니엘이 말한바 멸망의 가증한 것이 거룩한 곳에 선 것
> 을 보거든 (읽는 자는 깨달을지저) 그 때에 유대에 있는 자들은 산으로 도망할지
> 어다 (마 24:15~16)

> 멸망의 가증한 것이 서지 못할 곳에 선 것을 보거든 (읽는 자는 깨달을지저) 그 때
> 에 유대에 있는 자들은 산으로 도망할지어다 (막 13:14)

마태복음 24장, 마가복음 13장, 그리고 누가복음 21장의 말씀은 일반적으로 A.D. 70년의 예루살렘 멸망에 대한 예언으로도 이해되며 세상 끝날에 대한 예언으로도 이해된다. '거룩한 곳에 선 멸망의 가증한 것'은 역사 가운데, 안티오커스 4세 에피파네스가 예루살렘 성전의 번제단을 헐고 그곳에 세운 자기 얼굴을 닮은 제우스상을 의미한다. 세상 끝날에도 이와 같은 일이 일어날 것이다. 이 말씀이 마지막 때에 이루어지기 위해서는 거룩한 곳이 먼저 있어야 하므로 예루살렘에 새로운 성전(제3 성전)이 세워져야 한다고 해석하기도 한다.

POINT

성전 모독 사건을 일으킨 셀류커스의 안티오커스 4세 에피파네스는
세상 끝날에 나타날 적그리스도를 예표하는 인물로 해석된다.

29. 에스겔서의 예언과 이스라엘 회복

에스겔과 다니엘은 서로 비슷한 연령대인 것으로 여겨진다. 다니엘은 1차 포로로 B.C. 605년에 바벨론으로 끌려갔고 에스겔은 2차 포로로 B.C. 597년에 끌려갔다. 다니엘은 끌려간 지 얼마 되지 않아 느부갓네살왕의 꿈을 해몽하고 왕의 절까지 받게 되어 바벨론에서 누구도 범접할 수 없는 위치를 누리게 된다.

에스겔이 여호야긴왕과 함께 포로로 끌려간 지 5년째 되던 해이며, 아론의 후손인 에스겔이 제사장으로서의 직무를 감당하게 되는 나이인 30세가 되었을 때, 하나님께서 나타나셔서 그를 선지자로 부르셨다.

서른째 해 넷째 달 초닷새에 내가 그발 강 가 사로잡힌 자 중에 있을 때 에 하늘이 열리며 하나님의 모습이 내게 보이니 여호야긴 왕이 사로잡힌 지 오 년 그 달

초닷새라 (겔 1:1~2)

에스겔이 선지자로 활동할 당시, 젊은 다니엘은 이미 하나님께서 인정하시는 노아와 욥과 같은 '의인'의 반열에 올라 있었다.

> 인자야 가령 어떤 나라가 불법을 행하여 내게 범죄하므로 내가 손을 그 위에 펴서 그 의지하는 양식을 끊어 기근을 내려 사람과 짐승을 그 나라에서 끊는다 하자 비록 노아, 다니엘, 욥, 이 세 사람이 거기에 있을지라도 그들은 자기의 공의로 자기의 생명만 건지리라 나 주 여호와의 말이니라 (겔 14:13~14)

하나님께서는 에스겔을 항상 '인자'라고 하시며 아주 친근하게 부르신다. 그리고 왜 예루살렘을 멸망시킬 수밖에 없는지에 대해 에스겔에게 아주 상세히 설명해 주시기도 하고 심지어 하소연까지 하신다. 또 바벨론 땅에 있던 에스겔을 예루살렘에 데리고 가서 패역한 예루살렘의 모습을 보여주기도 하신다.

에스겔서는 크게 바벨론에 의한 예루살렘 멸망 이전과 멸망 이후의 두 부분으로 나뉜다. 33장 이전까지는 예루살렘 멸망에 대한 이유와 구원의 원리, 그리고 이방 민족의 멸망에 대한 예언이 기록되어 있고 33장에는 예루살렘 함락에 대한 내용이, 33장 이후에는 이스라엘의 회복, 곡과 마곡 전쟁, 그리고 성전 회복에 대한 예언이 담겨 있다. 이러한 예언을 미리 기록하게 하신 목적은 예언들이 성취될 때에 이 모든 일을 이루시는 분이 바로 여호와이심을 알게 하시려는 것이다. '내가 여호와인 줄을 알리라'라는 표현이 에스겔서 전반에 걸쳐 30회 이상이나 반복적으로 기록되어 있다.

> 이같이 내가 여러 나라의 눈에 내 위대함과 내 거룩함을 나타내어 나를 알게 하리니 내가 여호와인 줄을 그들이 알리라 (겔 38:23)

에스겔서를 전체적으로 다루려면 상당히 많은 지면이 필요하다. 이 장에서는 주로 에스겔서 36장과 37장에 기록된 이스라엘의 회복에 대해서 다루어 보고자 한다.

북이스라엘의 열 지파들은 B.C. 722년 앗수르에 멸망당하고, 앗수르의 혼혈정책으로 인해 혼혈이 되기도 하고 메소포타미아로 흩어지기도 했다. 남유다는 B.C. 586년 바벨론에게 멸망당하는데, 그 이전에 두 번에 걸쳐 많은 사람이 포로로 끌려갔다. 포로들은 페르시아의 고레스왕의 조서와 아닥사스다왕의 조서로 말미암아 세 번에 걸쳐 유대 땅으로 돌아와서 스룹바벨 성전을 건축하기도 하고 예루살렘 성벽을 다시 중건하기도 했다. 이후, 유대인들은 페르시아 제국과 헬라 제국의 지배를 받다가 약 100년 정도 하스몬 왕조의 독립국가를 세우기도 하지만 결국 로마 제국의 지배를 받게 된다. 또한 이들은 메시아로 오신 예수님을 거부하고 십자가에 못 박았다.

예수님 승천 후 40년이 지난 A.D. 70년, 예수님의 예언에 따라 로마의 티투스 장군에 의해 예루살렘이 함락되고 헤롯이 리모델링한 성전은 철저히 파괴된다. 유대인들은 로마의 포로가 되어 끌려가기도 하고 전 세계로 흩어지기 시작한다. A.D. 135년 유대인들의 지지를 받았던 바르 코크사의 반란을 제압한 로마의 하드리아누스 황제는 이스라엘 땅의 명칭을 '팔레스타인'으로 바꾸었다. 예루살렘의 이름도 '아일리아 카피톨리아'로 바꾸었으며 더 이상 유대인의 거주를 허락하지 않았다. 아주 오랜 기간 동안 그들은 하나님께서 아브라함과 이삭과 야곱에게 약속하신 그 땅에 돌아가지 못했다.

나라 없는 디아스포라가 된 그들은 어디를 가도 환영을 받지 못했다. 이슬람은 그들을 2등 국민으로 대우했고 기독교 국가들은 예수를 죽인 민족이라 하여 멸시하고 핍박했는데 예루살렘을 점령한 십자군은 당시 그곳에 살던 유대인들을 무참히 학살했다. 스페인은 종교재판을 해가면서 유대인들에게 카톨릭으로의 개종을 강요했고 개종하지 않는 유대인들에게는 고문과 화형 그리고 재산몰수가 기다리고 있었다. 이후에도 유럽에는 반유대주의가 상존하고 있었으며 유대인들은 유월절, 오순절, 초막절이 되어도 예루살렘에 올라갈 수가 없었다.

1894년 프랑스에서 드레퓌스 사건이 일어난다. 프랑스의 포병 대위였던 드레퓌스는 유대인이었는데, 프랑스 사람들이 그에게 간첩 혐의를 뒤집어씌워 종신형을 선고하고 그를 외딴 섬에 유배시킨 사건이었다. 후에 재심에서 무죄가 선고됨으로써 사건이 종결되었지만, 유대인들은 이 사건을 계기로 국가의 필요성을 절실히 느끼게 되었다. 이때부터 유대인들 사이에 유대 국가를 세우고자 하는 시온주의 운동이 일어나게 된다.

1차 세계대전이 막바지에 다다른 시기인 1917년 영국의 외무부 장관인 벨 푸어의 이름으로 팔레스타인 땅에 유대 국가를 건설할 수 있다는 내용의 '벨푸어 선언'이 발표된다. 그 배경에는 하임 바이츠만의 공로가 있었다. 유대인인 바이츠만은 포도당으로 아세톤을 만드는 기술과 특허를 가지고 있었다. 이 아세톤은 바로 화약을 만드는데 필요한 원재료였다. 영국은 1차 세계대전을 치르면서 전 국토에 포도당의 원료가 되는 옥수수를 심게 했고 바이츠만의 기술로 가능한 한 많은 양의 아세톤을 생산했다. 화약의 대량 확보가 가능했던 영국은 프랑스, 러시아와 함께 독일, 오스트리아·헝가리 및 오스만 투르크 동맹국에게 승리를 거둔다. 무엇이든지 다 해주겠다는 영국 정부에게 바이츠만은 유대 국가를 세워줄 것을 요구했다. 1차 세계대전이 끝난 시점에 팔레스타인 땅은 오스만 투르크에서 영국으로 주인이 바뀌었다.

벨푸어 선언 이후, 해외에 살던 유대인들이 하나둘 황무지나 다름없는 팔레스타인 땅으로 이주하기 시작했는데 사람이 들어가 살기가 쉽지 않은 땅이었다. 그러던 중에 2차 세계대전이 발발하고, 유대인에게는 지금까지의 고통이나 핍박과는 차원이 다른 최악의 상황이 발생한다. 바로 독일의 히틀러가 일으킨 홀로코스트라고 불리는 유대인 대학살이다. 유럽의 독일군 점령지에서 붙잡힌 유대인들은 폴란드의 아우슈비츠를 비롯한 여러 수용소로 보내졌고 수많은 유대인들이 독가스실에서 생을 마감한다. 홀로코스트를 경험한 유대인들은 국가의 소중함을 더욱더 뼛속 깊이 새기게 된다.

1947년 11월 29일 유엔은 팔레스타인 땅을 나누어 유대 국가와 아랍 국가를 동시에 건국할 것을 의결한다. 이 결의에 불만을 품은 아랍 국가들은 팔레스타인 땅에 유대 국가가 세워지는 것을 전면적으로 거부했다. 만일에 유대 국가가 이 땅에 세워진다면, 전쟁을 일으켜서라도 유대인들을 모두 지중해로 몰아넣겠다고 협박하기도 했다. 이로 인해 유대의 지도자들도 고민이 이만저만이 아니었다. 당시 팔레스타인 땅에 들어와 있던 유대인의 숫자는 고작 80만 명 정도에 불과했기에 나라를 세우기에는 너무나 상황이 좋지 않다고 하는 의견과 그래도 지금이 아니면 언제 나라를 세우겠느냐는 의견이 충돌했다. 나라의 이름을 어떻게 할 것인가에 대해서도 서로 다른 의견이 교차했다. 결국 벤구리온을 비롯한 유대의 지도자들은 나라를 세우기로 최종 결정을 내렸고 이름을 '이스라엘'로 하기로 했다. 그리고 1948년 5월 14일 이스라엘의 건국을 세계만방에 공포했다. 초대 대통령으로는 1차 세계대전 때 아세톤을 만들었던 하임 바이츠만이, 초대 수상으로는 다비드 벤구리온이 선출되었다.

바로 이튿날 주변의 아랍 국가인 이집트, 요르단, 시리아, 이라크의 군대가 이스라엘로 쳐들어왔다. 다른 아랍 국가들이 그 뒤에서 도왔다. 이스라엘은 전 국민의 수를 다 합해도 80만 명밖에 되지 않는 상황에 군대도 제대로 갖추어지지 않았고 무기도 변변치 않았다. 아랍 국가들은 이삼일 내에 전쟁이 끝날 것으로 판단했지만, 20일이 지나도 전쟁은 끝나지 않았다. 이스라엘은 목숨을 걸고 나라를 지켜냈고 점차 승기를 잡아 나갔다. 결국 아랍 측의 요구로 휴전이 성립된다. 이때, 이스라엘은 팔레스타인 땅의 60% 정도를 차지했는데 이 기적과 같은 전쟁을 '1차 중동전쟁'이라고 한다.

3차 중동전쟁이 1967년에 일어난다. 이집트, 요르단, 시리아가 소련의 지원을 받아 이스라엘을 공격하기로 한다. 당시 소련의 최신예 전투기와 탱크를 지원받았던 아랍의 군대를 이스라엘로서는 도저히 막아낼 수 있는 상황이 아니었다. 이스라엘은 절체절명의 위기를 맞이했고 이스라엘 정부는 국가가 없어질 수도 있는 위기의 상황을 선제공격으로 타개하기로 한다. 아랍 국가들의 공격일 하루 전에 이스라엘 전투기들이 지중해 상공을 저고도 비행으로 날아 이집트의 비행장들에 맹폭을 가한다. 이렇게 시작된 전쟁은 이스라엘의 대승으로 끝나고 이집트가 점령하고 있던 시나이 반도와 가자 지구, 요르단이 점령하고 있던 요단강 서안 지구, 그리고 시리아가 점령하고 있던 골란 고원이 이스라엘의 수중에 들어가게 된다. 게다가 요르단이 점령하고 있던 동예루살렘까지 손에 넣게 되는데 이때, 통곡의 벽이 이스라엘 쪽으로 넘어온다. 이 전쟁을 '6일 전쟁'이라고 부르는데, 7일째는 안식일이므로 전쟁을 6일 만에 끝내기로 한 것이다. 이것이 '3차 중동전쟁'이다.

현재의 이스라엘

후에 이스라엘은 이집트와 평화조약을 체결하고 시나이 반도를 이집트에 돌려준다. 하지만 가자 지구, 요단강 서안 지구, 골란 고원 및 황금돔을 제외한 동예루살렘은 이스라엘의 통치권 안에 둔다. 유엔은 이 땅들을 아랍에 돌려주라고 하지만 이스라엘은 돌려줄 의사가 전혀 없다. 특히 요단강 서안 지구에는 세겜, 베들레헴 및 헤브론과 같은 이스라엘의 성지들이 자리하고 있다.

에스겔서 37장에는 유명한 마른 뼈 환상이 기록되어 있다. 하나님께서 에스겔을 심히 바싹 마른 뼈가 가득한 골짜기 가운데 두신다. 에스겔이 하나님의 말씀을 대언하자 마른 뼈들이 짝을 찾아 서로 연결되고 힘줄이 붙고 피부가 덮여 사람이 된다. 사방에서 생기가 들어가니 큰 군대가 되었다. 이 마른 뼈는 무엇을 의미하는가? 하나님께서는 분명히 말씀하신다. 이 뼈들이 이스라엘 온 족속이라 하신다. 유다가 아닌 이스라엘이다. 이 이스라엘에는 유다뿐만이 아니라 흩어진 이스라엘의 열 지파도 포함된다. 약 1900년이라는 긴 세월 동안 땅끝까지 흩어져 아무런 소망도 없고, 모두 멸절되었던 것 같았던 이스라엘을 불러내어 큰 군대를 만드시겠다는 하나님의 약속의 말씀이다.

> 또 내게 이르시되 인자야 이 뼈들은 이스라엘 온 족속이라 그들이 이르기를 우리의 뼈들이 말랐고 우리의 소망이 없어졌으니 우리는 다 멸절되었다 하느니라 그러므로 너는 대언하여 그들에게 이르기를 주 여호와께서 이같이 말씀하시기를 내 백성들아 내가 너희 무덤을 열고 너희로 거기에서 나오게 하고 이스라엘 땅으로 들어가게 하리라 내 백성들아 내가 너희 무덤을 열고 너희를 거기에서 나오게 한즉 너희는 내가 여호와인 줄을 알리라 (겔 37:11~13)

하나님께서는 이스라엘 백성들을 무덤에서 나오게 하시고 아브라함과 이삭과 야곱에게 약속하셨던 이스라엘 땅으로 불러들이고 계신다. 이 일은 지금도 진행되고 있다. 1948년 건국 때에 80만 명이었던 이스라엘의 인구는 현재 약 900만 명으로 늘었다. 아랍 사람들을 제외하면 약 660만 명이 이스라엘의 후손이다. 지금도 예루살렘으로 올라가자는 '알리야 운동'이 계속되고 있고 전 세계에 흩어져 있던 야곱의 후손들이 매일 이스라엘로 돌아오고 있다.

하나님께서 1900년 동안 황무지 채로 두셨던 그 땅에 비를 내려 주셔서 지금은 건국 이전과 비교해 약 5배의 강수량을 기록하고 있으며 이스라엘은 농산물 수출국이 되어 무화과, 대추야자, 올리브와 같은 농산물을 수출한다. 세계 최고의 낙농 기술을 이용하여 낙농 제품의 수출도 상당하다. 세계 최고 수준의 첨단 기술도 확보하고 있고 군사력으로도 아랍 국가들을 압도한다. 거기에 더하여, 이제는 지중해에서 천연 가스를 생산하고 있고 그 매장량도 엄청나며 막대한 양의 석유 매장도 확인되었다고 한다. 이스라엘은 하나님의 약속대로 점점 더 강력한 군대가 되어가고 있다.

> 내가 너희를 모든 더러운 데에서 구원하고 곡식이 풍성하게 하여 기근이 너희에게 닥치지 아니하게 할 것이며 또 나무의 열매와 밭의 소산을 풍성하게 하여 너희가 다시는 기근의 욕을 여러 나라에게 당하지 아니하게 하리니 (겔 36:29~30)

> 전에는 지나가는 자의 눈에 황폐하게 보이던 그 황폐한 땅이 장차 경작이 될지라 사람이 이르기를 이 땅이 황폐하더니 이제는 에덴 동산 같이 되었고 황량하고 적막하고 무너진 성읍들에 성벽과 주민이 있다 하리니 너희 사방에 남은 이방 사람이 나 여호와가 무너진 곳을 건축하며 황폐한 자리에 심은 줄을 알리라 나 여호와가 말하였으니 이루리라 (겔 36:34~36)

에스겔서 37장 15절 이하에는 남유다와 북이스라엘이 한 나라가 되고 한 임금이 다스리게 하겠다는 하나님의 약속의 말씀이 기록되어 있다. 이제 분열되었던 나라가 '이스라엘'이라는 명칭을 사용하는 한 나라로 통일되어 단일 정부하에서 통치되고 있는 모습을 본다. 한 임금은 궁극적으로는 예수 그리스도가 되겠지만, 이미 그러한 체제로 가기 위한 틀이 이루어지고 있다고 봐도 되지 않을까 싶다.

> 그 땅 이스라엘 모든 산에서 그들이 한 나라를 이루어서 한 임금이 모두 다스리게 하리니 그들이 다시는 두 민족이 되지 아니하며 두 나라로 나누이지 아니할

지라 (겔 37:22)

에스겔서는 지금으로부터 약 2600년 전에 쓰여졌다. 하나님께서는 아무리 오래 전에 말씀하셨던 약속이라 할지라도 반드시 신실하게 성취해 나가신다. 거의 매일 이스라엘 텔아비브의 벤구리온 공항에는 전 세계에서 들어오는 수많은 야곱의 후손들을 태운 비행기들이 도착한다. 그들은 비행기에서 내려, 하나님께서 아브라함과 이삭과 야곱에게 주시기로 약속하셨던 그 땅에 입을 맞춘다.

하나님의 계획은 모든 이스라엘 백성들을 그 땅으로 데리고 오시겠다는 것이다. 아직도 800만 명 이상이 이방 땅에서 살고 있다. 언약의 하나님께서 이 일을 앞으로 어떻게 이루실까?

> 전에는 내가 그들이 사로잡혀 여러 나라에 이르게 하였거니와 후에는 내가 그들을 모아 고국 땅으로 돌아오게 하고 그 한 사람도 이방에 남기지 아니하리니 그들이 내가 여호와 자기들의 하나님인 줄을 알리라 (겔 39:28)

지금도 이스라엘 정부는 전 세계에 흩어져 있는 이스라엘인들을 향해 고국으로 돌아오라고 소리친다. 지금 이 순간에도 하나님께서는 계시하셨던 말씀을 신실하게 성취해 나가신다. 왜 그렇게 하실까? 에스겔서에 반복적으로 기록되었듯이, 이스라엘 백성들과 이제는 세상 사람들 모두에게 이 일을 성취하는 이가 여호와인 줄을 알게 하시기 위함이다.

약 1900년 동안 나라 없이 떠돌아다니던 이스라엘에 하나님께서는 회복을 허락하셨다.

1948년 5월 14일 이스라엘의 건국이 전 세계에 공포되었다.

이스라엘 회복에 대한 예언은 에스겔서뿐 아니라, 이사야서, 예레미야서와 같은

여러 선지서에 기록되어 있다. 그리고 그 예언은 현재 이스라엘 땅에서 날마다 성취되고 있다.

제4부

메시아의 초림과
새 예루살렘

30. 다니엘서의 메시아 예언

　메시아(그리스도)에 대한 예표와 예언은 구약성경 어디에서나 찾아볼 수 있다. 모세오경, 역사서, 시가서 및 선지서 어디에서나 메시아에 대한 계시의 내용을 찾아볼 수 있는데 이번 장에서는 특별히 다니엘서에 기록된 메시아 관련 계시의 내용을 살펴보고자 한다. 2장에는 느부갓네살왕의 신상 꿈에서 '손대지 아니한 돌'의 모습으로 메시아가 계시되고 7장에서는 '인자 같은 이'로 계시된다. 다니엘서 9장에서는 '지극히 거룩한 이'와 '기름 부음을 받은 자'로 계시되며, 메시아가 오시는 때에 대한 '70 이레 예언'이 계시된다.

　느부갓네살왕이 꿈에서 본 큰 신상은 머리는 순금, 가슴과 팔은 은, 배와 넓적다리는 놋, 종아리는 쇠, 그리고 발은 쇠와 진흙으로 되어 있다. 그런데 '손대지 아니한 돌'이 나와서 신상의 쇠와 진흙으로 된 발로부터 시작하여 신상 전체를 쳐서 부수니 신상은 바람의 겨와 같이 날아가 버렸다. 신상을 친 돌이 태산을 이루어 세상에 가득 찼다고 한다. 신상 각 부분은 세상에 일어나는 바벨론, 메대와 바사, 헬라, 로마 및 로마 이후의 나라들을 의미한다. 세상 제국들이 아무리 강력하다 하더라도 결국은 바람에 나는 겨와 같은 운명을 맞이하게 될 것이고 '손대지 아니한 돌'의 나라는 영원히 설 것이라는 의미이다.

> 이 여러 왕들의 시대에 하늘의 하나님이 한 나라를 세우시리니 이것은 영원히 망하지도 아니할 것이요 그 국권이 다른 백성에게로 돌아가지도 아니할 것이요 도리어 이 모든 나라를 쳐서 멸망시키고 영원히 설 것이라 (단 2:44)

'손대지 아니한 돌'은 예수 그리스도를 의미한다. 하나님께서 세우시는 예수 그리스도의 나라는 영원히 망하지 않는 나라이다. 세상의 힘으로 군림하는 어떠한 나라도 결국에는 망할 것이지만 오직 한 나라, 예수 그리스도의 나라 만이 영원히 설 것이라는 의미가 담겨 있다. 예수님께서는 스스로 건축자들이 버린 돌이라고 말씀하신다. 시편 118편 22~23절의 내용을 인용하시며 다음과 같은 말씀을 하시는데, 이 건축자들이 버린 모퉁이의 머릿돌로부터 시작하여 전 세계의 교회로 돌의 나라가 확장되어 왔다.

> 너희가 성경에 건축자들이 버린 돌이 모퉁이의 머릿돌이 되었나니 이것은 주로 말미암아 된 것이요 우리 눈에 놀랍도다 함을 읽어 보지도 못하였느냐 하시니라 (막 12:10~11)

다니엘서 7장에는 다니엘이 직접 본 환상에 대한 기록이 있는데 세상에 일어나는 제국을 짐승으로 표현한다. 이 짐승들의 공통된 특징은 레위기 11장에 기록된 부정한 짐승들이며 모두가 사나운 짐승들이라는 점이다. 바벨론은 날개 달린 사자의 모습으로, 메대와 바사는 세 개의 갈빗대를 물은 곰의 모습으로, 헬라는 날개 넷에 머리가 넷인 표범의 모습으로, 로마는 사납고 거칠고 쇠로 된 이를 가진 열 뿔 가진 짐승의 모습으로 표현된다. 이 사나운 짐승의 뿔 하나가 부러지고 눈과 입이 있는 뿔 셋이 나오는 장면이 끝나면서 다니엘은 '옛적부터 항상 계신 이'에 대한 환상을 본다. 요한계시록에 기록된 하늘 보좌와 약간은 비슷한 광경이다. 심판을 베푸는 책이 보이고 짐승들이 죽임을 당하고 불에 던져지는 모습을 본다.

다니엘은 또 환상을 보는데, 이번에는 '인자 같은 이'에 대한 환상이다. '인자 같은 이'가 구름을 타고 와서 '옛적부터 항상 계신 이'에게로 인도된다. 그에게 모든 권세와 영광과 나라가 주어지고 아울러 모든 백성과 나라들과 다른 언어를 말하는 모든 자가 그를 섬기게 했다고 한다. 이 '인자 같은 이'가 갖는 권세는 이스라엘만을 다스리는 권세가 아니라 모든 민족들을 다스리는 영원한 권세인 것이다.

> 그에게 권세와 영광과 나라를 주고 모든 백성과 나라들과 다른 언어를 말하는 모든 자들이 그를 섬기게 하였으니 그의 권세는 소멸되지 아니하는 영원한 권세요 그의 나라는 멸망하지 아니할 것이니라 (단 7:14)

다니엘이 밤에 환상 가운데 들은 이 말씀은 느부갓네살왕의 꿈에 나타난 '손대지 아니한 돌'에 대한 해석 내용과 아주 흡사하다. 하나님께서는 앞으로 일어날 일을 느부갓네살왕의 꿈을 통하여 계시하시고 또, 다니엘의 환상을 통하여 다시 한번 계시해 주셨다. 과거 애굽의 바로가 7년 풍년과 7년 흉년에 대한 꿈을 두 번에 걸쳐 꾼 것에 대해 그 일이 확실히 일어날 일이기 때문이라고 요셉이 해석해 주었던 적이 있다. 마찬가지로 느부갓네살왕의 꿈과 다니엘의 환상을 통하여 동일한 계시를 두 번에 걸쳐 보여주신 것은 그 일이 확실하고 반드시 일어날 일이기 때문이다.

다니엘이 환상의 내용이 궁금하여 '옛적부터 계신 이'를 모신 자에게 물었다. 그가 다니엘에게 환상에 대해 설명해 준다.

> 그 네 짐승은 세상에 일어날 네 왕이라 지극히 높으신 이의 성도들이 나라를 얻
> 으리니 그 누림이 영원하고 영원하고 영원하리라 (단 7:17~18)

지극히 높으신 이의 성도들이 영원한 나라를 얻는다고 한다. 그리고 그 누림이 영원하고 영원하고 영원하다고 한다. 영원하다는 말이 세 번씩이나 반복적으로 사용된다. 성경의 말씀 가운데에서 어떤 표현이 두 번 겹쳐서 사용되는 경우는 있어도, 동일한 표현을 세 번에 걸쳐 반복하여 사용하는 경우는 흔치 않다. 성도들이 누리게 될 영원한 누림에 대해서 거듭하여 강조하는 말씀인 것이다.

'인자 같은 이'는 바로 예수 그리스도이시다. 복음서에서는 예수님께서 스스로 자신을 가리켜 '인자'라고 표현하시는 것을 자주 볼 수 있다.

> 이 말을 너희 귀에 담아 두라 인자가 장차 사람들의 손에 넘겨지리라 하시되
> (눅 9:44)

이 영원하고 영원하고 영원한 누림이 있는 나라를 본 사람이 사도 요한이다. 사도 요한이 밧모섬에 있을 때, 하늘로 들려 올려져 많은 것을 보았다. 그가 마지막으로 본 것이 새 하늘과 새 땅이다. 그리고 하늘로부터 내려오는 새 예루살렘을 보았다. 요한계시록 21장과 22장에 기록된 내용이다. 이것이 바로 궁극적인 모습의 '손대지 아니한 돌의 나라', '인자 같은 이의 나라'이며 성도들의 누림이 영원하고 영원하고 영원한 나라이다. 사도 요한은 예수님께서 하나님의 아들 그리스도이심을 믿게 하고 그 이름을 힘입어 생명을 얻게 하려고 요한복음을 기록했다고 증거한다. 요한복음의 핵

심 단어는 바로 '영생'이다.

> 오직 이것을 기록함은 너희로 예수께서 하나님의 아들 그리스도이심을 믿게 하
> 려 함이요 또 너희로 믿고 그 이름을 힘입어 생명을 얻게 하려 함이니라 (요 20:31)

다니엘서 9장에는 메시아에 대한 아주 특별한 예언이 기록되어 있다. 앞의 15장에
서도 언급했듯이, 다니엘은 1차 포로 때인 B.C. 605년에 바벨론으로 끌려왔다. 이때
는 예레미야가 활동하던 때이고 예레미야서가 완성되지 않았었다. 시간이 흘러 다니
엘과 세 친구가 포로로 끌려온 지도 어느덧 66년이라는 세월이 흘러 B.C. 539년이 되
었다. 이 해는 메대와 바사 연합군이 바벨론을 점령하고 벨사살왕을 죽였으며 메대
사람 다리오가 바벨론의 왕이 된 해이다.(다니엘서 5장) 포로로 끌려올 때 소년이었
던 다니엘도 이제 노인이 되었다. 그리고 다니엘이 처음으로 예레미야서를 읽게 되
는데 놀라운 내용을 발견한다. 그것은 70년이 차면 바벨론의 통치가 끝나고 바벨론
에서 '너희들'을 다시 고국 땅으로 데려오시겠다는 내용이다.

> 여호와께서 이와 같이 말씀하시니라 바벨론에서 칠십 년이 차면 내가 너희를
> 돌보고 나의 선한 말을 너희에게 성취하여 너희를 이 곳으로 돌아오게 하리라
> (렘 29:10)

예레미야서에 기록된 예언의 내용대로 바벨론이 멸망했다. 포로로 끌려왔던 유다
백성들이 이제 곧 돌아갈 수 있게 되리라는 것을 알게 된 다니엘은 가슴이 벅차 도
저히 가만히 있을 수가 없었다. 그는 금식하고 베옷을 입고 재를 뒤집어쓰고 하나님
께 간절한 중보기도를 올린다. 이 중보기도 내용이 다니엘서 9장에 기록되어 있다.
하나님의 용서를 구하고 이제 예루살렘을 향하여 큰 긍휼을 베풀어 달라는 간절한

기도였다. 그런데 그가 기도를 시작할 때, 이미 하늘에서는 가브리엘 천사가 다니엘을 향하여 출발했다. 그에게 지혜와 총명을 주기 위해서였다고 설명한다. 가브리엘은 하늘의 큰 비밀을 다니엘에게 알려주는데, 이것을 소위 '70 이레 예언'이라고 한다. 이 예언은 이스라엘 백성과 거룩한 성에 대한 예언이며 또한 메시아가 오시는 때에 대한 예언이다.

'칠십 이레'는 '칠십 주'라는 의미이며 칠십 주는 490일이다. 이 490일은 490년으로 해석된다. 출애굽 당시 가데스 바네아에서 출발하여 40일 동안 행해졌던 가나안 정탐이 40년 광야 생활로 된 것과 동일한 이치이다. 또한, 하나님께서 바벨론 지배 70년을 정하신 이유가 이스라엘 백성들이 안식년을 70번 지키지 않았기 때문이라는 내용이 역대하 36장에 있다. 앞의 15장에서 언급했듯이 안식년은 7년에 한 번 돌아오므로, 이스라엘 백성들은 490년 동안 안식년을 지키지 않았다는 의미이기도 하다.

다니엘이 예레미야의 예언을 읽고 바벨론 지배가 70년 만에 끝난다는 내용을 알게 되었을 때, 가브리엘 천사가 다니엘에게 칠십 이레 예언에 대한 설명을 해 준다. 예루살렘을 중건하라는 영이 날 때부터 7이레와 62이레가 지난 후에 거룩한 자, '기름 부음을 받은 자(메시아)'가 일어날 것이라는 내용이다. 7이레와 62이레를 합하면 69이레가 된다.

> 그러므로 너는 깨달아 알지니라 예루살렘을 중건하라는 영이 날 때부터 기름 부음을 받은 자 곧 왕이 일어나기까지 일곱 이레와 예순 두 이레가 지날 것이요 그 곤란한 동안에 성이 중건되어 광장과 거리가 세워질 것이며 (단 9:25)

69이레(주)는 483일이고 이를 483년으로 해석한다. 예루살렘을 중건하라는 영이 날 때부터 483년이 지난 후에 기름 부음을 받은 메시아가 일어날 것이라는 의미이다. 예루살렘을 중건하라는 영이 내려진 것이 언제인가에 대해서는 통상 세 가지의 의견이 있다. 첫째는 고레스왕의 조서가 내려진 B.C. 538년이 예루살렘 중건령이 내려진 해라고 하는 의견이고, 둘째는 아닥사스다왕이 에스라에게 조서를 내린 B.C. 457년이 중건령이 내려진 해라고 하는 의견이며, 셋째는 아닥사스다왕이 느헤미야에게 예루살렘 성벽을 재건하라는 조서를 내린 B.C. 444년이 중건령을 내린 해라고 하는 의견이다. 이들 중에 두 번째 의견인 아닥사스다왕이 에스라에게 조서를 내렸던 B.C. 457년부터 483년을 단순 계산해 보면, 기름 부음을 받은 자가 일어나는 해는 A.D. 27년 정도가 된다. 셋 중에 가장 근접하다고 할 수 있다.

메시아의 초림에 대해서는 다니엘을 통해 그 '때'를 알려 주셨다. 많은 유대인들이 메시아 왕국을 기다리며 다니엘서를 읽고 또 읽으며 날짜 계산도 해 보았을 것이다. 오랫동안 이방 제국들의 지배를 받아왔던 유대인들은 이사야서, 예레미야서 및 에스겔서 등에서 다양한 형태로 예언된 이스라엘의 회복을 기다리며 메시아를 바라고 있었기에 세례 요한이 요단강에 나타났을 때, 그를 메시아(그리스도)로 여겼다.

> 백성들이 바라고 기다리므로 모든 사람이 요한을 혹 그리스도신가 심중에 생각하니 (눅 3:15)

예수님의 초림의 때에 대해서는 위에 언급한 대로 다니엘서 9장의 '칠십 이레 예언'을 통해 계시가 되었지만, 재림의 때에 대한 직접적인 계시를 발견하기는 쉽지 않다.

> 그런즉 깨어 있으라 너희는 그 날과 그 때를 알지 못하느니라 (마 25:13)

다니엘서는 길지 않은 예언서이지만 바벨론, 페르시아, 헬라 및 로마로 이어지는
제국의 역사에 대한 예언이 기록되어 있으며, 예수 그리스도의 나라에 대한 예언,
세상 끝날에 대한 예언 등 방대한 내용이 기록되어 있다.
하나님의 경륜을 이해하기 위해서는 다니엘서를 잘 공부해 두어야 한다.

31. 요나서와 요나의 표적

　요나서를 읽으면서 요나의 불순종에 교훈의 초점을 맞추는 사람들이 많다. 하지만 이 정도로는 요나서가 품고 있는 의미를 충분히 이해한다고 하기 어렵다. 마태복음 12장과 16장에는 요나의 표적에 대한 예수님의 말씀이 기록되어 있다. 서기관과 바리새인들이 예수님께 표적을 보여 달라고 한다. 무슨 표적인가? 바로 당신이 메시아라면 표적이 있어야 할 것이 아니냐, 표적을 보여 달라는 것이다. 성경(구약)에 수도 없이 예표되고 예언된 바로 그 메시아라면 확실히 눈에 보이는 표적이 있어야 하지 않겠느냐는 것이 그들의 주장이다. 사실 예수님께서는 중풍 병자를 고치시고 눈먼 자의 눈을 뜨게 하시는 등 많은 이적을 행하셨다. 많은 사람이 이를 보고 예수님을 메시아로 받아들였지만, 종교인들은 믿지 않았다.

　이들을 향하여 예수님께서는 악하고 음란한 세대에게는 요나의 표적 외에는 보여

줄 표적이 없다고 하신다.

> 예수께서 대답하여 이르시되 악하고 음란한 세대가 표적을 구하나 선지자 요나
> 의 표적 밖에는 보일 표적이 없느니라 (마 12:39)

그리고 다음의 네 가지를 덧붙여 말씀하신다. 첫째는 요나가 물고기 뱃속에서 사흘 동안 있었던 것 같이 인자도 사흘 밤낮 땅속에 있을 것이라는 것이고, 둘째는 심판 날에 니느웨 사람들의 정죄가 있을 것이고, 셋째는 심판 날에 남방 여왕의 정죄가 있을 것이며, 넷째는 일곱 귀신이 들어올 것이라는 말씀이시다. 이러한 일이 일어나면, '내가 곧 메시아다'라는 것이 확실히 증거가 된다는 말씀이다.

첫째 표적은 예수님께서 죽으시고 부활하신다는 의미를 나타냄을 쉽게 알 수 있다. 다시 말해 '내가 죽었다가 사흘 만에 부활하면 내가 메시아인 것을 확실히 알 수 있을 것이다'라는 말씀이다. 죽었던 사람이 사흘이 지나 다시 살아난다는 것은 불가능하기 때문에 이 불가능한 일이 일어나면 내가 메시아인 줄을 알라고 하시는 말씀이다. 이 표적은 예수님께서 십자가에서 죽으시고 사흘 만에 부활하심으로 성취되었다.

> 요나가 밤낮 사흘 동안 큰 물고기 뱃속에 있었던 것 같이 인자도 밤낮 사흘 동안
> 땅 속에 있으리라 (마 12:40)

둘째 표적은 심판 날에 있을 니느웨 사람들의 정죄인데, 여기에 대해서는 역사적 상황에 대한 이해가 필요하다.

> 심판 때에 니느웨 사람들이 일어나 이 세대 사람을 정죄하리니 이는 그들이 요나

우선 요나서에 기록된 요나의 니느웨 전도에 대한 일을 살펴보도록 하자. 이 일은 B.C. 760년에서 B.C. 765년 사이에 있었던 일로 여겨진다. 북이스라엘에서 선지자로 활동하던 요나에게 하나님께서는 니느웨로 가서 그들에게 회개를 선포하라고 하시면서 요나서는 시작된다. 요나는 하나님의 말씀을 도저히 이해할 수가 없었다. 니느웨는 적국 앗수르의 도성이었고 앗수르 사람들은 포악하기 이를 데가 없었다.

요나는 북이스라엘의 여로보암 2세 때의 선지자로 여로보암 2세에게 하나님의 말씀을 대언하는 활동을 하고 있었다. 여로보암 2세는 선지자 요나의 대언에 따라 잃었던 많은 영토를 회복했다. 요나의 대언을 따라 많은 영토를 회복했으니, 왕을 비롯한 많은 사람들이 요나를 상당히 신뢰했을 것으로 여겨진다.

이스라엘의 하나님 여호와께서 그의 종 가드헤벨 아밋대의 아들 선지자 요나를 통하여 하신 말씀과 같이 여로보암이 이스라엘의 영토를 회복하되 하맛 어귀에서부터 아라바 바다까지 하였으니 (왕하 14:25)

북이스라엘이 잃었던 영토를 회복하도록 하나님의 말씀을 대언하던 요나에게 하나님께서는 갑자기 적국 앗수르의 도성인 니느웨로 가서 회개를 선포하라고 하신다. 하나님의 말씀이 도무지 이해가 되지 않았고 이를 따르고 싶지 않았던 요나는 엉뚱한 방향으로 도망을 간다. 니느웨는 요나가 있던 사마리아에서 북쪽으로 육로를 따라서 가면 되는데, 요나는 서쪽의 지중해에 있는 욥바항으로 가서 당시 땅끝으로 생각되던 다시스(지금의 스페인)로 가는 배를 탄다. 결국 풍랑이 불고 요나는 우여곡절 끝에 바다에 던져진다. 그리고 큰 물고기 뱃속에서 사흘간 회개 기도를 하고 나서 육지로 돌아오게 된다. 니느웨성은 원래 사흘을 걸어야 한 바퀴를 돌 수 있는 큰 성읍이었다. 요나는 하루 동안 성읍을 다니며 40일 만에 성이 무너질 것이라고 외치고 다녔다. 속으로는 하나님도 모르는 포악한 놈들이 무슨 회개를 하겠는가 하는 심정이었을 것이다. 그런데 요나로서는 도저히 상상도 못할 일이 벌어지고 만다. 니느웨 사람들이 금식을 하며 회개를 시작한 것이다.

> 요나가 여호와의 말씀대로 일어나서 니느웨로 가니라 니느웨는 사흘 동안 걸을
> 만큼 하나님 앞에 큰 성읍이더라 요나가 그 성읍에 들어가서 하루 동안 다니며
> 외쳐 이르되 사십 일이 지나면 니느웨가 무너지리라 하였더니 니느웨 사람들이
> 하나님을 믿고 금식을 선포하고 높고 낮은 자를 막론하고 굵은 베 옷을 입은지
> 라 (욘 3:3~5)

니느웨에서는 왕과 대신들의 조서가 내려지고 심지어 짐승에게까지도 금식이 선포되고 베옷을 입혔다. 왕에서부터 짐승까지 금식했던 것이다. 니느웨 사람들의 회개로 말미암아 하나님께서는 뜻을 돌이키셨고 40일이 지났는데도 성을 멸망시키지 않으셨다.

비슷한 시기에 북이스라엘에서도 하나님의 말씀에 따라 회개를 선포하는 두 명의 선지자 호세아와 아모스가 있었다. 이 두 사람 역시 요나와 마찬가지로 여로보암 2세 때 활동했다.

> 웃시야와 요담과 아하스와 히스기야가 이어 유다 왕이 된 시대 곧 요아스의 아
> 들 여로보암(2세)이 이스라엘 왕이 된 시대에 브에리의 아들 호세아에게 임한 여
> 호와의 말씀이라 (호 1:1)

> 유다 왕 웃시야의 시대 곧 이스라엘 왕 요아스의 아들 여로보암(2세)의 시대 지

진 전 이년에 드고아 목자 중 아모스가 이스라엘에 대하여 이상으로 받은 말씀이라 (암 1:1)

여로보암 2세 때에 하나님께서는 세 명의 선지자를 부르셔서 요나는 니느웨로 보내고 호세아와 아모스는 북이스라엘 땅에서 회개를 촉구하게 하셨다. 여로보암 2세 때에는 국력은 강성하여졌으나 백성들의 죄악은 점점 더 심해지고 있었다. 결과는 어떤가? 포악한 니느웨는 회개했으나 하나님의 백성이라는 북이스라엘은 끝까지 회개하지 않았고 결국 북이스라엘, 곧 사마리아는 회개한 니느웨 사람들에게 B.C. 722년에 멸망하고 만다. 이것이 바로 니느웨 사람들의 정죄이다.

호세아 제구년에 앗수르 왕이 사마리아를 점령하고 이스라엘 사람을 사로잡아 앗수르로 끌어다가 고산 강가에 있는 할라와 하볼과 메대 사람의 여러 고을에 두었더라 (왕하 17:6)

*사마리아 : 북이스라엘의 수도. 예수님 당시에는 갈릴리 쪽을 제외한 북이스라엘 지역을 사마리아라고 불렀다.

요나가 니느웨에 회개를 선포한 지 40년 만의 일이라고 생각한다. 가데스 바네아의 불순종으로 40일 정탐 기간이 40년 광야 생활이 되었듯이, 요나가 선포한 40일이 40년이 되었다고 보기 때문이다. 이를 적용해보면 요나가 니느웨에 회개를 선포한 해가 사마리아가 멸망하기 40년 전인 B.C. 762년이 아닌가 하는 추론을 해볼 수도 있을 것이다.

이 사마리아의 멸망이 예수님께서 말씀하신 두 번째 요나의 표적의 예표이다. 세례 요한이 나타나 백성들을 향하여 외쳤다. "회개하라 천국이 가까이 왔느니라"(마태복음 3장 2절) 예수님께서도 동일하게 외치셨다.

이 때부터 예수께서 비로소 전파하여 이르시되 회개하라 천국이 가까이 왔느니

라 하시더라 (마 4:17)

요나보다 크신 예수님께서 회개할 것을 선포하시는데도 바리새파 사람들과 유대인들은 회개하지 않았다. 회개하기는커녕, 그들은 예수님을 십자가에 못 박았다. 그들은 회개하고 하나님의 나라에 들어오기를 거부했다. 심판 날에 니느웨 사람들이 너희들을 정죄할 것이라는 예언이 예수님 승천 이후, 40년 후에 일어났다. 예수님께서 승천하시고 40년이 지난 A.D. 70년 로마의 티투스 장군에 의해 예루살렘이 멸망당하고 성전은 파괴되었다. 이것이 바로 예수님께서 요나의 표적이라고 말씀하셨던 니느웨 사람들의 정죄가 아니겠는가?

셋째 표적은 심판 날에 있을 남방 여왕의 표적이다. 남방 여왕은 솔로몬 왕의 지혜를 찾아 땅끝 스바(지금의 예멘)에서부터 예루살렘을 찾아왔던 스바 여왕을 말한다. 그녀는 지혜를 찾아 땅끝에서 왔다고 예수님께서 말씀하시고 지혜의 왕이라고 불렸던 솔로몬보다 더 큰 이가 여기 있노라고 덧붙이신다.

심판 때에 남방 여왕이 일어나 이 세대 사람을 정죄하리니 이는 그가 솔로몬의

지혜로운 말을 들으려고 땅 끝에서 왔음이거니와 솔로몬보다 더 큰 이가 여기 있

느니라 (마 12: 42)

예수님은 지혜의 근본이신 분으로 솔로몬은 비교도 되지 않는다. 남방 여왕은 지혜를 찾아 먼 땅끝에서 솔로몬을 만나려고 예루살렘을 찾아왔다. 그런데 유대인들은 지혜의 근본이신 예수님을 알아보지 못하고 오히려 십자가에 못 박았다. 이들은 더 이상 하나님의 도성인 예루살렘에서 살 자격이 없다. 결국 유대인들은 A.D. 70년 예루살렘의 멸망을 기점으로 예루살렘을 떠나 땅끝으로 흩어지게 된다. 남방 여왕의

모술에 있는 요나의 무덤(파괴되기 전)

(출처 : http://www.johnsanidopoulos.com/2012/09/the-tomb-of-prophet-jonah-in-mashad.html)

정죄가 다 이루어졌다.

넷째 표적은 일곱 귀신에 대한 표적이다. 사람에게서 나간 더러운 귀신이 집을 나가서 쉴 곳을 찾지 못하다가 다시 돌아와 보니 청소가 잘 되어 있어, 저보다 더 악한 일곱 귀신을 데리고 들어온다. 그 사람의 나중 형편이 전보다 더 심해진다는 말씀으로 이 악한 세대가 이렇게 될 것이라고 하신다.

> 더러운 귀신이 사람에게서 나갔을 때에 물 없는 곳으로 다니며 쉬기를 구하되 쉴 곳을 얻지 못하고 이에 이르되 내가 나온 내 집으로 돌아가리라 하고 와 보니 그 집이 비고 청소되고 수리되었거늘 이에 가서 저보다 더 악한 귀신 일곱을 데리고 들어가서 거하니 그 사람의 나중 형편이 전보다 더욱 심하게 되느니라 이 악

이슬람 IS에 의해 파괴된 요나의 무덤(2014.7.24)

(출처 : http://www.johnsanidopoulos.com/2012/09/the-tomb-of-prophet-jonah-in-mashad.html)

한 세대가 또한 이렇게 되리라 (마 12:43~45)

　　예수님께서 승천하신 이후 유대 땅은 점점 더 처참한 상황에 부딪히게 된다. 로마에서 파견한 총독들의 착취가 도를 넘어서고 이에 반항하는 유대인들의 저항은 더욱더 격렬해져 결국, 폭동을 진압하기 위해 로마에서는 군대를 파견했고 유대 저항군과의 전쟁도 심화되었다. 유대 땅은 일곱 귀신이 들어온 집과 같은 형편으로 변하여 점점 험악해져 갔다. 결과적으로 A.D. 70년 예루살렘은 함락되고 성전은 파괴되었으며 약 110만 명이 죽음을 맞이했다. 9만 7천 명이 넘는 사람들이 로마에 포로로 끌려갔고 사람들은 예루살렘을 떠나 땅끝으로 흩어졌다. 예수님께서 스스로 메시아 되심에 대한 증거로 말씀하신 요나의 표적은 이렇게 역사적으로 모두 이루어졌다.

요나의 무덤은 옛날에 니느웨가 위치했던 이라크의 제2도시 모술에 있었는데 지난 2014년 이곳을 점령하던 이슬람 무장세력인 IS에 의해 폭파되었다.

P_{OINT}

요나서는 그저 불순종에 대한 교훈을 위해 쓰여진 책이 아니라,
예수님의 메시아 되심을 강력하게 증거하기 위해 쓰여진 책이다.
그리고 예수님께서 요나의 표적을 통해 친히 말씀하신 것들은
역사적으로 모두 이루어졌다.

32. 메시아를 기다린 사람들

　예수님께서 공생애를 시작하실 즈음에 유대인들은 메시아를 간절히 기다리고 있었다. 세례 요한이 요단강에 나타나서 회개를 외치며 세례를 베풀 때, 모든 유대인이 세례 요한을 메시아로 생각했다. 그래서 많은 사람이 세례 요한의 외침을 듣고 그에게 나아와 세례를 받았지만 세례 요한은 단호하게 자기는 메시아(그리스도)가 아니라고 말한다. 그러면 왜 세례를 베푸느냐고 따져 묻는 사람들에게 자기는 물로 세례를 베풀지만, 그분은 성령과 불로 세례를 베푸실 것이라고 증거한다.

　　백성들이 바라고 기다리므로 모든 사람이 요한을 혹 그리스도신가 심중에 생각

　　하니 요한이 모든 사람에게 대답하여 이르되 나는 물로 너희에게 세례를 베풀거

　　니와 나보다 능력이 많으신 이가 오시나니 나는 그의 신발끈을 풀기도 감당하지

못하겠노라 그는 성령과 불로 너희에게 세례를 베푸실 것이요 (눅 3:15~16)

유대인들은 오랫동안 이방 제국들의 지배를 받아왔다. B.C. 586년 예루살렘성이 바벨론에게 함락된 이후 600년 이상을 바벨론, 메대와 바사, 헬라의 남방 왕(프톨레미)과 북방 왕(셀류커스)의 지배를 받게 된다. 중간에 100년 정도 하스몬 왕조를 통한 독립국 형태를 갖추기도 했지만, 시간이 흐를수록 하스몬 왕조는 점점 헬라화 되어 갔다. 왕조 말기에는 로마의 지배가 시작되고 로마를 등에 업은 에돔 출신의 헤롯이 분봉왕으로 유대 지역에 대한 정권을 차지한다. 예수님께서 공생애를 시작하실 당시에도 헤롯 가문은 로마를 등에 업고 유대 지역을 지배하고 있었다.

성경(구약)의 여러 선지서에는 이스라엘의 회복에 대한 하나님의 말씀이 기록되어 있다. 또한 이사야서에는 메시아에 대한 많은 예언의 말씀이 기록되어 있다. 다니엘서에는 지극히 거룩한 이, 기름 부음을 받는 이가 언제 등장할 것인가가 기록되어 있다. 다니엘서 9장의 '70 이레 예언'이 바로 그것이다. 하나님께서는 예수님의 재림 시기에 대해서는 정확히 계시해 주지 않으셨지만, 메시아의 초림 시기에 대해서는 다니엘서 9장에 정확히 말씀해 주셨다. 앞의 29장에서 언급했듯이 에스라에게 내려진 페르시아 아닥사스다왕의 조서를 예루살렘성의 중건령으로 본다면, 개략적으로 A.D. 27년경이 메시아가 등장하는 시기가 된다. 그리하여 사람들은 세례 요한이 요단강에 나타났을 때 그를 메시아라고 생각했던 것 같다.

참고로, 누가는 세례 요한이 사역을 시작한 때를 로마의 디베료 황제가 통치한 지 열다섯째 해라고 기록했다. 로마의 디베료(티베리우스)황제는 A.D. 14년에 단독 황제가 되어 로마를 통치하기 시작했으나, 실질적인 통치는 A.D. 13년부터 시작했다. 공동 황제였던 아우구스티누스가 고령으로 통치 활동을 전혀 할 수 없었기 때문이다.

> 디베료 황제가 통치한 지 열다섯째 해 곧 본디오 빌라도가 유대의 총독으로, 헤
> 롯이 갈릴리 분봉왕으로 (중략) 하나님의 말씀이 빈 들에서 사가랴의 아들 요한
> 에게 임한지라 (눅 3:2)

　세례 요한은 예수님보다 6개월 정도 일찍 태어났다. 그의 아버지는 아론의 후손으로 제사장이었고 어머니도 아론의 후손으로, 세례 요한은 원래 제사장이 되었어야 했다. 그런데 하나님께서 그를 선지자로 부르신 것이다. 어쩌면 제사장인 에스겔을 30세에 선지자로 부르신 것과 비슷하다. 세례 요한이 몇 살 때부터 요단강에서 활동했는지에 대해서는 성경에 기록이 없다. 추정컨대, 에스겔과 마찬가지로, 세례 요한도 30세가 되던 해부터 하나님의 일을 시작한 것이 아닐까 생각해 보는데 그 이유는 제사장은 30세가 될 때부터 제사장의 사역을 감당하기 때문이다.

　예수님도 마찬가지인데 예수님은 이 땅에 '메시아'로 오셨다. 메시아는 '기름 부음을 받은 자'라는 의미이며 헬라어로는 '크리스토스(그리스도)'라고 한다. 이는 왕과 제사장과 선지자의 사명이 있음을 의미한다. 예수님께서는 멜기세덱의 반차를 따르는 제사장이라고 시편 110편과 히브리서 7장에 기록되어 있다. 따라서 세례 요한과 마찬가지로 예수님께서도 30세가 되었을 때부터 공생애를 시작하지 않으셨을까.

　세례 요한은 예수님에 대하여 '세상 죄를 지고 가는 하나님의 어린 양'이라고 사람들에게 소개한다. 하지만 그 당시 사람들은 그 의미가 무엇인지 알 수가 없었다. 그들이 기다리던 메시아는 세상 죄를 지고 가는 어린 양으로 오시는 메시아가 아니라, 이스라엘의 회복을 위하여 이스라엘의 왕으로 오시는 메시아였기 때문이다.

> 이튿날 요한이 예수께서 자기에게 나아오심을 보고 이르되 보라 세상 죄를 지고
> 가는 하나님의 어린 양이로다 (요 1:29)

유대인들은 메시아를 간절히 기다리고 기다렸다. 그들은 메시아가 이 땅에 오셔서 자기들을 압제하는 로마를 몰아내고 독립된 이스라엘을 회복시키고, 메시아 왕국을 성취해 줄 것이라고 바라고 있었다. 이사야를 비롯한 많은 선지자가 이스라엘의 회복에 대해 증거했기 때문이기도 하다. 애굽의 종살이에서 이스라엘 백성들을 구하여 낸 모세와 같은 지도자, 바벨론 포로에서 유대인들을 해방하고 예루살렘으로 돌려보내 무너진 성전을 건축하게 했던 고레스와 같은 기름 부음을 받은 해방자, 그리고 이스라엘을 굳건한 나라로 세웠던 다윗과 같은 왕을 그들은 기다렸던 것이다. 그리고 메시아는 이새의 뿌리, 즉 다윗의 후손으로 와서 이스라엘을 통치하는 왕이어야 했다. 그러므로 세례 요한이 나타나서 '세상 죄를 지고 가는 하나님의 어린 양'이라고 예수님에 대한 증거를 했을 때, 그 의미를 도저히 알아들을 수가 없었던 것이다. 그들은 이사야서 53장에 기록된 '고난받는 종'에 대한 내용에 대해서도 이해를 하지 못하고 있었다.

> 그가 찔림은 우리의 허물 때문이요 그가 상함은 우리의 죄악 때문이라 그가 징계를 받으므로 우리는 평화를 누리고 그가 채찍에 맞으므로 우리는 나음을 받았도다 (중략) 그가 곤욕을 당하여 괴로울 때에도 그의 입을 열지 아니하였음이여 마치 도수장으로 끌려 가는 어린 양과 털 깎는 자 앞에서 잠잠한 양 같이 그의 입을 열지 아니하였도다 (사 53:5~7)

유대인들은 세례 요한에게 물었던 것처럼, 예수님께도 "당신이 오시기로 한 바로 그 메시아인가"라는 동일한 질문을 계속 던진다. 예수님께서는 스스로 메시아라는 것을 증거하기 위하여 많은 이적을 행하신다. 사도 요한은 요한복음을 기록하면서 이러한 이적을 '표적'이라고 기록한다. 즉, 예수님 스스로 메시아라는 것을 증거하시기 위해 의도적으로 행하시는 이적이라는 의미이다. 이러한 표적을 보고 많은 사람이 예수님을 메시아라고 믿기도 했다. 그럼에도 불구하고, 바리새파 사람들을 포함한 종교 지도자들은 계속 의심의 눈초리를 보낸다.

왜 그랬을까? 여러 이유가 있었겠지만, 우선적으로 자기들이 생각했던 왕의 모습이 아니었기 때문일 것이다. 또한, 예수님께서는 자기들의 기준으로 안식일에 해서는 안 되는 일들을 서슴지 않으셨고 하나님을 아버지라 하여 하나님과 동등하다고 말하셨기 때문이다. 자기들이 생각하는 기준과는 도저히 맞지 않았다. 또한 예수님께서 하나님의 백성인 이스라엘의 회복뿐만이 아니라, 세상의 모든 사람을 구원하시기 위해 이 땅에 오셨다는 것에 관해서는 관심조차 없었다. 예수님께서 '하나님의 나라'에 대한 복음을 수도 없이 선포하시는데, 그들은 이 하나님의 나라를 그저 로마를 몰아내고 메시아가 다윗과 같은 왕이 되는 '메시아 왕국'으로 받아들였던 것 같다. 결국, 유대인들은 예수님을 십자가에 못 박기에 이른다. 예수님께서는 모리아산에서 제물로 바쳐진 숫양과 같이, 출애굽 당시 첫 번째 유월절에 죽어 그 피가 인방과 좌우 문설주에 발라진 어린 양과 같이, 유월절에 맞추어 모리아산의 골고다 언덕의 십자가상에서 돌아가신다. 예수님의 피가 십자가의 가로대(인방)와 기둥(문설주)에 발라진다.

예수님께서 말씀하시는 '하나님의 나라'가 어떤 의미인지에 대해 제자들도 못 알아듣기는 마찬가지였다. 제자들 역시 다른 사람들처럼 메시아를 기다리던 사람들이었다. 요한복음 2장에는 세례 요한을 메시아로 생각하여 그의 제자가 되었던 안드레와 사도 요한에 대한 기록이 있다. 이어서 안드레의 형 베드로가 예수님을 만났고 빌립과 나다나엘(바돌로메)이 예수님의 제자가 되었다. 마태복음을 기록한 마태도 세관에 앉아 있다가 예수님께서 부르시자 모든 것을 버리고 바로 예수님을 따라나셨다.

그들이 예수님을 따라나선 이유는 무엇일까? 가진 모든 것을 버리고 예수님을 따를 수 있었던 것은, 일반적인 기독교인들이 기대하는 것처럼 죽고 나서 천국에 가기 위해서가 아님에 유념해야 한다. 이스라엘이 회복되고 메시아 왕국이 성취되면, 그

왕국에서 한 자리 차지하기 위해서였다고 봐야 할 것이다. 그래서 제자들은 메시아 왕국에서 높은 자리를 차지하기 위하여 서로 신경전을 벌이기도 한다. 복음서 전체를 면밀히 살펴보면, 그러한 사실을 어렵지 않게 알 수가 있다.

예수님께서 '하나님의 나라'에 대하여 다양한 말씀을 하시지만, 그들은 이 '하나님의 나라'를 자기들이 꿈꾸는 '메시아 왕국'으로 받아들였던 것이다. 그렇기 때문에 이들은 3년 동안 예수님을 따라다녔지만, 예수님의 말씀을 잘 이해할 수가 없었다. 제자들은 예수님께서 승천하실 때까지도 예수님을 '세상 죄를 지고 가는 하나님의 어린 양'으로 생각한 적이 없다. 결국 그들은 예수님께서 감람산에서 승천하시기 바로 직전까지도 이스라엘의 회복 즉, 메시아 왕국의 성취에 대한 질문을 한다.

> 그들이 모였을 때에 예수께 여쭈어 이르되 주께서 이스라엘 나라를 회복하심이
>
> 이 때니이까 하니 (행 1:6)

예수님께서는 "그 때와 시기는 너희가 알 바가 아니다"라고 잘라 말씀하시며, "성령이 임하시면 권능을 받아 예루살렘과 온 유대와 사마리아와 땅끝까지 이르러 내 증인이 되리라"(사도행전 1장 8절)는 예언과 같은 말씀을 남기시고 하늘로 올라가셨다. 그리고 열흘이 지난 오순절, 기도하는 제자들 위에 성령이 임하셨다.

제자들이 예수님의 말씀에 대해 이해하기 시작한 것은 오순절 날 성령을 받고 나서부터이다. 이때부터 제자들은 진리의 영이신 보혜사 성령의 도움으로 그동안 자기들을 가르치셨던 예수님의 말씀의 의미를 깨닫기 시작했다. 이 일에 대해서도 예수님께서는 미리 제자들에게 말씀해 두셨다.

> 보혜사 곧 아버지께서 내 이름으로 보내실 성령 그가 너희에게 모든 것을 가르치
>
> 고 내가 너희에게 말한 모든 것을 생각나게 하리라 (요 14:26)

누구나 마찬가지이다. 성령의 도우심 없이는 하나님의 말씀을 온전히 깨달을 수가 없다. 성경 말씀의 참뜻을 깨닫기를 원하는 사람은 반드시 성령 하나님의 도우심을 간절히 구해야 할 것이다.

모든 유대인은 로마의 압제에서 나라를 구하고 이스라엘을 새롭게 회복시킬, 메시아 왕국의 왕으로 오실 메시아를 기다렸다. 많은 사람이 성경을 공부하고 연구했지만 어쩌면 자기가 보고 싶은 것만 보았는지도 모르겠다. 온 인류의 죄악을 담당하실 어린 양으로 오시는 메시아에 대해서는 전혀 관심도 없었고 기대하지도 않았다. 하나님께서 아브라함과 이삭을 위하여 모리아산에서 준비하신 숫양처럼, 출애굽 당시 유월절에 죽어 그 피가 인방과 문설주에 발라졌던 어린 양처럼, 또 세례 요한의 증거처럼 '세상 죄를 지고 가는 하나님의 어린 양'으로 오셔야 했던 분이다. 결국 유대인들은 메시아를 십자가에 못 박고 말았다.

또한, 메시아는 이스라엘뿐만이 아니라 온 인류를 위한 메시아로 오셔야 했던 분이다. 메시아는 이스라엘만의 왕이 아니라 모든 백성과 나라들의 왕이시다.

> 그(인자 같은 이)에게 권세와 영광과 나라를 주고 모든 백성과 나라들과 다른 언어를 말하는 모든 자들이 그를 섬기게 하였으니 그의 권세는 소멸되지 아니하는 영원한 권세요 그의 나라는 멸망하지 아니할 것이니라 (단 7:14)

Point

성경의 말씀을 온전히 이해하고자 한다면, 당시의 역사적 배경이나 사회적 배경 등 객관적인 사실에 대하여 알고자 하는 노력이 필요하다.
그러나 무엇보다도 하나님의 말씀을 온전히 알기 위해서는 성령님의 도우심을 구해야 한다.

33. 니고데모와 사마리아 여인

요한복음 3장에는 니고데모라는 고위 관료와 예수님의 대화가 나온다. 그리고 이어서 4장에는 예수님과 이름 없는 사마리아 여인과의 대화가 나온다. 신분도 처지도 달랐던 이 두 사람과 예수님의 대화를 살펴보면, 예수님의 메시아 사역에 대한 단면이면서도 핵심을 엿볼 수 있다.

니고데모와의 대화

요한복음 3장에 등장하는 니고데모 역시 메시아 왕국을 기다리던 사람 중의 하나였다. 그는 산헤드린 공회 의원이었고 성경에도 정통했다. 그는 사람들의 존경을 받았고 그의 집안은 상당한 재력이 있었던, 세상적으로는 성공한 사람의 모델이라 할 만했다. 그런데 그가 밤에 예수님을 찾아온다. 때는 유월절(무교절) 기간이었으며 예수님께서 예루살렘으로 올라가시어 많은 표적을 행하셨고 많은 사람이 예수님을 메시아로 믿었다.

니고데모는 왜 예수님을 찾아온 것일까? 그가 밤에 예수님께 왔던 이유는 다른 사람들의 눈을 피하기 위해서였을 것이다. 니고데모 역시 이스라엘의 회복을 위해 메시아를 기다렸던 사람으로, 그는 성경에 기록된 오시기로 한 바로 그 메시아가 예수님이심을 확신했던 것 같다.

> 그가 밤에 예수께 와서 이르되 랍비여 우리가 당신은 하나님께로부터 오신 선생인 줄 아나이다 하나님이 함께 하시지 아니하시면 당신이 행하시는 이 표적을 아무도 할 수 없음이니이다 (요 3:2)

그리고 드디어 기다리던 메시아가 예루살렘에 나타나셨다고 판단했던 것이다. 또한, 메시아 왕국이 세워지면 새로운 왕국에서 무언가 역할을 할 수 있겠다는 생각을 했을지도 모른다. 자기 정도의 말씀에 대한 지식이나 능력이 있으면, 메시아 왕국에서도 꽤 높은 지위를 차지할 수 있지 않을까 하는 기대를 하고 예수님을 찾아온 것이 아닐까 하는 생각도 든다. 그런 그에게 예수님께서는 도무지 이해할 수 없는 말씀을 하신다.

> 예수께서 대답하여 이르시되 진실로 진실로 네게 이르노니 사람이 거듭나지 아니하면 하나님의 나라를 볼 수 없느니라 (요 3:3)

'거듭난다'는 의미는 '다시 태어난다'는 의미이다. 예수님께서는 '하나님의 나라'라고 말씀하셨지만, 니고데모는 이를 자기가 생각하는 '메시아 왕국'으로 이해했을 것이다. 니고데모는 예수님의 말씀을 도저히 이해할 수가 없었다. 메시아 왕국에 들어가기 위해서는 육신적으로 다시 태어나야 한다는 의미로 받아들였던 것이다. 예수님께서는 다시 말씀하신다.

> 예수께서 대답하시되 진실로 진실로 네게 이르노니 사람이 물과 성령으로 나지
> 아니하면 하나님의 나라에 들어갈 수 없느니라 (요 3:5)

이 말씀에 니고데모의 머릿속은 더욱 복잡해진다. 이어서 '육으로 난 것은 육이요 영으로 난 것은 영'이라고도 하시며 성령으로 난 사람은 바람과도 같다고 말씀하신다. 니고데모는 오리무중 속으로 빠져들어 간다. 예수님께서는 어리둥절해 하는 니고데모에게 이스라엘의 선생이라고 하는 자가 그것도 모르느냐고 핀잔까지 주시며 하나님의 나라에 대한 여러 가지 설명을 해 주신다.

니고데모 역시 다른 제자들과 마찬가지로 이스라엘 땅에 세워질 메시아 왕국을 꿈꾸며 예수님을 찾아온 것으로 여겨진다. 그런 니고데모에게 예수님께서는 성령으로 임하시는 하나님의 나라에 대해서 설명해 주시지만 성령의 도우심이 없이는 절대 알 수 없는 말씀이다. 그렇기에 육의 상태에 머물러 있던 니고데모로서는 도저히 이해할 수가 없었다. 하나님의 나라는 물(보혈)로 인한 죄 사함과 성령의 임재 없이는 볼 수도 없고 들어갈 수도 없다. 또한, 예수님께서 말씀하시는 하나님의 나라는 죽어서 가는 천국이 아니라, 바로 이 땅에 임하시는 하나님의 나라인 것이다.

> 내가 땅의 일을 말하여도 너희가 믿지 아니하거든 하물며 하늘의 일을 말하면 어
> 떻게 믿겠느냐 (요 3:12)

예수님께서는 모세가 뱀을 든 것 같이 인자도 들려야 한다는 말씀도 하신다. 그리고 인자는 그를 믿는 자에게 영생을 얻게 하신다는 말씀도 하신다.

하나님이 세상을 이처럼 사랑하사 독생자를 주셨으니 이는 그를 믿는 자마다 멸
망하지 않고 영생을 얻게 하려 하심이라 (요 3:16)

이 외에도 심판에 대하여, 빛에 대하여 여러 말씀을 해 주신다. 당시에 니고데모가 예수님의 말씀을 얼마나 이해했는지 알 수 없지만, 그는 공회에서 예수님 편을 드는 의견을 내놓기도 했고 예수님께서 돌아가신 후에는 몰약과 침향 섞은 것을 가지고 와서 아리마대 사람 요셉과 함께 예수님을 장사지내기도 했다. 후에 그는 예수님을 믿음으로 말미암아 산헤드린 공회에서 출회 당하고, 세상의 모든 권력과 명예와 재물을 잃게 되지만 평생 믿음을 지켰다고 한다. 그는 하나님의 나라를 보았고 하나님의 나라에 들어가는 영광을 얻게 된 것이다.

사마리아 여인과의 대화

요한복음 4장에는 예수님과 우물가에서 만난 여인과의 대화가 기록되어 있다. 이 여인은 유대인도 아니었고 니고데모와 같이 고귀한 신분의 사람도 아니었다. 이름조차 기록되지 않은 그녀는 사마리아 땅의 '수가'라는 동네에 사는 여인이었다. 사마리아는 B.C. 722년 앗수르에 의해 멸망하고 혼혈이 되었다. 이름 없는 이 여인이 혼혈인지 아니면 그냥 이스라엘 열 지파에 속하는 여인인지는 알 길이 없다. 그런데 이 여인은 메시아가 오신다는 것을 알고 있었다. 그녀는 아마도 이스라엘의 회복에 대한 선지자들의 메시지를 알고 있었고 이스라엘을 회복시켜 주실 메시아를 기다리고 있었던 것 같다.

유다를 떠나 갈릴리를 향하여 가시는 예수님께서 사마리아로 들어가신다. 유대인들은 사마리아를 이방 땅과 동일하게 취급했고 사마리아인들과는 상종도 하지 않았다. 유다에서 갈릴리로 가는 길 중에서 사마리아를 통과하는 길이 여리고를 통과하는 길보다 지름길이었고 길도 편했지만, 유대인들은 유다에서 갈릴리로 갈 때 일부

러 사마리아를 통과하지 않았다. 힘이 들어도 예루살렘에서 고도 1,000m를 동쪽으로 내려가서 여리고를 통과하고, 북쪽으로 방향을 바꾸어 갈릴리로 갔다. 갈릴리에서 예루살렘으로 올라올 때는 우선 요단강을 따라 남쪽 여리고까지 와서 고도 1,000m나 차이가 나는 험한 계곡 길과 산길을 따라 올라왔다. 이처럼 유대인들은 여간해서는 사마리아 땅으로 지나다니지 않았다.

그런데 예수님께서 일부러 사마리아 땅으로 가셔서 수가라는 동네로 들어가신 것이다. 이곳은 야곱이 가장 사랑하던 아들인 요셉에게 준 땅이 가까웠고 야곱의 우물도 있었던 옛날 세겜이라고 불렸던 곳이며 지금의 이름은 나블루스이다.(17장 참조)

> 유대를 떠나사 다시 갈릴리로 가실새 사마리아를 통과하여야 하겠는지라 사마리아에 있는 수가라 하는 동네에 이르시니 야곱이 그 아들 요셉에게 준 땅이 가깝고 거기 또 야곱의 우물이 있더라 (후략) (요 4:3~6)

예루살렘에서 갈릴리까지의 길

야곱의 우물가에서 사마리아 여인을 만난 예수님은 여인에게 물을 좀 달라고 하시는데 자기에게 물을 달라는 유대인을 보고는 여인은 퉁명스럽게 예수님을 대한다. 늘 유대인들이 자기들을 이방인이라고 무시하고 업신여겼기 때문일 것이다. 대화의 주제가 물에서 남편으로 바뀌고 남편에 대한 자기의 과거가 드러난 이 여인은 예수님을 선지자라고 생각하기에 이른다. 여인은 선지자에게 합당한

야곱의 우물교회(그리스정교회)

(출처: Wikimedia Commons)

주제라고 생각하여 대화의 주제를 예배로 돌린다.

세겜의 남쪽에는 그리심산이 있고, 북쪽에는 에발산이 있다. 앗수르에 멸망당한 이후에 B.C. 400년경 사마리아 사람들은 그리심산에 자기들 나름의 성전을 짓고 예배를 드렸었는데 B.C. 120년경 하스몬 왕조 시절에 유대인들에 의해 그리심산에 있던 성전이 파괴되었었다. 여인은 유대인인 예수님에게 따져 묻는다. 우리 조상들은 여기서 예배를 드렸었는데, 당신들 유대인들은 어찌하여 그리심산에 있던 성전을 파괴하고 예배를 꼭 예루살렘에서만 드려야 한다고 우기냐는 불평 섞인 질문이었다. 예수님께서는 이렇게 대답해 주신다.

예수께서 이르시되 여자여 내 말을 믿으라 이 산에서도 말고 예루살렘에서도 말

고 너희가 아버지께 예배할 때가 이르리라 (중략) 하나님은 영이시니 예배하는 자

가 영과 진리로 예배할지니라 (요 4:21~24)

이 말씀은 엄청난 선포의 말씀이다. 이제는 하나님께 예배하는 자들에게 있어서 성전과 같은 장소는 중요하지 않다고 하시는 말씀이다. 유대인들이 들으면 충격을 받을 만한 내용이다. 예수님께서 율법의 제사를 성취하실 것이기 때문에 성전 제사는 필요가 없어지며 따라서, 예루살렘 성전 역시 더 이상 필요가 없어진다는 의미가 포함되어 있기 때문이다. 앞으로는 하나님의 임재가 예루살렘 성전이 아닌, 믿는 자들의 심령 가운데 있게 될 것이므로 영과 진리가 가장 중요하다는 의미이기도 하다. 복음이 땅끝까지 전해질 것이기에 물리적으로 더 이상 예루살렘에서의 성전 예배를 드릴 수가 없게 된다는 의미이기도 하다. 예수님께서 십자가에서 숨을 거두실 때에 성소의 휘장이 위에서부터 찢어졌으며, 예수님의 예언대로 A.D. 70년 예루살렘이 로마군에 의해 함락될 때 성전도 완전히 파괴된다. 이 말씀에 따라 이제는 믿는 자들은 세계 어디에서라도 하나님께 예배를 드릴 수가 있다.

그런데 이 말씀을 이해하기 어려웠던 여인의 입에서 메시아라는 말이 튀어나온다. 지금은 잘 이해가 안 되지만 메시아가 오시면 당신 말씀이 맞는지 알 수 있지 않겠느냐고 말한다.

여자가 이르되 메시야[4] 곧 그리스도라 하는 이가 오실 줄을 내가 아노니 그가 오

시면 모든 것을 우리에게 알려 주시리이다 (요 4:25)

이 여인은 스스로 메시아가 오시는 것에 대해서 알고 있다고 한다. 그리고 메시아

---

4) 본문은 표준국어대사전 표기법에 따라 '메시아'로 표기했고, 성경구절 인용에서는 대한성서공회 발행 『개역개정판 성경전서』의 내용에 따라 '메시야'로 표기했다.

가 오시면 당신이 한 이야기가 맞는지도 확인해 보겠다는 것이다. 예수님께서 결정적인 말씀을 하신다.

예수께서 이르시되 네게 말하는 내가 그라 하시니라 (요 4:26)

야곱의 우물(정교회 지하)
(출처 : http://azbyka.ru/forum/xfa-blog-entry/
na-svjatoj-zemle-samarija-vifanija.1813/)

여자는 매우 놀랐다. 기다리고 기다리던 메시아가 바로 자기 앞에 나타난 현실을 믿기 어려웠을 것이다. 그녀는 물동이를 버려두고 동네로 달려가 메시아가 오셨다고 외쳤고 사람들이 달려 나와 예수님을 메시아로 맞아들였다. 예수님께서는 거기서 이틀을 더 머무시며 하나님 나라의 복음을 말씀해 주셨고 사람들은 예수님을 믿었다. 그 동네 사람들은 바로 메시아를 기다리던 사람들이었고 예수님께서는 추수를 위해 일부러 그곳에 가신 것이었다.

이 사마리아 여인을 부정한 여인이라고 하는 경우가 있다. 남편이 다섯 명이나 있었다는 이유에서이다. 하지만 당시의 시대적 상황을 살펴보면, 부정한 여인이라 해도 남편을 다섯씩 거느릴 수는 없었다. 어떠한 신체적 결함으로 결혼 생활에 계속 실패했거나 계대결혼이 이어지는 가운데서도 아이를 낳지 못하는 처지에 있지 않았나 하는 생각을 하게 된다. 대화를 잘 들여다보면, 이 여인은 하나님의 말씀도 많이 알고 믿음도 있었으며 특히 메시아를 기다리고 있었다. 그래서 예수님께서는 일부러 그녀와 그 동네를 찾아가신 것으로 여겨진다. 지금으로부터 약 4000년 전에 야곱이 팠고, 약 2000년 전에 예수님께서 이 여인을 만나신 야곱의 우물이 지금도 그곳에 있다.

34. 천국과 하나님의 나라

많은 사람이 죽어서 천국에 가기 위해 예수님을 믿거나 교회 생활을 한다고 한다. 마태복음에는 세례 요한도 예수님도 "회개하라 천국이 가까이 왔느니라"라고 선포하는 기록이 있다. 마태복음에는 예수님께서 말씀하시는 많은 비유를 '천국' 비유라고 한다. 그런데 이 천국이 다른 복음서에는 '하나님의 나라'로 기록되어 있다. 천국은 무엇이고, 하나님의 나라는 무엇인가? 이것들의 의미는 같은 것인가, 아니면 서로 다른 것인가?

복음서 중에서는 마가복음이 가장 먼저 쓰여졌고 요한복음이 가장 나중에 쓰여졌다. 마태복음과 요한복음은 예수님의 제자인 마태와 요한이 기록했지만 마가복음과 누가복음은 예수님을 따라다니지 않았던 저자들이 기록한 것이다. 마가는 예수님께서 유월절 만찬을 하신 다락방 주인인 마리아의 아들로 처음에는 외삼촌인 바나바를 따라다녔지만 후에는 베드로를 따라다녔다. 마가는 예수님 얼굴이라도 보았지만, 주로 사도 바울을 따라다닌 의사였던 누가는 이방인(헬라인)이었고 예수님의 얼굴조차 보지 못했었다.

서로 공통된 관점에서 기록되었다는 공관복음서들을 비교해 보면, 마가 복음과 누가복음에는 '하나님의 나라'로 표현된 부분이 마태복음에는 '천국' 으로 표현된 것을 쉽게 알 수 있다.

영어 성경을 비교해 보면, 'Kingdom of God'과 'Kingdom of Heaven'으로 표현되어 있다. 마가와 누가는 주로 하나님을 모르는 이방인들을 염두에 두고 복음서를 기록했기에 '하나님(God)의 나라'의 복음을 선포하는 일이 중요했다. 하지만 마태는 유대인을 대상으로 하여 복음서를 기록했다. 유대인들은 성경을 읽을 때 하나님의 이름이 나오는 곳에서는 소리를 내지 않고 묵음으로, 성경을 필사할 때도 하나님의 이름이 나오면 목욕을 하고 필사를 할 정도였다고 한다. 그러므로 마태는 '하나님의 나라'라는 용어를 사용하기가 어려워서 하나님 대신에 '하늘'이라는 단어를 사용했으며, 이것이 영어로는 'Heaven'이 된 것이다.

즉, 마가복음과 누가복음에 'Kingdom of God'으로 표현된 문구가 마태복음에는 'Kingdom of Heaven'으로 바뀌어 표기되었다. 이것이 우리가 보는 성경에는 각각 '하나님의 나라'와 '천국'으로 번역이 되었다. 많은 사람이 이 '천국'을 죽으면 가는 천당으로 생각하며 성경을 읽는데 이러한 생각이나 선입견이 복음서에 기록된 예수님의 말씀을 이해하는 데 있어 커다란 장애요소가 된다고 판단된다. 그냥 '하늘의 나라'라고 번역을 했더라면 어땠을까 하는 생각이 들기도 한다. 참고로 한글 킹제임스 성경에서는 '천국'이라는 표현 대신에 '하늘의 왕국', '하나님의 나라' 대신에 '하나님의 왕국'으로 번역했다.

마태복음에는 예수님께서 공생애를 시작하시면서 "회개하라 천국이 가까이 왔느니라"라고 선포하신 것으로 기록하고 있다.

이 때부터 예수께서 비로소 전파하여 이르시되 회개하라 천국이 가까이 왔느니

라 하시더라 (마 4:17)

대체로 사람들은 이 말씀을 읽을 때, '죽어서 천국(천당)에 가려면 회개해야 하겠구나'라는 의미로 받아들이는 것 같다. 그런데 이 '천국이 가까이 왔다'는 것을 죽어서 천국(천당)에 간다는 의미로 받아들이기에는 뭔가 좀 어색하다는 느낌이 든다. 마가복음에는 동일한 내용이 좀 다르게 표현되어 있다.

이르시되 때가 차고 하나님의 나라가 가까이 왔으니 회개하고 복음을 믿으라 하

시더라 (막 1:15)

무언가 의미가 다르게 느껴지지 않는가? 하나님의 나라가 가까이 온 이유는 이제 때가 찼기 때문이라고 설명하고 있다. 이 '때'라는 것은 언제를 말하는 것인가? 성경(구약)에서 계시된 메시아가 임하는 때를 의미하는 것이 아니겠는가? 성경(구약)에 계시된 메시아의 때가 찼기 때문에 예수님께서 공생애를 시작하신 것이다. 그러므로, '하나님의 나라'가 가까이 왔다는 의미는 이제 메시아가 나타났다는 의미이며, 이 땅에 오신 예수님이 바로 '하나님의 나라'라는 의미인 것이다. 예수님께서 사람의 몸으로 오셔서 이 땅에 계시는 동안은 예수님이 바로 '하나님의 나라'였다. 회개하고 예수님을 믿고 영접하는 사람은 바로 하나님의 나라에 들어간다는 의미가 된다.

예수님께서 승천하신 후, 이 땅에 임하는 하나님의 나라는 바로 성령 하나님의 임재가 된다. 예수님께서는 제자들에게 다른 보혜사를 보내시겠다고도 말씀하셨다. 이 다른 보혜사는 누구신가? 바로 성령 하나님이신 것이다. 육신으로 오셨던 예수님께서 영으로 다시 오신다는 의미이기도 하다.

내가 아버지께 구하겠으니 그가 또 다른 보혜사를 너희에게 주사 영원토록 너희
와 함께 있게 하리니 그는 진리의 영이라 세상은 능히 그를 받지 못하나니 이는
그를 보지도 못하고 알지도 못함이라 그러나 너희는 그를 아나니 그는 너희와 함
께 거하심이요 또 너희 속에 계시겠음이라 내가 너희를 고아와 같이 버려두지 아
니하고 너희에게로 오리라 (요 14:16~18)

그리하여 하나님께서는 오순절 마가의 다락방에서 기도하던 제자들에게 성령을
보내 주셨고 이후에 믿는 모든 사람에게 성령을 선물로 주시는 것이다. 이 땅 어디에
서라도 믿는 자의 심령 가운데 성령의 임재가 있으면, 바로 그곳이 '하나님의 나라'가
되는 것이다. 예수님께서는 니고데모에게 거듭 말씀하셨다.

예수께서 대답하여 이르시되 진실로 진실로 네게 이르노니 사람이 거듭나지 아
니하면 하나님의 나라를 볼 수 없느니라 (요 3:3)

예수께서 대답하시되 진실로 진실로 네게 이르노니 사람이 물과 성령으로 나지
아니하면 하나님의 나라에 들어갈 수 없느니라 (요 3:5)

성령 하나님의 임재 가운데 들어가는 것, 이것이 바로 하나님의 나라에 들어가는
것이다. 예수님께서는 이러한 일이 바로 땅에서 이루어지는 일이라고 말씀하신다.
예수님께서 니고데모에게 말씀하고 계신 하나님의 나라에 들어가는 일은 바로 땅의
일이라는 의미이기도 하다.

내가 땅의 일을 말하여도 너희가 믿지 아니하거든 하물며 하늘의 일을 말하면 어
떻게 믿겠느냐 (요 3:12)

마태복음 13장에는 여러 가지의 비유가 기록되어 있다. 씨 뿌리는 자의 비유, 가라지 비유, 겨자씨 비유, 누룩 비유, 그리고 밭에 감추인 보화 비유 등이 그것이다. 이러한 비유들을 통상 '천국 비유'라고 하는데 그 내용을 살펴보면, 죽어서 가는 천국에 대한 설명은 하나도 없다. 모두가 이 땅에서 이루어지는 일들이다. 겨자씨 비유를 예로 들어 보자.

> 또 비유들 들어 이르시되 천국은 마치 사람이 자기 밭에 갖다 심은 겨자씨 한 알
> 같으니 이는 모든 씨보다 작은 것이로되 자란 후에는 풀보다 커서 나무가 되매
> 공중의 새들이 와서 그 가지에 깃들이느니라 (마 13:31~32)

죽어서 가는 천국을 어떻게 밭에다 심는가? 무언가 이상하지 않은가? 죽어서 가는 천국이 어떻게 자라는가? 도무지 이해가 되지 않는다. '천국'이라는 표현 대신에 '하나님의 나라'라는 표현을 사용하고, 앞에서 언급했듯이 하나님의 나라를 '성령 하나님의 임재'의 의미로 받아들인다면, 비유의 말씀을 이해하기가 훨씬 쉬워진다. 예수님께서 이 땅에 육신으로 오셔서 공생애를 시작하실 때에는 하나님의 나라는 한 알의 겨자씨와 같았다. 오직 예수님 한 분만이 하나님의 나라였다. 승천 후, 성령이 제자들에게 임하시고 복음이 땅끝까지 전파되며 믿는 모든 사람에게 성령을 부어주시면서 하나님의 나라는 계속 확장되어 왔다. 눈에 보이지 않을 정도로 작은 겨자씨 한 알이 새들이 깃들 만큼 자라는 것처럼, 하나님의 나라가 크게 확장되리라는 것이 이 비유의 의미가 아니겠는가? 이 하나님의 나라가 확장에 확장을 거듭하여 지금 예수 그리스도를 믿는 우리들에게까지 확장된 것이 아니겠는가? 이 비유에는 예언의 의미도 포함되어 있다. 다른 비유 역시도 이러한 관점에서 보면, 그리 어렵지 않게 이해할 수 있게 된다.

물론 이 땅에서의 성령 하나님의 임재를 나타내는 '하나님의 나라'는 죽음 이후의

세계와도 연결되어 있으며, 요한계시록 21장과 22장에 기록된 세상 끝날 이후에 펼쳐질 새 하늘과 새 땅, 그리고 새 예루살렘까지도 연결이 된다. 이 모두를 포함하여 하나님의 통치가 직접적으로 미치는 영역을 '하나님의 나라'로 보아야 할 것이다.

예수님께서는 제자들에게 무엇보다도 우선하여 하나님의 나라를 구하라고 말씀하신다. 주기도문을 가르쳐 주실 때도 우선해서 구할 것이 하나님의 나라임을 말씀하신다. 바로 '나라가 임하옵시며'라는 구절이다. 이 나라는 무엇인가? 바로 '그의 나라'는 '하나님의 나라'를 의미한다. 하나님의 나라가 이 땅에서 살아가는 우리에게 또는 나에게 임하게 해달라는 기도를 우선하여 하라는 의미가 아니겠는가? 무엇보다도 먼저 성령 하나님의 임재를 구하라는 의미이기도 한 것이다.

예수님께서는 또 무엇을 먹을까, 무엇을 마실까, 무엇을 입을까를 염려하지 말고, 무엇보다도 먼저 그의 나라와 그의 의를 구하라고 가르치셨다. '그의 나라'는 무엇인가? 바로 '하나님의 나라'이다. 하나님의 나라를 구하라는 의미는 무엇인가? 바로 성령 하나님의 임재, 성령 충만을 무엇보다도 우선하여 구하라는 의미이다.

또, 예수님께서는 "구하라, 찾으라, 문을 두드리라. 그리하면 너희 아버지께서 좋은 것을 주실 것이다"라고 말씀하신다. 누가복음에는 "그리하면 너희 아버지께서 성령을 주시지 않겠느냐"고 기록되어 있다.

> 너희가 악할지라도 좋은 것을 자식에게 줄 줄 알거든 하물며 너희 하늘 아버지께서 구하는 자에게 성령을 주시지 않겠느냐 하시니라 (눅 11:13)

예수님께서는 지금도 계속하여 사람들에게 하나님의 나라로 들어오라고 초청하고 계신다. 성령은 하나님의 영이시며 예수님의 영이시다. 예수님께서 이 땅에 계실 때는 인간의 몸으로 오셨기에 시간적 공간적 제약을 받으셨다. 예수님만이 진정한 하나님의 나라이셨다. 하지만 오순절 마가의 다락방에 성령의 강림이 있은 이후로는 시간과 공간의 제약 없이 온 땅에 흩어져 있는 모든 믿는 사람들의 심령 가운데 성령이 임함으로써 하나님의 나라가 임하게 되었다. 이것은 곧 내가 예수 그리스도 안에, 예수 그리스도가 내 안에 거하는 것과도 같은 의미이다. 이 하나님의 나라는 겨자씨와 누룩 비유와 같이 계속 확장되어 왔고 지금도 확장되고 있다.

하나님의 나라에 대하여 이러한 개념을 가지고 있어야 복음서에 기록된 예수님의 말씀을 어렵지 않게 이해할 수 있게 된다. 아울러 로마서를 비롯한 사도들의 편지들을 이해하는 데에도 큰 도움이 된다.

POINT

복음서에 기록된 예수님의 말씀을 잘 깨닫기 위해서는
'하나님의 나라'에 대한 개념을 잘 파악하고 있어야 한다.

35. 예수님의 말씀, 비유와 예언

　예수님께서 직접 하신 말씀은 사복음서와 사도행전, 그리고 요한계시록에 기록되어 있다. 그러나 성경을 읽을 때 예수님의 말씀이 잘 이해가 되지 않아 어려움을 느낀다는 사람들을 많이 만나게 된다. 또 예수님의 말씀이 진리라고 하지만 그대로 실천하기는 힘들다고 말하기도 한다. 그래서 많은 사람들이 예수님의 말씀을 삶에 도움이 되는 교훈 정도로 여기며 살아가는 모습을 보게 된다. 완전히 틀렸다고 할 수는 없지만 그러한 생각은 말씀의 본래 의미를 깨닫는데 큰 장애가 될 수도 있다.

　나는 창세기부터 요한계시록까지가 하나라는 개인적인 견해를 가지고 있다. 성경 전체가 아주 치밀하게 구성된 시나리오라는 생각이 들기도 한다. 구약을 충분히 알기 전에는 예수님의 말씀을 이해하기가 쉽지 않은데 구약을 공부하기 위해서는 우선 모세오경을 공부해야 한다. 모세오경을 잘 알려면 무엇보다도 창세기에 대한 이해가 필요하다. 다시 말해 예수님의 말씀을 잘 이해하기 위해서는 창세기부터 차근차근 공부해야 한다는 의미이다.

예수님께서는 메시아 즉, 그리스도로 이 땅에 오셨다. '기름 부음을 받은 자'로 오신 것이다. 다시 말해, 왕과 제사장과 선지자의 사명을 가지고 이 땅에 오셨다. 초림 때에는 '세상 죄를 지고 가는 어린 양'의 사명을 감당하시기 위해 이 땅에 오셨는데, 재림 때에는 어떤 장애물도 결코 걸림돌이 되지 못하게 하는 철장 권세를 가지고 영광 가운데 왕의 신분으로 오실 것이다.

> 하늘에 있는 군대들이 희고 깨끗한 세마포 옷을 입고 백마를 타고 그를 따르더라 (중략) 그 옷과 그 다리에 이름을 쓴 것이 있으니 만왕의 왕이요 만주의 주라 하였더라 (계 19:14~16)

> 그 때에 인자의 징조가 하늘에서 보이겠고 그 때에 땅의 모든 족속들이 통곡하며 그들이 인자가 구름을 타고 능력과 큰 영광으로 오는 것을 보리라 (마 24:30)

예수님께서는 초림 때에 멜기세덱의 반차를 따르는 대제사장이 되시고 인류의 속죄를 위하여 친히 제물이 되시어 단번에 자기를 드리셨다. 십자가상에서 이 일이 이루어졌다.

> 이러한 대제사장은 우리에게 합당하니 거룩하고 악이 없고 더러움이 없고 죄인에게서 떠나 계시고 하늘보다 높이 되신 이라 그는 저 대제사장들이 먼저 자기 죄를 위하고 다음에 백성의 죄를 위하여 날마다 제사 드리는 것과 같이 할 필요가 없으니 이는 그가 단번에 자기를 드려 이루셨음이라 (히 7:26~27)

선지자 또는 대언자는 하나님으로부터 받은 말씀을 대언하여 백성들에게 선포하는 일을 한다. 예수님께서는 자기의 가르침이 스스로 생각한 것이 아니라 아버지의 것이라고 증언하신다.

> 예수께서 대답하여 이르시되 내 교훈은 내 것이 아니요 나를 보내신 이의 것이니라 (요 7:16)

예수님께서 말씀을 선포하시는 것은 바로 선지자의 사명을 감당하시기 위함이다. 하나님께서 선지자를 통하여 선포하게 하시는 말씀에는 많은 예언이 담겨있음을 알 수 있다. 그리하여 선지자를 예언자라고 하는 것이다. 예수님의 말씀 가운데에도 많은 예언이 포함되어 있다.

예수님의 예언 가운데에는 이미 이루어진 예언도 많다. 예수님께서는 당신이 잡혀서 죽을 것이고 사흘 만에 부활하실 것을 세 번씩이나 제자들에게 말씀하셨다. 메시아 왕국을 꿈꾸던 제자들은 이 예언의 말씀을 깨닫지 못했지만, 예수님의 말씀대로 예수님의 죽으심과 부활이 그대로 이루어졌다.

예수님께서는 헤롯이 대를 이어가며 재건 공사를 하고 있던 성전의 규모와 화려함에 놀라는 제자들을 향하여 성전이 돌 위에 돌 하나도 남지 않고 무너질 것이라는 예언의 말씀을 하셨는데, 이 일은 40년 후인 A.D. 70년에 이루어졌다. 로마의 군대에 의해 예루살렘은 멸망하고 성전은 완전히 파괴되었다. 이 사건에 대한 암시는 이미 사마리아 여인과의 대화에서도 나타난다. 더 이상 그리심산이나 예루살렘 성전에서의 예배가 의미가 없게 되었음을 또한, 성전조차도 필요가 없게 되었음을 예언적으로 말씀하셨다. 이 일은 마태복음 12장에서 예언적으로 말씀하신 요나의 표적 가운데 니느웨 사람들의 정죄가 이루어진 것이기도 하다.

예수님께서 말씀하신 하나님의 나라 비유 가운데에도 많은 예언의 의미가 담겨 있

티투스 장군 개선문(이탈리아 로마)(좌) 티투스 장군 개선문의 부조 : 예루살렘 성전 기물을 나르는 로마군(우)

(출처 : Wikipedia, Arch of Titus)

다. 일반적으로 교훈 정도로 생각하는 '씨 뿌리는 자의 비유'와 같은 말씀에도 예언의 의미가 포함되어 있다. 뿌려진 씨는 길가에, 돌밭에, 가시덤불에, 그리고 좋은 밭에 뿌려졌다. 좋은 밭에 뿌려진 씨만이 백 배, 육십 배, 삼십 배의 결실을 맺는다. 앞으로 하나님 나라의 말씀이 세상에 뿌려질 것인데, 이 말씀을 받는 사람들의 마음 밭은 넷 중의 하나가 될 것이라는 암시가 들어있다. 결국 예수님 승천 후, 복음이 뿌려진 세상에 사는 사람들은 이 네 가지 중에서 하나에 해당이 될 것이라는 의미이기도하다. 이 비유에는 말씀을 들어도 이를 받지 못하는 사람, 말씀을 듣고 믿음이 생기지만 외부의 핍박으로 믿음을 잃는 사람, 믿음은 있으나 내면적인 세상의 염려와 재물의 유혹으로 열매를 맺지 못하는 사람, 마지막으로 말씀을 듣고 많은 열매를 맺는 사람, 이렇게 이 땅의 사람들은 누구나 이 넷 중 하나로 분류가 되어질 것이라는 예언의 의미가 담겨 있다.

앞 장에서도 언급했듯이, 겨자씨 비유 역시 복음이 땅끝까지 전파되면서 하나님의 나라가 계속하여 확장될 것이라는 예언의 말씀이다. 성령 하나님의 임재 가운데 거하는 성도들의 수가 계속 늘어난다는 의미이다. 누룩 비유 역시 마찬가지이다. 이렇듯 예수님의 여러 비유의 말씀처럼, 하나님의 나라는 지금까지 계속 확장되어 왔고 지금도 확장 중이다.

땅에 감추인 보화 비유도 마찬가지이다. 보화를 발견하면 모든 것을 팔아서 그 보화를 사라고 하시는 말씀이 아니다. 앞으로 하나님의 나라의 복음이 땅끝까지 전파될 텐데, 누구든지 그 하나님의 나라의 진리와 그 가치를 올바르게 깨닫게만 되면, 자기가 가진 모든 것을 희생하고 또 자기 인생의 모든 것을 걸고 하나님의 나라를 추구하게 된다는 의미가 있는 말씀이다. 깨닫는 자는 억지로가 아니라 자연스럽게 그렇게 된다는 것이다. 이렇게 된 대표적인 사람이 니고데모와 같은 사람이다. 역사적으로 수많은 사람이 하나님 나라의 진리와 가치를 깨닫고 그 백성이 되어, 자기의 모든 것을 하나님 나라를 위하여 드리게 된 것을 볼 수 있다. 이 예언의 성취는 현재진행형이다.

예수님께서 승천하기 바로 전에 "오직 성령이 너희에게 임하시면 너희가 권능을 받고 예루살렘과 온 유대와 사마리아와 땅끝까지 이르러 내 증인이 되리라"(사도행전 1장 8절)고 말씀하셨다. 많은 사람이 이 말씀을 예수님의 지상명령으로 생각하는데, 이 말씀은 지상명령이 아니라 바로 예수님께서 이 땅에서 하신 마지막 예언의 말씀이다. 메시아 왕국에서 한 자리를 차지하기 위해 예수님을 따랐던 제자들은 성령을 받고 나서야 예수님의 말씀을 깨닫기 시작했다. 그리고 그들은 권능을 받게 되고 예수님의 말씀을 가지고 사방으로 땅끝을 향하여 흩어지게 된다. 그리하여 하나님 나라의 복음이 2000년의 시간을 넘어 땅끝 한반도에까지 이르게 되었다.

예수님께서는 유월절 음식을 드시는 중에 베드로가 닭 울기 전에 세 번 예수님을 부인할 것이라고 말씀하셨다. 그리고 이 말씀은 바로 그날 밤에 이루어진다. 또한 예수님께서는 부활 후에 만난 베드로에게 그가 어떠한 죽음으로 하나님께 영광을 돌릴 것인가에 대한 예언도 해 주신다. 베드로는 예수님의 그 예언대로 로마에서 순교하게 된다.

포도원 농부의 비유를 말씀하시면서 '건축자들의 버린 돌이 모퉁이의 머릿돌이 된다'고도 말씀하신다. 건축자들의 버린 돌 즉, 유대인들에 의해 버려진 예수 그리스도께서 하나님의 나라를 세우는 머릿돌이 될 것이라는 예언이기도 하다. 이 또한 그대로 이루어졌다.

예수님의 예언 중에는 아직 성취되지 않은 여러 예언이 있다. 대표적인 예언이 마태복음 24장에 기록된 세상 끝 날에 대한 예언이다. 유사한 내용이 마가복음 13장 및 누가복음 21장에도 기록되어 있다. 이 예언들은 특히 종말론을 연구하는 사람들이 아주 중요하게 여기는 부분이다. 세상 끝날과 재림에 대한 예언의 말씀이 포함되어 있기 때문이다. 열 처녀 비유나 달란트 비유, 열 므나 비유도 세상 끝날에 대한 말씀이다. 신랑되신 예수님을 슬기있는 처녀와 같이 맞이하기 위해서는 이러한 예언의 말씀들을 잘 이해하고 무엇보다도 성령 하나님의 임재 가운데 거함으로써 등불의 기름을 잘 준비해야 할 것이다.

*P*OINT

예수님의 말씀 가운데 많은 예언의 말씀이 있다.
구약의 예언들은 선지자들의 입을 통해 선포되었지만,
예수님의 예언은 하나님께서 직접 선포하시는 예언임을 인지해야 한다.

36. 복음서와 저자들

복음서에는 마태복음, 마가복음, 누가복음과 요한복음, 네 권이 있다. 이 중에 마태복음, 마가복음과 누가복음을 공관복음이라 한다. 말씀을 기록한 관점에 공통점이 많다고 하여 그렇게 분류한다. 가장 나중에 기록된 요한복음은 앞의 세 복음서와는 다른 관점으로 기록되었으며 공관복음서에 없는 내용도 많이 기록되었다.

예수님의 제자들이 처음 복음을 전할 때는 예수님에 대한 어떠한 기록도 존재하지 않았다. 제자들에게 있어서 전도의 대상은 주로 유대인들이었다. 헬라 제국을 거치면서 많은 유대인이 여러 나라에 흩어져 살고 있었으며 스데반의 순교 이후, 예루살렘에서 교회에 대한 박해가 이어졌고 예루살렘에 살던 믿는 자들이 사방으로 흩어졌다. 이후 다메섹 도상에서 회심한 사도 바울의 전도로 많은 이방인이 교회로 들어왔다. A.D. 44년에는 예수님의 제자 야고보가 스페인 선교를 마치고 예루살렘으로 돌아와 있을 때 헤롯에게 순교를 당했는데 예수님의 가르침을 받았던 다른 제자들도 전도를 위해 사방으로 흩어졌으며 순교를 당하기도 했다. 그래서 예수님의 사역과 행적, 그리고 가르침에 대한 기록이 필요하게 되었고 마가가 처음으로 복음서를 쓰게 되었다.

마가와 마가복음

마가복음의 저자인 마가는 예수님의 제자가 아니다. 예수님께서 자기 집에서 유월절 만찬을 하고 계실 때, 마가는 젊은 청년이었고 마가의 어머니 마리아는 기꺼이 예수님을 위하여 집과 필요한 것들을 제공했다. 유월절 만찬을 마치고 겟세마네 동산에서 기도하신 예수님은 그 밤에 잡히셨다. 마가는 예수님께서 잡히시는 모습을 보았고 제자들이 도망치는 광경도 목격했다. 자기도 잡힐 것이 두려워 벌거벗은 몸으로 도망했는데, 자기의 과거 모습을 마가복음에 그대로 적어놓고 있다.

한 청년이 벗은 몸에 베 홑이불을 두르고 예수를 따라가다가 무리에게 잡히매 베

홑이불을 버리고 벗은 몸으로 도망하니라 (막 14:51~52)

예수님 승천 후에 마가의 다락방에서는 120명 가량의 제자들이 모여 기도했고 오순절에 이곳에서 성령의 강림이 있었다. 이날이 바로 교회가 탄생한 날이다. 마가의 다락방은 이후에도 계속 교회로 사용되어진 것으로 여겨진다.

마가는 외삼촌인 바나바와 함께 교회의 일원이 되었고 바나바와 사울과 함께 최초의 선교 여행에 참가했다. 이 최초의 선교 여행은 바나바의 고향인 구브로(키프로스)에서부터 시작되었는데, 구브로에서의 사역을 마치고 마가는 도중에 선교 일행을 떠나 예루살렘으로 돌아와 버린다. 이 일로 인해 2차 선교 여행을 준비하는 과정에서 마가를 데려가려는 바나바와 그렇게 할 수 없다는 바울 간에 큰 다툼이 생기고 결국

바울과 바나바는 서로 갈라선다. 오랜 세월이 흐른 후에 사도 바울은 유언장이나 마찬가지인 디모데후서에서 디모데에게 마가와 함께 오라고 편지하는데, 두 사람 간의 관계가 회복된 것으로 여겨진다. 당시 마가는 알렉산드리아 교회의 감독으로 있었는데, 현지의 사정상 마가는 바울이 있는 로마에 갈 수 없었다고 한다.

> 누가만 나와 함께 있느니라 네가 올 때에 마가를 데리고 오라 그가 나의 일에 유
> 익하니라 (딤후 4:11)

마가는 주로 베드로를 따라다니며 베드로의 사역을 돕는 일을 했고 베드로가 설교할 때에는 통역을 맡아 하기도 했다. 마가는 마가복음에 기록한 예수님의 사역과 말씀의 많은 부분을 베드로에게서 직접 들었던 것으로 여겨진다. 베드로가 마가에게 복음서를 기록하라고 했다는 이야기도 전해진다.

마가복음은 복음서 중에서도 가장 먼저 기록되었으며 분량도 가장 적다. 주로 이방인을 염두에 두고 말씀을 기록했다고도 한다. 예수님의 사역과 말씀을 급하게 전해야 한다는 필요에서 중요한 부분들만 정리하여 기록했을 가능성이 있다. 많은 이적이 기록되어 있기도 하고 종으로 오신 예수님의 모습과 고난받는 종의 모습 등을 강조하기도 했다. 마가는 이집트의 알렉산드리아에서 사역을 감당했고 그곳에서 순교했다.

마태와 마태복음

마태복음을 기록한 마태는 예수님의 제자이다. 그의 히브리 이름은 레위이며 레위 지파 출신이다. 세리라는 직업으로 돈은 많이 벌었지만, 주변의 사람들로부터 손가락질을 받으며 살아야 했다. 그가 어찌하여 세리가 되었는지는 알 수 없지만 그가 세관에 앉아 있을 때, 그의 앞에 예수라는 분이 나타나신다. 예수님은 그에게 "나를 따

르라"고 말씀하셨고 마태는 모든 것을 버리고 예수님을 따랐다. 이 내용은 공관복음 세 권에 모두 기록되어 있다.

> 또 지나가시다가 알패오의 아들 레위가 세관에 앉아 있는 것을 보시고 그에게 이
>
> 르시되 나를 따르라 하시니 일어나 따르니라 (막 2:14)

마태는 어찌하여 예수님의 한 마디에 모든 것을 버리고 예수님을 따랐을까? 다른 제자들과 마찬가지로 마태 역시 메시아를 기다리고 있었던 것으로 여겨진다. 그리고 그 역시 예수님에 대한 여러 소문을 듣고 예수님을 성경(구약)에 기록된 메시아로 확신하고 있었을 가능성이 크다. 그런데 그 메시아가 자기 바로 코앞에 나타나서 자기를 따르라고 하신 것이다. 그는 모든 것을 버리고 예수님을 따랐다.

마태는 성경에 대해서도 상당한 지식을 가지고 있었던 것으로 여겨진다. 마태는 마태복음을 유대인을 대상으로 썼으며, 마태복음을 기록하면서 예수님을 성경(구약)에 다윗의 후손으로 오시기로 예정된 메시아라고 소개한다. 그래서 마태는 마태복음을 시작하면서 아브라함에서부터 예수님까지의 족보를 14대씩 3번, 총 42대에 걸친 족보를 기록해 놓았다. 히브리어의 문자는 각각의 숫자를 갖는데, 다윗의 이름은 '14'라는 숫자를 갖는다. 또한 마태는 많은 성경(구약) 말씀에 대한 인용들을 기록했다. 특별히 예수님께 대하여 하나님의 아들이며, 성경에 기록된 오실 바로 그 메시아이시며, 다윗의 후손으로 오신 왕임을 강조한다.

그는 특별히 예수님의 계명을 일목요연하게 정리한 '산상수훈'을 기록했는데 시내 산에서 모세가 받은 율법과 대비되는 계명이다. 모세의 율법이 행위에 초점이 맞추어진 것 같아도 실상은 하나님을 사랑하는 마음이 없으면 지키기 쉽지 않은데, 그것을 더욱 명확히 설명한 것이 산상수훈이다. 예수님의 계명은 어떤 행위가 일어나는 그 속마음에 초점이 맞추어져 있다. 그 마음의 중심에서 하나님을 사랑하지 않으면

하나님의 계명을 지키는 것은 불가능하다는 점을 분명하게 말씀하신다. 이러한 내용을 정확히 알고 있던 마태는 산상수훈을 통해 예수님의 계명을 명확하게 기록하고 있다. 다른 제자들과 마찬가지로 마태 역시 이방 땅에서 복음을 전하다가 에티오피아에서 순교한 것으로 전해진다.

누가와 누가복음

누가복음과 사도행전을 기록한 누가는 아주 특별한 인물이다. 그는 성경 66권의 저자 중 유일한 이방인이자 헬라인이었고 안디옥 출신이었으며 아버지는 로마의 자유 노예였다고 전해진다. 누가는 신약성경 중에서 가장 많은 내용을 기록했지만 자기 자신에 대한 기록은 별로 남기지 않았다. 의사였던 그는 사도 바울의 전도 여행 중간에 그와 합류했고 사도 바울이 A.D. 66년경에 로마에서 참수되어 순교할 때까지 그와 함께 있었다.

누가가 기록한 누가복음과 사도행전은 데오빌로라는 개인에게 쓴 기록이다. 누가복음에는 '데오빌로 각하'라고 기록하고 사도행전에서는 그냥 '데오빌로' 라고 기록하고 있다. 일반적으로 데오빌로라는 사람은 로마의 고위 관료였던 것으로 이해되는데, 그는 후에 교회의 일원이 되었고 누가와 친밀한 교제를 했던 것으로 여겨진다.

누가복음에는 세례 요한의 출생과 마리아에게 나타난 가브리엘 천사의 수태 고지, 그리고 예수님의 탄생에 대한 내용이 아주 상세하게 기록되어 있다. 누가는 이러한 내용을 예수님의 어머니 마리아로부터 직접 들었을 것이라고 전해진다. 누가는 그림도 잘 그렸는데, 그가 그린 마리아 초상화가 지금도 남아있으며 카톨릭 교회에서는 누가를 의사들의 성인이며 동시에 화가들의 성인으로 부르고 있다.

누가는 이방인의 관점에서 누가복음과 사도행전을 기록했다. 대부분의 유대인들은 예수님을 믿으면서도 '이스라엘만을 위한 메시아'로 생각했다. 누가는 예수님을 이스라엘만이 아니라 이방인을 포함한 전 인류를 위하여 이 땅에 오신 그리스도로 기록한다. 율법에 따라 마리아의 출산 이후 정결 예식을 위해 성전에 들어갔을 때, 메시아를 보기 전에는 죽지 않을 것이라는 성령의 지시를 받았던 시므온이라는 사람이 아기를 안고 하나님을 찬송하는 내용이 누가복음에 기록되어 있다. 특히 주의 구원 (메시아)에 대하여 '이방을 비추는 빛'이라고 찬송하는 내용이 좀 특별하다 하겠다.

> 주재여 이제는 말씀하신 대로 종을 평안히 놓아 주시는도다 내 눈이 주의 구원을 보았사오니 이는 만민 앞에 예비하신 것이요 이방을 비추는 빛이요 주의 백성 이스라엘의 영광이니이다 하니 (눅 2:29~32)

누가복음과 사도행전에 나타나는 누가의 헬라어 문장력은 아주 뛰어나다고 한다. 그는 또한 연약한 사람들 즉, 여자들이나 고아들 그리고 몸이 아픈 사람들과 같이 소외된 사람들에게 많은 관심을 가졌다. 누가복음 안에는 소외된 사람들에 관한 내용이 여기저기 기록되어 있다.

누가는 사도행전을 통하여 성령의 강림과 역사하심을 아주 자세하게 기술하고 있다. 아울러 성령을 통한 초대 교회의 탄생과 하나님의 나라 확장에 대해서 나름 상세히 기록하고 있다. 이 성령의 역사가 지금도 이어지고 있는 것이다. 누가는 A.D. 84년경 그리스에서 숨을 거두었다고 전해진다. 죽을 때에 그는 사도 요한이 시무하던 에베소 교회 앞에 묻어 달라는 유언을 남겼는데 그때까지도 복음서를 쓰지 않고 있던 사도 요한이 복음서를 써주기를 간절히 바랐다고 한다. 누가의 묘비는 지금도 에베소 교회의 유적지 앞에 남아 있다.

요한과 요한복음

사도 요한은 안드레와 함께 가장 처음으로 예수님의 제자가 되었다. 요한과 안드레 역시 다른 제자들과 마찬가지로 메시아를 대망하고 있었다. 아마도 다니엘서 9장의 '70 이레 예언'에 관해서도 연구했을 것으로 생각된다. 메시아가 오실 때가 되었다고 판단한 요한과 안드레는 세례 요한을 메시아로 생각하고 그의 제자가 되지만, 세례 요한은 자신은 메시아가 아니라고 했고 결국 두 사람은 예수님의 제자가 된다. 이 내용이 요한복음 1장에 기록되어 있다.

요한은 형 야고보와 함께 예수님의 제자가 되어 예수님을 따라다녔는데, 둘 다 성질이 급하여 예수님께서는 그들에게 '우레(천둥)의 아들'이라는 별명을 붙여 주셨다. 요한은 예수님의 공생애 초기부터 거의 모든 일을 직접 목격했다.

예수님께서 변화산에 올라가실 때에 베드로와 야고보와 요한만을 데리고 가셨는데 겟세마네 동산에서 기도하실 때에도 이 세 명만을 데려가셨다. 특별히, 예수님께서 제사장 가야바의 집에서 심문을 받으실 때도 요한만이 이 광경을 볼 수 있었고, 골고다 언덕에서 십자가에 달리실 때도 제자 중에는 유일하게 사도 요한만이 십자가 옆에 있었다. 이 자리에서 예수님께서는 어머니 마리아를 요한에게 맡기신다. 요한은 마리아가 에베소에서 소천할 때까지 자기 어머니처럼 모셨다.

사도 요한은 다른 제자들이 모두 순교한 이후에도 상당 기간 혼자 남아 에베소에서 소천할 때까지 사명을 감당했다. 그는 A.D. 90년부터 시작된 로마의 도미티아누스 황제 시절의 큰 박해 기간 교회를 지켰는데, 황제 숭배를 거절한 교회의 최고 지도자로서 끓는 기름 가마에 들어갔다고 전해진다. 로마는 끓는 기름 가마 속에서도 죽지 않은 그를 밧모섬 채석장으로 보냈고 거기에서 환상 가운데 예수님을 만나고 하늘로 들려 올려져 많은 것을 보는데, 이 내용을 기록한 것이 요한계시록이다.

사도 요한이 기록한 요한복음은 다른 세 공관복음과는 그 내용에 차이가 있다. 시기적으로도 요한복음은 다른 복음서가 쓰이고 나서 한참 후에 쓰였다. 일반적으로는 요한계시록을 가장 나중에 기록된 성경으로 알고 있지만, 요한복음이 가장 나중에 기록된 성경이라고 주장하는 이들도 있다. 나 역시 요한복음을 요한계시록 이후에 썼다고 생각하는데 이유는 요한복음 1장에 나타난 예수님에 대한 요한의 선포 때문이다. 사도 요한은 말씀이신 예수 그리스도를 하나님이라고 선언한다.

> 태초에 말씀이 계시니라 이 말씀이 하나님과 함께 계셨으니 이 말씀은 곧 하나
> 님이시니라 (요 1:1)

신약성경의 내용 중에서 예수님을 하나님이라고 선언한 것은 요한복음과 빌립보서에서만 찾아볼 수 있다. 예수님을 하나님이라고 고백한 도마의 고백도 요한복음에 기록되어 있다. 사도 요한은 요한계시록의 기록처럼 하늘에 들려 올려져 하늘 보좌를 보았고 빌립보서를 기록한 사도 바울도 고린도후서 12장에 보면 하늘로 들려 올려져 하늘 보좌를 보았다. 그렇기에 예수님을 하나님이라고 선언할 수 있지 않았을까?

> 너희 안에 이 마음을 품으라 곧 그리스도 예수의 마음이니 그는 근본 하나님의 본
> 체시나 하나님과 동등됨을 취할 것으로 여기지 아니하시고 (빌 2:5~6)

요한복음을 쓴 사도 요한은 이미 다른 복음서들을 다 읽었고 이전에 사도 바울을 비롯한 다른 제자들이 쓴 편지들도 다 읽었던 것으로 여겨진다. 교회 내에 있었던 여러 문제도 알고 있었고 이단 교리에 대한 내용도 알고 있었을 것이다. 요한복음에는 가급적이면 다른 복음서와 겹치는 내용을 제외하고 공관복음서에 누락된 내용을 많이 기록했다. 또한, 사도 요한은 요한복음을 기록한 목적을 명확하게 적어 놓았다.

> 예수께서 제자들 앞에서 이 책에 기록되지 아니한 다른 표적도 많이 행하셨으나
> 오직 이것을 기록함은 너희로 예수께서 하나님의 아들 그리스도이심을 믿게 하
> 려 함이요 또 너희로 믿고 그 이름을 힘입어 생명을 얻게 하려 함이니라

(요 20:30~31)

요한복음에는 예수님께서 하나님이시라는 것을 뒷받침하는 '나는 OOO이다'라는 표현이 일곱 번 기록되어 있다. '나는 세상의 빛이다', '나는 생명의 떡이다', '나는 양의 문이다', '나는 선한 목자다', '나는 부활이요 생명이다', '나는 길이요, 진리요, 생명이다', '나는 포도나무이다'라는 선언이 그것이다. 호렙산의 떨기나무 가운데 나타나신 하나님께서 모세에게 "나는 스스로 있는 자다(나는 나다)"라고 대답하신 일이 생각나는 대목이다. 요한복음에는 의도적으로 이적이라고 하는 사건을 '표적'이라고 표현한다. 이는 예수님께서 하늘에서 오신 메시아임을 스스로 이적을 통해 세상 가운데 보여 주신 것이라는 뜻이다.

요한복음의 핵심 단어는 '생명'이며 '영생'이다. 예수님께서는 사람이 영생을 얻는 방법을 다양한 어법으로 설명하고 계신다. 또 다른 보혜사로 오실 성령에 대해서도 많은 말씀을 하신다. 요한복음에는 성령이 어떤 분인지에 대한 구체적인 설명들이 많이 기록되어 있다. 영생을 원한다면, 요한복음을 잘 연구해 보기를 권한다.

POINT

창세기를 비롯한 성경 전체의 주인공은 예수 그리스도이다.
이 주인공이신 예수 그리스도의 행적과 말씀을 기록한 사복음서는 진귀한 보배가 아닐 수 없다.

37. 예루살렘 입성, 십자가와 부활

　때가 찼으므로 예수님께서 십자가에 달리시기 위해 예루살렘으로 올라가실 준비를 하시면서 제자들에게 말씀하신다. 예루살렘에 올라가면 인자가 이방인들에게 넘겨지고 조롱받으며 채찍질을 당하고 십자가에 못 박히지만 제삼 일에 살아날 것이라고 하신다. 하지만 이스라엘이 회복되고 새롭게 세워질 메시아 왕국만을 꿈꾸며 예수님을 따랐던 제자들은 그 의미가 무엇인지 깨닫지 못한다. 그들은 이제 예수님께서 예루살렘으로 올라가시면 드디어 고대하던 메시아 왕국이 열리고 예수님께서 왕이 되실 것이라고 생각한다. 그리고 자기들은 높은 자리를 차지할 수 있을 것이라는 기대감에 부풀기도 한다.

　야고보와 요한의 어머니가 두 아들을 데리고 예수님 앞에 나선다. 예수님께 부탁하기를, 주의 나라에서 한 아들은 주의 우편에 한 아들은 주의 좌편에 앉을 수 있도록 명해 달라고 부탁한다. 예수님의 대답은 다음과 같다.

> 예수께서 대답하여 이르시되 너희는 너희가 구하는 것을 알지 못하는도다 내가
> 마시려는 잔을 너희가 마실 수 있느냐 그들이 말하되 할 수 있나이다 (마 20:22)

예수님께서는 제자들에게 너희들이 과연 내 잔을 마실 것이라는 예언의 말씀을 하신다. 당시 그들은 그들이 구하는 것을 알지 못했고 서로 높은 자리를 차지하리라고 기대했던 제자들은 분히 여겼다. 후에 마리아를 모셨던 사도 요한을 제외한 다른 제자들은 모두 복음을 전하다 순교하게 된다. 예수님의 예언대로 예수님께서 마셨던 잔을 그들도 마셨던 것이다.

예수님께서는 예루살렘으로 올라가시는 길에 여리고에서 맹인 바디메오의 눈을 뜨게 하시고 세리장 삭개오를 만나기도 하신다. 삭개오와 대화를 나누시던 예수님께서는 열 므나의 비유를 사람들에게 말씀하신다. 그 이유는 사람들이 이제 곧 메시아 왕국이 나타날 것으로 생각하고 있었기 때문이다. 이 비유의 말씀 중에는 어떤 귀인이 왕위를 받아오려고 먼 나라로 간다는 전제가 서술되어 있다. 지금 당장 메시아 왕국이 나타나는 것이 아니라 메시아가 먼 나라로 가서 왕권을 받아와야 메시아 왕국이 이루어진다는 의미로, 바로 예수님의 재림에 대한 예언의 말씀인 것이다.

여리고에서 예루살렘으로 올라가는 길은 약 1,000m 정도의 고도 차이가 나는데, 예루살렘은 해발 700~800m 정도 되는 산지에 있고 여리고는 해발 보다 약 250m 정도 낮은 곳에 위치하고 있기 때문이다. 여리고에서 예루살렘까지는 계곡을 따라 올라가기도 하고 산길을 따라 오르기도 한다. 산길을 올라가서 감람(올리브)산 기슭에 서면 서쪽으로 예루살렘과 성전이 보인다. 예수님께서 죽었던 나사로를 살렸던 동네인 베다니가 감람산 남동쪽 기슭에 있다.

유월절 엿새 전에 베다니의 문둥병자 시몬의 집에서 예수님을 위한 잔치가 있었

고 이 자리에는 얼마 전 예수님께서 살리신 나사로도 함께 있었다. 여기에서 나사로의 동생 마리아가 귀하고 값비싼 향유를 예수님의 발에 붓고 자기의 머리털로 예수님의 발을 닦는 일이 발생한다.

> 마리아는 지극히 비싼 향유 곧 순전한 나드 한 근을 가져다가 예수의 발에 붓고
> 자기 머리털로 그의 발을 닦으니 향유 냄새가 집에 가득하더라 (요 12:3)

제자 유다는 불평했으나 예수님은 그녀의 행동이 예수님 자신의 장례를 예비한 것이라고 말씀하신다. 이 일은 누가복음 7장에 기록되어 있는 예수님의 발에 향유를 붓고 머리로 닦은 여인의 일과는 다른 일이다. 이 여인은 일반적으로 일곱 귀신 들렸던 막달라 마리아로 알려져 있다.

그 이튿날 즉, 유월절 닷새 전에 예수님께서는 베다니 근처의 벳바게라는 마을에서 나귀를 타시고 예루살렘성으로 들어가신다. 예수님께서 죽은 자를 살리셨다는 소문을 들었던 많은 사람이 자기들의 겉옷을 벗어 길에 펴고 어떤 사람들은 종려나무 가지를 흔들며 호산나를 외쳤다. '호산나'는 시편 118장 25절에 기록된 '이제 구원하소서'라는 의미이다. 그런데 이들이 외쳤던 '구원'은 통상 기독교인들이 생각하는 영혼의 구원과는 전혀 다른 개념이다. 로마의 압제로부터의 구원을 의미하는 것이었다.

> 앞에서 가고 뒤에서 따르는 무리가 소리 높여 이르되 호산나 다윗의 자손이여 찬
> 송하리로다 주의 이름으로 오시는 이여 가장 높은 곳에서 호산나 하더라 (마 21:9)

예루살렘에 입성하신 예수님께서는 열매(파게 : 봄철에 열리는 작은 무화과 열매) 없는 무화과나무를 꾸짖으시고 성전으로 들어가신다. 성전에서 매매하는 모든 사람

을 내쫓으시고 돈 바꾸는 사람들의 상과 비둘기 파는 사람들의 의자를 엎으시고 성
전을 깨끗게 하시며 외치신다.

> 그들에게 이르시되 기록된 바 내 집은 기도하는 집이라 일컬음을 받으리라 하였
>
> 거늘 너희는 강도의 소굴을 만드는도다 하시니라 (마 21:13)

요한복음 2장에도 유월절 기간에 예루살렘에서 성전을 깨끗게 하신 내용이 기록
되어 있다. 이 일은 공생애를 시작하고 나서 초기에 하신 일이므로 예수님께서는 두
번 즉, 공생애 초기와 말기에 성전을 깨끗이 하신 것이다.

예수님께서는 마가의 다락방에서 유월절 식사를 하시기 전까지 낮에 성전에서 제
자들을 비롯하여 많은 사람에게 말씀을 선포하신다. 예수님의 저주로 열매 없는 무
화과나무가 마르는 장면도 나온다. 바리새인들은 예수님께 무슨 권위로 성전에서 가
르치느냐고 따지기도 하지만 예수님의 지혜로운 질문에 그들은 더 이상 대답을 하지
못했다.(마태복음 21장 23~27절) 그리고 농부들에게 세를 주고 타국으로 떠났던 주
인의 이야기인 포도원 농부 비유도 말씀하신다. 또 종들을 보내 아들의 혼인 잔치에
사람들을 초청한다는 내용의 혼인 잔치 비유도 말씀하신다. 어떤 바리새인들은 예수
님을 올무에 걸리게 하려고 가이사(로마 황제)에게 세금을 바치는 것이 옳은지에 대
해 예수님께 질문을 던진다. 예수님께서는 '가이사의 것은 가이사에게 하나님의 것
은 하나님께' 바치라고 답하신다.

부활을 믿지 않는 사두개파 사람들도 예수님을 곤란하게 하려고 자식 없이 죽은
일곱 형제가 죽고 나서 부활하면, 계대결혼을 했던 그들의 아내는 누구의 아내가 되
느냐고 묻는다. 예수님께서는 '부활 때에는 시집도 아니 가고 장가도 아니 간다'고 하
시면서 '하나님은 죽은 자의 하나님이 아니라 산 자의 하나님'이라는 대답하신다. 그
리고 예수님께서도 그들에게 질문하신다. 시편 110편의 내용을 인용하시면서 '다윗

도 그리스도를 주라 칭했는데 어찌 그리스도가 다윗의 자손이 될 수 있겠느냐'고 물으니 이후로는 더 이상 질문을 하는 자가 없었다.

마태복음 23장에는 서기관들과 바리새인들을 심하게 꾸짖으시는 예수님의 말씀이 기록되어 있다. 그들을 향해 독사의 자식이라고 힐난하시며 저주가 임할 것이라 하신다. 마태복음 24장, 마가복음 13장 및 누가복음 21장에는 성전이 돌 위에 돌 하나도 남지 않고 무너질 것이라는 예언의 말씀과 세상 끝날에 있을 일들, 그리고 예수님의 재림에 대한 예언이 기록되어 있다. 또한, 열 처녀의 비유와 달란트 비유에 대해서도 말씀하신다.

유월절이 가까이 오자 제자들은 음식을 함께 나눌 장소를 마련하고, 유월절 저녁에 예수님은 마가의 다락방에서 제자들과 함께 유월절 음식을 드시면서 성만찬을 제정해 주신다. 이스라엘의 하루는 해가 지는 저녁부터 시작이 된다. 출애굽 당시 유월절 어린 양을 잡아 그 피를 인방과 문설주에 바르던 시간이다. 예수님께서는 그 자리에서 제자들의 발을 씻기시고, 자신을 팔 유다에게 할 일을 하라는 말씀도 하신다. 그리고 베드로가 세 번 예수님을 부인할 것에 대해서도 예언하신다.

요한복음 14장부터 16장까지에 예수님께서 제자들에게 하신 말씀이 기록되어 있다. 예수님께서는 '나는 길과 진리와 생명'이라고 말씀하신다. 그리고 제자들을 위하여 거처를 예비하러 가며 거처가 예비되면 다시 오시겠다고 말씀 하시며 보혜사로 오실 성령에 대하여 상세한 설명도 해 주신다. 또, 자신이 바로 포도나무이고 너희들은 가지라고 하시면서 열매를 많이 맺기 위해서는 예수님 안에 거해야 한다고 하신다. 예수님께서 세상을 이기셨다고 선포하시기도 한다. 이것을 소위 '다락방 강화'라고 하는데, 이 '다락방 강화'는 예수님의 기도로 마무리가 된다.

말씀을 마치시고 기드론 시내 건너편, 감람(올리브)산 기슭에 있는 겟세마네(기름 짜는 틀) 동산으로 가신 예수님은 피가 땀방울이 되어 흘러내리도록 기도하신다. 기도를 마치시고 겟세마네 동산에서 내려오시던 예수님은 가룟 유다와 함께 온, 대제사장과 바리새인들이 보낸 사람들에게 잡히시고 제자들은 예수님께서 말씀하셨던 대로 모두 흩어져 도망간다. 처음에 대제사장 가야바의 장인이었던 안나스에게 끌려가신 예수님은 이어서 대제사장 가야바에게로 인계되신다. 사도 요한의 집안은 원래 대제사장 집안과 관계가 있었던 것으로 여겨진다. 사도 요한이 베드로를 데리고 가야바 집 안으로 들어갈 때, 요한은 뜰로 들어갈 수 있었지만 베드로는 그렇지 못했다. 결국 베드로는 예수님의 말씀대로 닭 울기 전에 세 번씩이나 예수님을 부인하고 만다.

예수님께서는 공회로 끌려가셨고 결국 신성모독이라는 죄가 씌워진다. 사형에 관한 권한이 없었던 유대인들은 사형 권한을 가지고 있던 로마의 총독 빌라도에게 예수님을 넘긴다. 빌라도는 이를 회피하기 위해 당시 분봉왕이었던 헤롯에게 보내지만, 헤롯이 다시 예수님을 빌라도에게 돌려보낸다. 빌라도는 아내의 권고도 있고 해서 어떻게 해서라도 예수님을 놓아줄 방도를 찾았지만, 유대인들은 사람들을 사서 거짓 증언을 하게 하고 예수님을 십자가에 못 박으라고 선동하며 빌라도를 압박한다. 결국 소요가 일어날 것을 두려워했던 빌라도는 손을 씻고 자신은 아무 책임이 없다고 하며 바라바를 놓아주고 예수님을 십자가에 못 박도록 군인들에게 넘겨준다. 유대인들은 모든 책임을 자기들과 자기 자손들에게 돌리라고 대답한다.

> 백성이 다 대답하여 이르되 그 피를 우리와 우리 자손에게 돌릴지어다 하거늘
>
> (마 27:25)

유대인들의 이 말대로 A.D. 70년에 예루살렘은 멸망하고 그들과 그들의 자손들은 1900년이 넘는 세월 동안 전 세계로 흩어져 말할 수 없는 고초를 겪게 된다. 예수님께서는 군인들에게 넘겨져 조롱과 고난을 당하시고 아침에 십자가를 지시고 골고다(해골) 언덕으로 향하신다. 양손과 양발에 못이 박히고 십자가가 골고다 언덕에 세워

진다. 예수님께서 십자가상에서 말씀하신 일곱 마디의 말씀을 '가상칠언'이라고 하는데 예수님께서는 "다 이루었다"는 말씀과 함께 숨을 거두신다. 그 옆에는 어머니 마리아와 사도 요한도 있었다. 이때가 유월절 날 오후 3시인데, 이 시간은 성전에서 유월절의 양을 잡아 드리는 제사가 마쳐지는 바로 그 시간이다.

예수님께서 십자가상에서 숨을 거두셨을 때, 지성소와 성소 사이의 휘장이 위로부터 아래로 찢어졌다. 앞의 14장에서도 언급한 바 있는 A.D. 60년대에 활동한 유대인 랍비 요하난 벤 자카이의 기록에 의하면, 십자가 사건 이후로는 성소로 들어가는 문도 임의로 열렸다고 하며, 아울러 속죄일에 이스라엘 백성들의 죄 사함을 위하여 광야로 보내는 아사셀 염소의 뿔에 빨간 리본을 달아 광야로 보내도 희게 변해야 하는 빨간 리본이 더 이상 희게 변하지 않았다고 한다. 하나님께서 더 이상 성전 제사를 받지 않으셨음이 아닐까….

이튿날은 무교절 첫날로서 큰 안식일로 간주하는 날이었기에 사람을 나무에 매달아 놓을 수가 없었다. 예수님의 시신은 내려졌고 유월절이 끝나기 전에 수습이 되어 무교절 첫날에 아무도 장사 된 바 없는 아리마대 요셉 소유의 무덤에 장사 되신다. 혼자 밤에 예수님을 찾아왔었던 니고데모도 몰약과 침향 섞은 것을 가져와 장사를 돕는다.

그리고 예수님께서는 이미 여러 번 말씀하신 대로 사흘 만에 부활하신다. 예수님께서 부활하신 이날은 바로 안식일 다음 날인 초실절이다. 처음 익은 보리 이삭을 하나님 앞에 요제로 드리는 절기이다. 사도 바울의 말과 같이 예수님께서는 부활의 첫 열매가 되셔서 모든 믿는 자들에게 부활의 소망을 주셨다. 부활하신 예수님은 40일 동안 제자들을 비롯하여 많은 사람에게 나타나셨다. 제자들에게 예루살렘을 떠나지 말고 성령을 기다리라고 분부하셨고 감람산에서 다음과 같은 예언의 말씀을 남기시고 구름에 가리워져 하늘로 올라가셨다.

오직 성령이 너희에게 임하시면 너희가 권능을 받고 예루살렘과 온 유대 와 사마

리아와 땅 끝까지 이르러 내 증인이 되리라 하시니라(행 1:8)

천사들이 제자들에게 예수님께서 하늘로 오르신 그대로 다시 오실 것이라는 말씀을 선포한다. 부활하신 날(초실절)로부터 50일째 되는 오순절 날, 불의 혀와 같은 성령이 마가의 다락방에서 열흘 동안 기도하던 약 120명의 제자에게 임한다. 이로써 믿는 사람들의 심령 가운데 하나님께서 직접 임하시는 성령의 시대가 시작되었고 교회의 시대가 시작되었다. 사도 바울이 고린도 교회의 성도들에게 보낸 편지에서 증거했듯이 믿는 자들의 몸이 하나님께서 친히 거하시는 성전이 된 것이다.

너희는 너희가 하나님의 성전인 것과 하나님의 성령이 너희 안에 계시는 것을 알

지 못하느냐 누구든지 하나님의 성전을 더럽히면 하나님이 그 사람을 멸하시리

라 하나님의 성전은 거룩하니 너희도 그러하니라 (고전 3: 16~17)

Point

예수님의 공생애 기간 중, 십자가에 달리시기 위해
예루살렘에 올라가시고 죽으시고 부활하신 내용이 복음서 안에서 가장 많은 부분을 차지한다.
당시의 상황에 대한 이미지를 머리 속에 하나하나 그려가면서 복음서를 읽으면
말씀이 더 가깝게 와닿을 것이다.

38. 사도 바울과 갈라디아서

바울은 예수님을 따라다녔던 제자는 아니지만, 특별히 이방인 선교를 위해 부르심을 받은 사도이다. 다메섹 도상에서 예수님을 만나 회심하고 A.D. 66년경 로마에서 재판을 받고 참수로 순교하기까지 평생을 복음 선포의 사명을 감당했다. 이를 위해 그는 수없이 죽을 고비를 넘기고 매를 맞기도 하고 감옥에 갇히기도 하고 굶기도 하고 심지어 돌에 맞아 죽기 직전까지 가기도 했다. 바나바와 함께 안디옥에서 최초의 선교사로 안수를 받고 난 후, 그는 현재의 터키 지방과 그리스 지방에 복음을 전하기 위해 3차에 걸친 전도 여행을 하게 된다. 그가 가는 곳에는 여러 교회가 세워졌는데, 이러한 그의 활동이 사도행전에 기록되어 있다.

그는 또한 여러 교회나 지역 또는 개인에게 보내는 편지를 남겼다. 로마서, 고린도전·후서, 갈라디아서, 에베소서, 빌립보서, 골로새서 및 데살로니가전·후서와 같이 지역 교회에 보낸 편지들과 디모데전·후서, 디도서 및 빌레몬서와 같이 개인에게 보내는 편지들도 있다. 이 중에는 바울이 순교 당하기 전에 로마의 감옥에서 쓴 것이 있는데, 이 편지들을 특별히 '옥중서신'이라고 한다. 에베소서, 빌립보서, 골로새서 및 빌레몬서가 여기에 포함된다.

바울(사울)은 지금의 터키 지방의 큰 도시인 다소 출생으로 베냐민 지파 출신이며 나면서부터 로마의 시민권자이기도 했다. 또한 예루살렘에서 당대 최고의 랍비인 가말리엘 밑에서 율법에 대해 공부를 한 지식인이었다. 그는 스데반이 순교할 때에 그의 죽음을 마땅한 것으로 여긴 주모자였다. 스데반의 순교 사건 이후에 유대인에 의한 박해가 예루살렘에서 일어나 많은 믿는 자들이 여러 지역으로 흩어지게 되었으나 믿는 자들이 흩어지면서 복음이 전해져 새로운 교회들이 여기저기에 세워졌다. 사울은 살기가 등등하여 다메섹에 있는 믿는 자들을 결박하여 예루살렘으로 데려오기 위해 다메섹으로 가다가 빛 가운데서 예수님의 음성을 듣게 되고 순간 앞이 보이지 않게 된다.

> 땅에 엎드러져 들으매 소리가 있어 이르시되 사울아 사울아 네가 어찌하여 나를 박해하느냐 하시거늘 대답하되 주여 누구시니이까 이르시되 나는 네가 박해하는 예수라 너는 일어나 시내로 들어가라 네가 행할 것을 네게 이를 자가 있느니라 하시니 (행 9:4~6)

다메섹으로 들어간 바울은 아나니아라는 예수님의 제자를 만나 다시금 눈을 뜨게 되고 회심을 한다. 바울이 회심을 했다고 해도 악명이 높았던 그를 아무도 만나려 하지 않아 한동안 그는 교회의 일원이 되지 못했는데 그를 교회 안으로 인도한 사람이 바로 마가의 외삼촌인 바나바였다. 그는 신실하고 믿음이 좋은 사람이었다. 자기 고향인 다소에 내려가 있던 바울을 데리고 와서 그와 함께 안디옥 교회에서 사역했고 최초의 선교사가 되어 함께 1차 선교여행을 다녀오기도 한다.

교회 안에는 유대인 성도뿐만이 아니라 이방인 성도의 수도 늘어나게 된다. 1차 전도 여행 후에 예루살렘에서 어떤 사람들이 내려와 예수님을 믿는다고 해도 반드시 할례를 받아야 구원을 받을 수 있다고 주장을 하여 안디옥교회는 큰 혼란에 빠진다. 그동안 바울과 바나바는 이방인들에게 구원은 믿음과 은혜로 받는 것이라고 가르쳐 왔었는데, 이들이 와서 믿음도 중요하지만 이방인이라 하더라도 할례를 받고 율법을 지켜야 구원을 받을 수 있다는 논리를 편 것이다. 바울과 바나바, 그리고 예루살렘에서 내려온 사람들 간에 적지 않은 다툼과 변론이 일어난다. 교회 내에 이러한 문제가 발생하게 되자, 안디옥교회는 사도들과 장로들의 견해를 확인하기 위해 바울과 바나바와 몇 사람을 예루살렘으로 보낸다.

그리하여 열린 회의가 바로 사도행전 15장에 기록된 예루살렘 회의이다. 바울과 바나바는 그동안의 선교 활동에 관한 일들을 보고한다. 이때 믿는 사람들 중에 바리새파 출신 사람들이 있었는데, 그들은 이방인에게도 할례와 율법 준수를 하게 하는 것이 맞다고 주장한다.

> 바리새파 중에 어떤 믿는 사람들이 일어나 말하되 이방인에게 할례를 행하고 모세의 율법을 지키라 명하는 것이 마땅하다 하니라 (행 15:5)

지금까지도 이어지는 구원론에 대한 논쟁이 이때부터 시작된 게 아닌가 하는 생각이 든다. 회의 중에 많은 변론이 있었다고 사도행전 15장에는 기록하고 있다. 바울과 바나바는 전도 중에 많은 이방인이 할례 없이도 성령을 받고 구원을 받는 모습들을 보았으므로 이방인들에게는 할례나 율법을 강요해서는 안 된다고 주장했을 것이다. 이전에 이방인인 로마의 백부장 고넬료 집에 모인 사람들이 성령을 받고 구원을 받는 상황을 경험했던 베드로가 일어나, 구원은 주 예수의 은혜로 받는 것이라고 강조한다. 최종적으로 당시 예루살렘 교회의 지도자였던 야고보가 결론을 내린다.(이 야고보는 예수님의 동생이며 야고보서의 저자이기도 하다.)

> 그러므로 내 의견에는 이방인 중에서 하나님께로 돌아오는 자들을 괴롭게 하지
> 말고 다만 우상의 더러운 것과 음행과 목매어 죽인 것과 피를 멀리하라고 편지하
> 는 것이 옳으니 (행 15:19~20)

이방인에게는 할례나 엄격한 율법의 짐을 지우지 않는 것이 옳다는 것으로 결론이 났으며 이러한 회의의 결과를 편지로 써서 여러 이방인 교회로 보내기로 한다. 그렇지만 바리새파 출신의 믿는 자들은 믿음 위에 할례와 율법 준수를 해야 구원을 이룰 수 있다고 하는 자기들의 생각을 굽히지 않았던 것으로 여겨진다. 왜냐하면, 이 문제가 지속적으로 여러 초대 교회들을 괴롭혔기 때문이다.

바울과 바나바의 1차 전도 여행(또는 바울의 2차 전도 여행) 때에 세워졌던 갈라디아 지방의 교회들에서 문제가 발생했다. 예수님을 믿어도 할례와 율법을 준수해야만 구원을 이룰 수 있다고 가르치는 사람들이 교회들을 방문하고 다녔던 것이다. 이 일로 인해 바울과 바나바로부터 믿음과 은혜로 구원을 받는다고 배웠던 교회들은 흔들렸고 이러한 상황에서 바울이 급히 쓴 편지가 바로 갈라디아서이다.

바울은 할례와 율법 준수를 강조하는 이들의 교훈을 '다른 복음'이라고 하여 힐난한다. 바울은 흥분된 어조로 편지를 써 내려간다.

> 그리스도의 은혜로 너희를 부르신 이를 이같이 속히 떠나 다른 복음을 따르는 것
> 을 내가 이상하게 여기노라 다른 복음은 없나니 다만 어떤 사람들이 너희를 교란
> 하여 그리스도의 복음을 변하게 하려 함이라 (갈 1:6~7)

심지어 바울은 '다른 복음'을 전하는 자들에게 저주를 선포하기에 이른다.

> 그러나 우리나 혹은 하늘로부터 온 천사라도 우리가 너희에게 전한 복음 외에 다
> 른 복음을 전하면 저주를 받을지어다 (갈 1:8)

바울은 계속하여 율법으로는 구원을 받을 수 없음에 대해 그 이유를 설명한다. 너희가 성령을 받은 것 즉, 구원을 받은 것이 율법으로냐 아니면 듣고 믿음으로냐 하며 묻기도 하고, 어찌하여 성령으로 시작하여 육체로 마치려고 하느냐고 몰아붙이기도 한다.

> 내가 너희에게서 다만 이것을 알려 하노니 너희가 성령을 받은 것이 율법의 행위
> 로냐 혹은 듣고 믿음으로냐 너희가 이같이 어리석으냐 성령으로 시작하였다가
> 이제는 육체로 마치겠느냐 (갈 3:2~3)

율법의 행위로는 의롭다 함을 얻을 육체가 없다며 "의인은 그의 믿음으로 말미암아 살리라"는 하박국 2장 4절의 말씀을 인용해 설파한다.

> 또 하나님 앞에서 아무도 율법으로 말미암아 의롭게 되지 못할 것이 분명하니 이
> 는 의인은 믿음으로 살리라 하였음이라 (갈 3:11)

그리고 바울은 편지에서 구원의 원리에 대해 여러 설명을 하면서 성령의 인도하심에 따라 살 것과 그렇게 함으로써 성령의 열매를 맺도록 권면한다.

> 너희가 만일 성령의 인도하시는 바가 되면 율법 아래에 있지 아니하리라 (갈 5:18)

> 오직 성령의 열매는 사랑과 희락과 화평과 오래 참음과 자비와 양선과 충성과 온
> 유와 절제니 이같은 것을 금지할 법이 없느니라 (갈 5:22~23)

갈라디아서는 축약된 로마서로 여겨진다. 로마 교회는 특별히 누가 세웠는지 알려진 바가 없는데, 오순절 성령 강림 때 그곳에서 전도를 받았던 사람들이 세웠을 것이라는 설이 유력하다. 로마 교회에는 유대인도 있었고 이방인도 있었던 것으로 여겨지는데, 로마서의 내용 중에는 유대인을 향한 내용도 있고 이방인에게 권하는 내용도 있기 때문이다. 갈라디아서에 이어서 로마서에서도 사도 바울은 믿음과 은혜로 받는 구원을 강조한다.

> 할례자도 믿음으로 말미암아 또한 무할례자도 믿음으로 말미암아 의롭다 하실
> 하나님은 한 분이시니라 (롬 3:30)

> 그리스도 예수 안에 있는 속량으로 말미암아 하나님의 은혜로 값 없이 의롭다 하
> 심을 얻은 자 되었느니라 (롬 3:24)

'다른 복음'을 전하는 자들은 계속하여 초대 교회를 괴롭힌 것으로 보인다. 이 '다른 복음'은 소위 율법주의나 행위 구원론의 형태로 오늘날까지도 이어지고 있다. 자기의 노력으로 무언가를 함으로써 구원을 얻을 수 있으며, 자신의 의지로 천국에 갈 수 있다고 하는 논리이기도 하다. 선행을 해야, 또는 면죄부를 사야 구원을 받을 수 있다고 하는 논리 역시 행위구원론의 전형적인 형태이다. 죽어서 천국에 가기 위해서는 교회가 정한 어떠한 행위를 반드시 해야 한다는 주장 또한 '다른 복음'에서 기인한 것이라고 볼 수 있다. 지금의 교회 안에서도 이러한 생각을 가지고 신앙생활을 하는 사람들이 많이 있음을 본다.

교회에 등록하고 출석하는 사람들 중에는 자기의 의지와 행위로 교회생활을 잘해서
구원을 얻겠다는 생각을 하는 사람들이 꽤 있다. 누군가 이러한 생각을 가지고 있다면,
사도 바울이 갈라디아서를 통해 갈라디아 교회들의 교인들에게 버리라고 강조한
'다른 복음'이 무엇인가를 잘 파악해 두어야 한다.

39. 요한계시록, 일곱 교회와 발람의 교훈

　로마의 도미티아누스 황제 때에 큰 기독교 박해가 일어난다. A.D. 64년 로마 화재의 원인을 기독교인들에게 전가하면서 발생한 네로 황제의 박해에 이은 두 번째 박해였다. 도미티아누스 황제의 박해는 A.D. 90년부터 시작되어 A.D. 96년 황제가 죽을때까지 이어진다. 도미티아누스는 형 티투스 황제가 아들이 없이 죽고 난 후 황제가되었으며 두 형제의 아버지는 베스파시아누스이다. 베스파시아누스는 이전에 네로황제의 지시로 유대의 반란군을 진압하기 위해 유대로 파견되었었다. 그리고 A.D. 67년 1차 유대 전쟁 당시 예루살렘성을 포위하고 있던 중 네로가 죽게 되자, 예루살렘의 포위를 풀고 자신의 군대를 거느리고 로마로 돌아갔다. 몇 번에 걸친 정변이 있고 나서 그는 로마의 황제 자리에 오른다. 로마의 황제가 된 베스파시아누스는 예루살렘 포위 때에 함께 했던 아들 티투스에게 군사를 주어 다시 예루살렘으로 보낸다.

이 티투스 장군은 A.D. 70년에 예루살렘을 함락하고 성과 성전을 완전히 파괴하기에 이른다. 베스파시아누스 황제가 죽자 큰아들 티투스가 황제 자리에 오르지만 2년 만에 죽게 되자 새롭게 황제가 된 사람이 바로 동생 도미티아누스이다.

도미티아누스는 살아있는 자기를 위해 우상을 세우고 사람들로 하여금 경배하게 했는데, 기독교인들은 이를 거부했고 엄청난 핍박으로 이어졌다. 네로 황제 때의 핍박은 주로 로마 주변에서 이루어졌지만, 도미티아누스의 핍박은 보다 광범위한 지역에서 이루어진다. 이전에 이미 사도 요한을 제외한 11명의 제자는 모두 순교를 당했고 사도 요한만이 살아 교회를 지키고 있었다. 결국 사도 요한은 밧모섬의 채석장에서 유배생활을 하게 되는데, 이때 예수님을 만나고 요한계시록을 쓰게 된다. 책의 제목은 '요한계시록'이지만 실제로는 '예수 그리스도의 계시'이다.

> 예수 그리스도의 계시라 이는 하나님이 그에게 주사 반드시 속히 일어날 일들
> 을 그 종들에게 보이시려고 그의 천사를 그 종 요한에게 보내어 알게 하신 것이
> 라 (계 1:1)

요한계시록의 앞부분에는 소아시아의 일곱 교회에 보내는 예수님의 편지 내용이 기록되어 있다. 소아시아는 지금의 터키 서부 지역을 말한다. 네 교회에는 칭찬과 함께 책망의 말씀을, 두 교회에는 책망 없는 칭찬의 말씀을, 한 교회에는 칭찬 없는 책망의 말씀을 하신다.

사도 요한이 담임하고 있던 에베소 교회는 칭찬의 말씀도 듣지만, 첫사랑을 잃었다는 책망의 말씀도 듣는다. 그리고 첫사랑을 회복하지 않으면 촛대를 옮기시겠다고도 말씀하신다. 아마도 예수님의 이 말씀에 사도 요한이 충격을 받았을 것으로 여겨진다. 나중에 사도 요한은 죽는 순간까지 에베소 교회의 성도들에게 서로 사랑하라는 설교를 계속했다. 사도 요한이 기록한 요한 1서에는 유독 사랑하라는 내용이 많이

기록되어 있다. "하나님은 사랑이시라"고도 선포한다. 요한복음에는 자신을 '(예수님께서) 사랑하시는 제자'라고 기록했으며 사람들은 그를 '사랑의 사도'라고 불렀다. 원래 그의 별명은 형 야고보와 함께 성질이 급하다 하여 예수님께서 붙여주신 '우레(천둥)의 아들'이었다.

에베소 교회에 대한 칭찬 중에는 니골라 당의 행위를 미워했다는 내용이 기록되어 있다.

> 오직 네게 이것이 있으니 네가 니골라 당의 행위를 미워하는도다 나도 이것을 미
> 워하노라 (계 2:6)

이 '니골라 당의 행위'가 과연 무엇이길래 예수님께서도 미워한다고 하시는 것일까? 그리고 버가모 교회에는 니골라 당의 교훈을 지키는 자들이 있다고 경고하시며 이 니골라 당의 교훈을 지키는 자들이 발람의 교훈을 지키는 자들과 같다고도 하신다.

> 그러나 네게 두어 가지 책망할 것이 있나니 거기 네게 발람의 교훈을 지키는 자
> 들이 있도다 발람이 발락을 가르쳐 이스라엘 자손 앞에 걸림돌을 놓아 우상의 제
> 물을 먹게 하였고 또 행음하게 하였느니라 이와 같이 네게도 니골라 당의 교훈을
> 지키는 자들이 있도다 (계 2:14~15)

앞장에서도 보았듯이 초대 교회를 교리상으로 처음 어지럽힌 사람들은, 이방인이라 하더라도 유대인과 마찬가지로 할례와 율법 준수를 해야 구원을 받을 수 있다고 주장한 유대인들이었다. 이 문제로 인해 사도행전 15장에 기록된 예루살렘 회의가 열렸고 사도 바울이 갈라디아 교회들에 보내는 편지를 쓰게 되었다. 또 다른 한편으

로는 사도 바울의 믿음과 은혜로 받는 구원에 대한 교리가 전파되면서 이것을 오해하거나 또는 다른 방식으로 해석하는 사람들이 나타나게 된다. 그중에 하나가 니골라 당의 교훈이며 또 이와 같은 발람의 교훈이다.

교회 안으로 들어오는 이방인 중에서는 헬라 사람들이 많았다. 헬라 철학 중 하나인 이원론으로 사도 바울의 가르침을 해석하는 사람들이 있었던 것 같다. 이원론에서는 사람은 혼과 육으로 되어 있다고 본다. 구원을 받아 거룩하게 되는 것은 혼(또는 영혼)이며 육체는 원래 악한 것이므로 구원의 대상이 되지 않는다고 한다. 육체는 구원과는 아무 상관이 없고 죽으면 썩어질 것이므로 구원받은 후에 어떠한 육적인 행위를 한다고 해도 영혼의 구원에는 영향을 미치지 않는다는 것이 그들의 논리이다. 예수 그리스도를 마음으로 믿고 입으로 시인만 하면 혼이 구원을 받는 것이고, 육체로 어떤 행위를 해도 이미 받은 구원은 유효하다는 것이 니골라 당의 교훈이라한다. 많은 헬라 사람들이 이 교훈을 따랐던 것으로 여겨진다. 이러한 교훈을 따르는 사람들은 주일에는 교회에서 예배를 드리지만 다른 때에는 우상의 제사에 참석하기도 하고 우상에게 바쳐졌던 제물을 먹고 심지어는 음란한 생활을 하는 등 믿지 않는 자들과 별반 다르지 않은 생활방식에 따라 살아가면서 아무런 죄의식도 갖지 않는다. 이미 예수 믿고 영혼의 구원을 확보했기에 아무런 죄의식이나 걱정 없이 평안하고 자유롭게 살면 된다는 것이다.

발람의 교훈은 무엇인가? 발람이 기획한 브올에서 일어난 사건에 대해서는 앞의 12장에서도 간략히 설명했는데 출애굽 여정의 거의 마지막 단계에서 일어난 사건으로 그때 이스라엘은 헤스본 왕 시혼과 바산 왕 옥을 물리치고 요단강 동편의 땅을 차지했고 모압의 국경인 아르논 계곡의 북쪽에 펼쳐진 모압 평지에 진을 치고 있었다. 모압 왕 발락은 혹시라도 이스라엘이 모압을 치지 않을까 심히 걱정되어서 이스라엘을 저주하기 위해 발람이란 자를 불렀고 많은 금품을 주기로 약속했다. 하지만 하나님께서 발람의 입을 사용하셔서 네 번씩이나 저주 대신 축복을 선포하게 하시니 발락에게 돈을 받을 수 없게 된 발람은 어떻게 해서라도 돈을 챙기기 위해 하나의 꾀를 발락에게 가르쳐 주었다. 이스라엘 백성들이 하나님께서 싫어하시는 일을 하도록 유도하여 하나님의 저주가 이스라엘에 임하도록 한 것이다.

발락은 발람의 가르침을 따르기로 하고 모압과 미디안 여자들을 동원하여 우상의 제사에 이스라엘 남자들을 초대한다. 이들은 혈통적으로 이스라엘과 가까웠기에 하나님께서는 이들의 땅을 차지하지 못하게 하셨던 것이다. 미디안 여자들은 이스라엘 남자들을 우상 제사에 초대하면서 '당신들이 우리와 함께 축제를 즐긴다고 해도 당신들이나 우리나 모두 아브라함의 자손들이고 당신들은 이미 하나님의 선택된 백성이 되었으니 하나님은 당신들을 버리지 않을 것입니다.' 라고 유혹했을 것으로 생각된다. 이것이 바로 발람의 교훈이다. 축제에 초대된 이스라엘 남자들은 우상에게 절하고 우상에게 바쳐진 음식을 먹으며 여자들과 관계를 갖기도 했다. 하나님께서 크게 진노하셔서 지도자들이 나무에 달리고 24,000명이 염병으로 죽게 된다. 그런데 버가모 교회에도 이와 같은 일이 있다고 예수님께서 책망하고 계신 것이다.

두아디라 교회에는 더 심한 일들이 있었던 것 같다. 여기에는 자칭 선지자라 하는 이세벨이라는 이름의 여자가 등장한다. 북이스라엘 시대에 아합왕에게 시집을 온 시돈의 공주로 바알과 아세라 우상을 들여와 나라 전체를 우상숭배에 빠지게 했던 이세벨과 이름이 같다.

> 그러나 네게 책망할 일이 있노라 자칭 선지자라 하는 여자 이세벨을 네가 용납
> 함이니 그가 내 종들을 가르쳐 꾀어 행음하게 하고 우상의 제물을 먹게 하는도
> 다 (계 2:20)

이 이세벨이 종들 즉, 두아디라 교회의 사역자들을 가르쳐 꾀었다고 한다. 위에서 언급한 니골라 당의 교훈이나 발람의 교훈으로 가르쳐 유혹한 것으로 여겨진다. 이

교훈과 유혹에 하나님의 일을 하는 종들이 넘어갔다고 보아야 할 것이다.

니골라 당의 교훈과 발람의 교훈은 초대 교회를 많이 괴롭힌 것 같다. 베드로는 베드로후서에서 이들을 거짓 선지자나 거짓 선생이라고 하며 다음과 같이 주의할 것을 당부하고 있다. 결국 이들을 따르고 호색하는 자들이 나타나며, 이들로 인해 교회가 비방을 받게 될 것이라고 주의를 환기시켰다.

> 그러나 백성 가운데 또한 거짓 선지자들이 일어났었나니 이와 같이 너희 중에도
> 거짓 선생들이 있으리라 그들은 멸망하게 할 이단을 가만히 끌어 들여 자기들을
> 사신 주를 부인하고 임박한 멸망을 스스로 취하는 자들이라 여럿이 그들의 호색
> 하는 것을 따르리니 이로 말미암아 진리의 도가 비방을 받을 것이요 (벧후 2:1~2)

예수님의 동생인 유다는 특별히 니골라 당의 교훈과 발람의 교훈 같은 잘못된 교훈을 가르치는 거짓 교사들에 대한 경계로 유다서를 기록했다.

> 화 있을진저 이 사람들이여, 가인의 길에 행하였으며 삯을 위하여 발람의 어그러
> 진 길로 몰려갔으며 고라의 패역을 따라 멸망을 받았도다 (유 1:11)

니골라 당의 교훈이나 발람의 교훈과 같은 가르침은 지금까지도 이어지고 있는데, 구원파적 교리가 바로 그것이다. 그들은 예수님께서 십자가상에서 돌아가실 때, 우리가 앞으로 지을 죄까지도 모두 사하여 주셨기 때문에 구원받은 이후에는 더 이상 회개할 필요가 없다고 가르친다. 구원받은 이후에는 무슨 죄를 지어도 이미 받은 구원에는 영향이 없다고도 한다. 마음으로 믿고 입으로 시인하기만 하면, 영혼의 구원이 이루어진 것이므로 앞으로는 죄의식 없이 자유롭게, 구원에 대한 은혜에 감사하며 평안하게 살면 된다고 한다. 이것이 바로 은혜로 받는 구원이라고 그들은 가르친

다. 그런데 이러한 구원관을 갖게 되면, 거룩한 삶으로의 변화나 성령의 열매를 맺는 삶을 기대하기는 쉽지 않다. 성령 하나님의 임재가 없기 때문이다.

서머나 교회와 빌라델비아 교회는 책망이 없이 칭찬만 받았다. 하지만 라오디게아 교회는 칭찬 없이 책망만을 받는다. 라오디게아에 흐르는 강물은 두 강물이 합쳐져서 흐르는데, 한쪽에서는 온천으로 유명한 파묵칼레로부터 더운 온천물이 흘러들어오는데 다른 한쪽에는 보통의 찬물이 흘러들어온다. 두 물이 합쳐지므로 물은 덥지도 차지고 않고 미지근하다. 예수님께서는 덥지도 차지도 않은 라오디게아 교회를 향하여 토해 버리시겠다고 하시고 아울러 회개를 촉구하며 다음과 같은 말씀을 하신다.

> 볼지어다 내가 문 밖에 서서 두드리노니 누구든지 내 음성을 듣고 문을 열면 내가
> 그에게로 들어가 그와 더불어 먹고 그는 나와 더불어 먹으리라 (계 3:20)

예수님께서 들어오신다는 의미는 무엇인가? 승천하신 예수님께서 어떻게 우리에게 들어오신다는 말인가? 이는 바로 성령 하나님의 임재를 말한다. 성령 하나님의 임재 가운데 거할 때야 비로소 우리는 구원을 받고, 구원받은 자의 삶을 살 수 있다. 그리고 성화를 통해 성령의 열매를 맺을 수 있게 되며 이기는 자의 삶을 살아갈 수 있는 것이다. 성령 하나님의 임재 없이 자기의 능력이나 의지만으로는 하나님의 말씀, 예수님의 계명을 절대 따라 살 수 없다.

> 귀 있는 자는 성령이 교회들에게 하시는 말씀을 들을지어다 이기는 그에게는 내
> 가 하나님의 낙원에 있는 생명나무의 열매를 주어 먹게 하리라 (계 2:7)

> 나는 포도나무요 너희는 가지라 그가 내 안에, 내가 그 안에 거하면 사람 이 열매

를 많이 맺나니 나를 떠나서는 너희가 아무 것도 할 수 없음이라 (요 15:5)

POINT

요한계시록에 기록된 일곱 교회에 보내는 예수님의 편지는
현재의 교회에도 그대로 적용된다고 볼 수 있다.
아울러 개인의 신앙 상태를 점검하는 기준으로도 사용될 수 있다.

40. 예수님의 재림, 새 하늘과 새 땅, 그리고 새 예루살렘

십자가를 지시기 위해 예루살렘에 입성하신 예수님께서는 세상 끝날에 일어날 일에 대한 예언을 하시면서 재림에 대하여 다음과 같이 말씀하신다.

그 때에 인자의 징조가 하늘에서 보이겠고 그 때에 땅의 모든 족속들이 통곡하며 그들이 인자가 구름을 타고 능력과 큰 영광으로 오는 것을 보리라 (마 24:30)

그리고 예수님께서 잡히시기 전, 제자들과 함께 유월절 음식을 드실 때에는 이런 말씀을 하신다.

내 아버지 집에 거할 곳이 많도다 그렇지 않으면 너희에게 일렀으리라 내가 너

희를 위하여 거처를 예비하러 가노니 가서 너희를 위하여 거처를 예비하면 내가

다시 와서 너희를 내게로 영접하여 나 있는 곳에 너희도 있게 하리라 (요 14:2~3)

예수님께서 예루살렘 성전의 동편 감람산(올리브산)에서 구름에 둘려 승천하실 때, 흰옷 입은 두 사람은 제자들 곁에 서서 이렇게 말했다.

올라가실 때에 제자들이 자세히 하늘을 쳐다보고 있는데 흰 옷 입은 두 사람이

그들 곁에 서서 이르되 갈릴리 사람들아 어찌하여 서서 하늘을 쳐다 보느냐 너

희 가운데서 하늘로 올려지신 이 예수는 하늘로 가심을 본 그대로 오시리라 하

셨느니라 (행 1:10~11)

사도 바울은 데살로니가 교회에 보내는 편지를 통해 예수님의 재림에 대하여 다음과 같이 기록하고 있다.

주께서 호령과 천사장의 소리와 하나님의 나팔 소리로 친히 하늘로부터 강림하

시리니 그리스도 안에서 죽은 자들이 먼저 일어나고 (살전 4:16)

요한계시록에도 예수님의 재림에 대한 기록이 있다. 말씀을 통해 우리는, 예수님께서 초림 때는 세상 죄를 지고 가는 어린 양의 모습으로 이 땅에 오셨지만, 재림 때에는 철장으로 만국을 다스리는 만왕으로 오실 것임을 알 수 있다.

또 그가 피 뿌린 옷을 입었는데 그 이름은 하나님의 말씀이라 칭하더라 하늘에 있

는 군대들이 희고 깨끗한 세마포 옷을 입고 백마를 타고 그를 따르더라 그의 입에

서 예리한 검이 나오니 그것으로 만국을 치겠고 친히 그들을 철장으로 다스리며

또 친히 하나님 곧 전능하신 이의 맹렬한 진노의 포도주 틀을 밟겠고 그 옷과 그 다리에 이름을 쓴 것이 있으니 만왕의 왕이요 만주의 주라 하였더라 (계 19:13~16)

이상의 내용 외에도 예수님께서는 열 처녀 비유, 달란트 비유, 열 므나 비유 등의 말씀을 통하여 다시 오실 것에 대하여 여러 말씀을 하셨다. 구약의 스가랴서에도 메시아의 재림에 대한 예언의 말씀이 기록되어 있다.

그 날에 그의 발이 예루살렘 앞 곧 동쪽 감람산에 서실 것이요 감람산은 그 한 가운데가 동서로 갈라져 매우 큰 골짜기가 되어서 산 절반은 북으로, 절반은 남으로 옮기고 (슥 14:4)

신약을 믿지 않고 예수님을 메시아로 인정하지 않고 있는 유대인들은 아직도 메시아를 기다리고 있으며, 스가랴서의 예언처럼 감람산으로 강림하실 것이란 믿음을 갖고 있다. 현재 예루살렘이 보이는 감람산의 서쪽 기슭에는 메시아의 강림을 기다리는 유대인들의 묘지가 조성되어 있다. 그런데 이 유대인들의 믿음에는 모순이 존재한다. 미가서 5장에 메시아는 (감람산이 아닌) 베들레헴에서 태어나는 것으로 기록되어 있기 때문이다. 따라서 스가랴서에 기록된 말씀은 예수님의 재림에 대한 예언의 말씀으로 보는 것이 더 타당할 것이다. 예수님께서 초림 때에 베들레헴에서 태어나셔서 미가서의 예언 말씀을 이미 성취하셨기 때문이다.

베들레헴 에브라다야 너는 유다 족속 중에 작을지라도 이스라엘을 다스릴 자가 네게서 내게로 나올 것이라 그의 근본은 상고에, 영원에 있느니라 (미 5:2)

요한계시록 19장, 20장에는 예수님의 재림 이후의 일들인 천년왕국과 흰 보좌 심판에 대한 기록이 있다. 천년왕국이 시작되기 전에 짐승과 거짓 선지자가 불못에 던져지고 사탄은 무저갱에 갇힌다. 천 년이 지난 후에 풀려난 사탄도 불과 유황 못에 던져진다. 흰 보좌 심판이 끝나면, 사망과 음부 그리고 생명책에 기록되지 못한 자는 모두 불못에 던져진다고 한다.

성경의 맨 마지막 부분으로, 새 하늘과 새 땅, 그리고 새 예루살렘에 대한 내용이 요한계시록 21장, 22장에 기록되어 있다. 그날에는 창세기에서 하나님께서 만드신 처음 하늘과 땅은 더 이상 존재하지 않는다고 하는데 사도 요한은 환상 중에 새 하늘과 새 땅을 보았다고 기록하고 있다.

> 또 내가 새 하늘과 새 땅을 보니 처음 하늘과 처음 땅이 없어졌고 바다도 다시 있
> 지 않더라 (계 21:1)

비슷한 내용을 이미 베드로가 그의 편지에서 기록하고 있다.

> 하나님의 날이 임하기를 바라보고 간절히 사모하라 그 날에 하늘이 불에 타서 풀
> 어지고 물질이 뜨거운 불에 녹아지려니와 우리는 그의 약속대로 의가 있는 곳인
> 새 하늘과 새 땅을 바라보도다 (벧후 3:12~13)

사도 요한은 또 새 예루살렘이 하나님께로부터 내려오는 모습을 보았다. 그 모습이 신부가 신랑을 위해 단장한 것 같다고 한다.

> 또 내가 보매 거룩한 성 새 예루살렘이 하나님께로부터 하늘에서 내려오니 그 준
> 비한 것이 신부가 남편을 위하여 단장한 것 같더라 (계 21:2)

요한계시록 21장과 22장에는 이 거룩한 성 새 예루살렘에 대하여 많은 내용이 기록되어 있다. 이 새 예루살렘에서는 지금의 도시에서 사용되는 돌이나 콘크리트 같은 재료는 일절 찾아볼 수가 없다. 투명한 정금과 벽옥을 비롯하여 각종 보석으로 꾸며져 있기 때문이다. 이 거룩한 성 새 예루살렘은 지금의 예루살렘과는 비교도 되지 않을 만큼 그 규모가 엄청나게 크다. 새 예루살렘의 모양은 가로와 세로와 높이가 같은 정육면체이다. 각 변의 길이가 12,000스다디온인데, 스다디온은 로마에서 사용하는 길이의 단위로 1스다디온이 약 192m가 된다. 12,000스다디온을 미터법으로 환산하면 약 2,300km가 되고 밑면의 면적을 계산하면 약 5,290,000㎢로 호주 대륙의 3분의 2 정도의 넓이가 된다.

새 예루살렘의 모양이 가로와 세로와 높이가 같은 정육면체인데, 하나님의 지시로 만들어진 성전의 지성소 역시 가로와 세로와 높이가 같은 정육면체이다. 장막 성전의 지성소의 크기는 각 변의 길이가 각각 10규빗이었고 솔로몬 성전의 경우는 각각 20규빗이었다. 또한 성전의 지성소가 하나님의 임재가 있는 지극히 거룩한 장소였듯이 새 예루살렘 역시 하나님과 어린 양의 임재가 있는 지극히 거룩한 장소이다. 모양과 특성을 비교해 보면, 이 땅에 있었던 성전의 지성소는 바로 새 예루살렘성의 모형이 아닌가 하는 생각이 든다.

성곽의 기초석은 열두 보석으로 되어 있으며 여기에는 예수님의 열두 제자들의 이름이 새겨져 있다. 성으로 들어가는 열두 진주 문이 있는데, 각각의 문은 하나의 진주로 되어 있다. 각 문에는 천사가 있고 각 문의 위에는 이스라엘 열두 지파의 이름들이 적혀 있으며 열두 문은 한 방향에 세 개씩, 네 방향으로 나 있다. 민수기에 기록되어 있는 이스라엘 백성들의 진을 치는 요령이 생각나는 부분이다. 광야에서 백성들을 인도하던 구름이 멈추어 서면 이스라엘 백성들은 진을 쳤는데, 하나님의 말씀에 따라 성막을 중심으로 한 방향에 세 지파씩, 동서남북 네 방향으로 진을 쳤었다.

성안에는 다른 빛이 없으며 밤도 없다. 하나님과 어린 양이 함께하시기 때문이다.

하나님과 어린 양의 보좌로부터 나와서 길 가운데로 수정같이 맑은 생명수 강이 흐르고 강의 좌우에는 생명 나무가 있으며 생명 나무는 열두 가지 열매를 달마다 맺는다.

원래 생명 나무는 에덴동산의 중앙에 있었다. 아담과 하와는 언제라도 이 생명 나무의 열매를 먹을 수 있었다. 하지만 선악과 사건 이후에 아담과 하와가 에덴동산에서 쫓겨나면서 더는 생명 나무에 접근할 수 없게 되었다. 하나님께서 생명 나무로의 접근을 차단하셨기 때문이다.

> 이같이 하나님이 그 사람을 쫓아내시고 에덴동산 동쪽에 그룹들과 두루 도는 불 칼을 두어 생명 나무의 길을 지키게 하시니라 (창 3:24)

그런데 사도 요한은 이 생명 나무를 새 예루살렘성에서 보았다. 그렇다면 어떤 사람이 거룩한 성 예루살렘에 들어가는가? 사도 요한은 다음과 같이 예수님의 말씀을 기록하고 있다.

> 자기 두루마기를 빠는 자들은 복이 있으니 이는 그들이 생명나무에 나아가며 문들을 통하여 성에 들어갈 권세를 받으려 함이로다 (계 22:14)

두루마기는 옷이다. 이 옷을 어디에 빠는가? 더러워진 옷을 예수 그리스도의 보혈로 빤다는 의미가 아니겠는가? 많은 분이 옷을 빠는 행위를 회개로 해석한다. 예수 그리스도의 보혈의 공로에 힘입어 그 죄가 온전히 사해져서 정결해진 사람, 거룩하여진 사람이 이 거룩한 성 새 예루살렘에 들어가는 권세를 받는다는 의미가 아니겠는가?

율법이 기록되어 있는 레위기의 핵심 메시지는 바로 '거룩'이다.

나는 너희의 하나님이 되려고 너희를 애굽 땅에서 인도하여 낸 여호와라 내가 거
룩하니 너희도 거룩할지어다 (레 11:45)

'거룩'은 죄로부터 구별된 상태 즉, 정결한 상태를 말한다. 아무리 대제사장이라 하더라도 속죄일에 성전의 지극히 거룩한 지성소에 들어가려면, 물로 몸을 씻고 세마포로 된 속옷과 겉옷을 입고 세마포 띠를 두르고 세마포 관을 써야 했다. 그것으로도 부족하여 자기의 죄를 위한 속죄제를 드리고 나서야 비로소 지성소에 들어갈 수 있었다. 이 '거룩'을 위하여 하나님께서는 제사에 관한 율법을 주셨고 정결 규례를 주셨으며 '거룩'을 우리에게 주시기 위하여 예수 그리스도를 이 땅에 보내셔서 십자가상에서 물과 피를 쏟게 하셨다. 그리고 예수 그리스도께서 돌아가실 때 성소와 지성소 사이에 있던 휘장이 위로부터 아래로 찢어졌다.

예수께서 다시 크게 소리 지르시고 영혼이 떠나시니라 이에 성소 휘장이 위로부
터 아래까지 찢어져 둘이 되고 땅이 진동하며 바위가 터지고 (마 27:50~51)

예수님의 공로에 힘입어 이제는 누구나가 지성소에 들어갈 수 있게 되었다는 의미가 아니겠는가? 하지만 누구나 지성소에 들어갈 수 있다고 해도 죄를 가지고는 들어갈 수가 없다. 하나님의 임재 가운데로 들어가기 위해서는 먼저 죄가 씻겨져야 한다. 예수 그리스도의 보혈로 죄를 씻고 나서야 비로소 지성소, 즉 하나님의 임재 가운데로 들어갈 수가 있는 것이다.

예수님께서 공생애를 시작하시면서 "회개하라 천국(하나님의 나라)이 가까이 왔느니라"라고 선포하셨다. 이 땅에 임하는 하나님의 나라는 바로 성령 하나님의 임재이다. 예수님을 하나님의 아들이신 그리스도(메시아)로 믿고 그리스도의 보혈의 공로에 힘입어 온전히 죄 씻음을 받아 거룩하게 된 사람만이 이 땅에서 성령 하나님의

임재 가운데 거하게 되며 하나님의 나라 백성이 된다. 하나님의 자녀가 되며 또한 새 예루살렘에 들어갈 수 있게 되는 것이다. 성령 하나님의 임재 가운데 머물기 위해서는 반드시 회개와 이에 따른 죄 씻음이 필요하며 자신의 두루마기를 빠는 일이 반드시 필요하다. 하나님께서는 믿는 자들을 위하여 새 하늘과 새 땅, 그리고 새 예루살렘을 예비해 두셨다.

요한계시록은 예수님의 재림을 기다리며 다음과 같이 마무리된다.

이것들을 증언하신 이가 이르시되 내가 진실로 속히 오리라 하시거늘 아멘 주 예수여 오시옵소서 주 예수의 은혜가 모든 자들에게 있을지어다 아멘 (계 22:20~21)

_P_OINT

요한계시록은 절대 쉽게 읽히는 책이 아니다.
해석하는 사람에 따라 그 해석의 내용도 아주 다양하다.
하지만, 성령님의 도우심을 구하며 요한계시록을 계속 읽어나가다 보면
그 안에 숨겨진 보물을 반드시 발견하게 될 것이다.

마
치
면
서

먼저, 이 책을 쓰도록 영감을 주시고 여기까지 인도해 주신 우리 하나님 아버지께 감사와 영광을 올려드린다. 창세기에서부터 요한계시록까지의 성경은 모두 66권이기는 하지만 나는 전체가 하나의 책이라는 생각을 한다. 성경을 읽으면 읽을수록 하나님께서 우리에게 주시는 메시지가 일관된 흐름으로 기록되어 있음을 깨닫게 되었다. 구약의 말씀과 신약의 말씀은 분리할 수 없는 연관성과 일관성을 가지고 있다. 신구약 전체가 마치 예수 그리스도를 주인공으로 하는 하나의 치밀한 시나리오와 같다. 따라서, 이번 책에서는 가급적 그 연관성이 부각되는 주제들을 선정했다. 또한 책을 읽는 독자들이 성경에 계시된 하나님에 대하여, 그 경륜과 뜻에 대하여 이해하는 데 조금이라도 도움이 되기를 바라는 심정으로 책을 썼다. 그리고 쉬운 문장으로 쓰려고 각별히 주의했다.

40개의 주제를 선정하며 최대한 성경 전체를 쉽게 이해하는 데 도움이 되어 보려고 애를 써보기는 했으나 미흡함이 있음을 고백하지 않을 수 없다. 또 이 주제들 외에 성경 안에는 다루어져야 하는 너무나 귀한 주제들이 아주 많이 있기에 아쉬운 마음도 든다. 추후 하나님께서 기회를 다시 주시면 더 폭넓은 주제들을 가지고 믿음의 독자들과 만나고 싶다는 생각을 한다.

이 책을 읽는 독자들께 우리 하나님의 크신 은혜가 함께 하시기를 기도하며, 이 책이 출판될 수 있도록 애써 주신 홈앤에듀 출판사의 박진하 대표님과 디자인을 담당해 주신 신형기 간사님, 편집에 공을 들여 주신 홍용선 집사님, 추천사를 써 주신 김지연 대표님, 이월환 목사님, 이태희 목사님, 개그우먼 조혜련 집사님 그리고 졸필의 내용을 읽으면서 교정에 도움을 주신 성정선님,『팩트 바이블 스터디』를 섬기며 책 출판에 여러모로 도움을 준 최건해님과 열정으로 함께 한『팩트 바이블 스터디』멤

버들께 감사의 말씀을 드린다. 아울러, 언제나 힘이 되어 주신 죽전로뎀교회의 김진철 담임목사님과 성도님들께도 감사를 드리며, 늘 뒤에서 기도해 주고 응원하여 준 사랑하는 아내와 두 아들 그리고 며느리에게도 고마움을 전하고 싶다.

바이블 이슈
40

초판 1쇄 발행 2021년 7월 20일
지은이   홍광석
발행인   박진하
편집   홍용선
교정   성정선
디자인   신형기
펴낸곳   홈앤에듀
image   Flaticon.com, Freepik.com

신고번호   제 379-251002011000011호
주소   경기도 성남시 수정구 복정동 639-3 정주빌딩 B1
전화   050-5504-5404
홈페이지   홈앤에듀 http://homenedu.com
패밀리   홈스쿨지원센터 http://homeschoolcenter.co.kr
              아임홈스쿨러 http://imh.kr
              아임홈스쿨러몰 http://imhmall.com
판권소유   홈앤에듀

ISBN 979-11-962840-9-1 03230
값 20,000원

주) 이 책의 성경 본문은 대한성서공회 발행『개역개정판 성경전서』를 사용함.

눈으로 읽고 따라 쓰며 마음에 새기는 '원고지형'

성경말씀 따라쓰기

사도행전 따라쓰기
378쪽 정가 15,000원

로마서 따라쓰기
220쪽 정가 12,500원

요한복음 따라쓰기
336쪽 정가 14,000원

잠언 따라쓰기(개정판)
300쪽 정가 14,500원

1石6鳥

① 말씀 읽기, 필사
② 바른 글씨 연습
③ 맞춤법 연습
④ 어휘력 증진
(속뜻 단어 풀이)
⑤ 띄어쓰기 연습
⑥ 원고지 작성법

성경말씀 따라쓰기를 꾸준히 하면 어떤 유익이 있을까요?

1. 매일 하나님의 말씀을 읽고, 쓰고, 묵상하는 시간을 가짐으로 말씀의 의미를 더 깊이 알 수 있습니다.

2. 바른 글씨를 쓰는 데 도움이 됩니다.

3. 맞춤법 연습에 도움이 됩니다.

4. 속뜻 단어 풀이를 통해 어휘력을 증진시킬 수 있습니다.
   (속뜻, 한자, 영어 등)

5. 원고지형으로 띄어쓰기를 확실하게 인지할 수 있습니다.

6. 원고지 쓰는 방법을 자연스럽게 익힐 수 있습니다.

가족을 하나님께로 이끄는 10분 가정예배

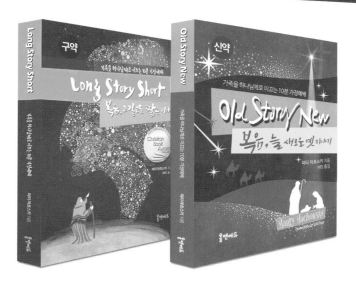

Long Story Short	**마티 마쵸스키** 지음 | 492쪽 | 188x250 사이즈 | **ISBN** 9788996711292 | **25,000원**
Old Story New	**마티 마쵸스키** 지음 | 489쪽 | 188x250 사이즈 | **ISBN** 9791196284015 | **25,000원**

하루에 10분, 복음 이야기로 여러분의 가정을 변화시키세요.

하루에 10분, 일주일에 다섯 번, 부모들은 이제까지 이 세상에 존재해 왔던 것들 중에서 가장 가치 있는 선물을 자녀들에게 전해줄 수 있습니다. 매일매일 구약(Long Story Short), 신약 (Old Story New), 성경의 이야기들을 통해서 복음의 은혜를 자녀들에게 전해주세요.

복음은 아무리 나이가 많고 지혜로운 부모들도 평생 배우고 성장할 만큼 충분히 깊이가 있고, 이제 막 글을 깨우친 어린 자녀들의 마음에도 변화를 일으키기에 충분히 간단하고 쉽습니다. 이 책은 취학 전 아이들부터 고등학생까지 전 연령대의 자녀들이 복음을 이해하는 데 도움이 될 것입니다.

마티 마쵸스키 목사
Marty Machowski

마티 마쵸스키 목사는 펜실베니아 글렌밀스에 있는 커버넌트 펠로우십 교회에서 가정사역 목사로 30년 넘게 사역하고 있다. 어린이, 가정, 교회를 위한 커리큘럼을 개발하였고 복음을 주제로 한 책들을 집필한 저자이며 그의 책들은 현재 미국 내 200여 교회에서 교재로 사용되고 있다. 특별히 생명을 변화시키는 복음의 메시지를 차세대에 선포하는 것에 큰 열정을 갖고 있으며 현재 어린이 사역 부서인 Promise Kingdom을 이끌고 있고 아내 로이스와 여섯 명의 자녀들과 함께 펜실베니아 웨스트 체스터에 살고 있다.

한국에 번역된 도서로는 가정예배서 구약 편 Long Story Short 복음, 그 길고도 짧은 이야기〈홈앤에듀〉, 신약 편 Old Story New 복음, 늘 새로운 옛이야기〈홈앤에듀〉, 컬러 스토리 바이블〈주니어아가페〉, 하나님을 아는 지식〈생명의말씀사〉 그리고 청소년을 위한 복음적 판타지 소설 드래곤 씨드〈홈앤에듀〉가 있다.

십대 자녀들을 위한

복음적 판타지 소설!

저자	마티 마쵸스키
역	박은선
출판사	홈앤에듀
발행	2020년 02월10일
쪽수	248쪽
크기	140x210
제품구성	전1권
ISBN	9791196284039

값 14,000원

『드래곤 씨드』는 닉을 조상의 이야기 속으로 깊이 빠져들게 하고 무덤의 그림자 속에서 살았던 또 다른 환난 십대를 대면하게 해 준다. 『드래곤 씨드』를 읽는 당신도 닉이 그랬던 것처럼 이 엄청난 이야기 속에서 자신의 모습을 발견할 때 큰 충격을 받을 것이다.

쉽게 책장이 넘어가는, 이 청소년 소설은 십대 청소년들을 닉이 겪는 실제 생활의 분투 속으로 초대한다. 그러나 그뿐 만이 아니라 예수 그리스도께서 구원해내신, 무덤 사이에서 헤매던 청년의 삶에 대한 상상력 가득한 탐험으로도 그들을 인도한다. 베스트셀러 작가인 마티 마쵸스키는 이 두 가지 이야기를 들어 영적 전쟁의 실제와 악한 그림자가 우리에게 어떤 영향을 미치고 어떤 변화를 일으키는지 보여준다. 전 연령의 자녀들에게 신뢰할만한 선생님인 마쵸스키는 겸손의 중요성과 교만의 위험성을 강조하면서 영적 전쟁에 대해 철저히 성경적인 관점을 제시하고 있다.

크리스천 홈스쿨링 필독서!

저자	레이 볼만
역	배응준
출판사	홈앤에듀
발행	2016년 01월 05일
쪽수	319쪽
크기	152x225(A5신국)
제품구성	전1권
ISBN	9791196284077

값 15,000원

The Why of Home Schooling
The How of Home Schooling

가정은 인류 최초의 학교이자 가장 기초적인 학습 장소이다. 학교가 세워지기 전, 혹 학교라는 것을 생각하기도 전에 시작된 가정 중심의 교육은 유사 이래 쭉 있어왔다. 가정은 교육의 기초적인 중심지이며 부모가 자녀를 훈육하는 유일한 교사였던 셈이다.

홈스쿨을 시작하기에 앞서 당신은 "하나님이 모든 부모에게 책임을 맡겨 주셨다"라는 사실을 확신해야 한다. 당신은, 당신 자녀를 가르칠 책임이 있고, 가르칠 수 있는 권리가 있다. 이 책임과 권리는 정부가 부여한 게 아니라, 하나님이 주신 것이다.

성경은 자녀가 올바른 방향으로 나아갈 수 있게 부모가 책임을 지고 돌봐야 한다고 가르친다. 자녀가 제멋대로 선택한 길로 아무렇게나 가게 내버려 두어서는 안 된다. 자녀들이 옛 본성에 따라 걸음을 옮기기 전, 부모는 그들을 올바른 길로 안내하고 그 길로 걷게 해야 한다. 부모는 자녀의 길을 "좁게 만들어야 한다", "제한해야 한다." 왜냐하면 "생명으로 인도하는 문은 좁고 길이 협착"(마 7:14) 하기 때문이다.

"마땅히 행할 길을 아이에게 가르치라 그리하면 늙어도 그것을 떠나지 아니하리라"(잠 22:6)

- 본문 중에서 -